ラサ憧憬

青木文教とチベット

高本康子 著

芙蓉書房出版

The place of Heaven

Panoramic view of Lhasa, taken from the top of Chapori Hill.

MAIN thoroughfares are tolerably well constructed, but lanes are very narrow: no road of the city is paved. The facilities for general traffic are ponies and mules, but there are some bicycles and mule carts. The houses are built of stone and bricks, mostly three storeys high with flat roofs. Numbers of shops are found in the lower flats of the houses, with street stalls in front of them, but there are no large stores. The commodities, sold are chiefly imports, consisting of cotton, woollen cloth and fancy goods, toilet and various other articles for daily use; besides a quantity of brick-tea. Chinese silk and jewels, as well as woollen goods of Tibetan make. The chief exports are wool, yaks' tails and musk. The only products manufactured in Tibet are woollen cloth, rugs and carpets, which are more or less exported abroad.

AGRICULTURE and stockfarming are also rudimentary, though grain and vegetables are yielded in sufficient quantity for the population. The climate of Lhasa is more moderate than I anticipated. According to the weather records, I took for two years, cold weather was experienced from November to February, and hot weather set in from June to September. It rained a good deal in July, (about twenty-five inches): Snow fell only a few times each winter and seldom more than six inches. The lowest temperature recorded was 0 deg., F., and it rose to 93deg. F. by exposure to sunlight at about 1 p.m., of the same day. The records of the days of the lowest and the highest temperatures during my stay are as follows: Coldest, 29th December,

A LADY IN SUMMER DRESS

A TIBETAN NOB

1913, cloudy in the morning, 0deg. F. Max. 29deg. F.; ho 1914, fine till 11 a.m. cloudy F. Max. 93deg. F.

The Origin of Lhasa.

THE city was founded in the 7th century A.D., King Srongtsangampo dhism into Tibet, receiving a and a daughter of the King riage as his queen consorts. King, on the proposal of the built a temple of Tul-nang modern city where formerly named Otang-ki-tso which w with earth carried by goats, therefore, called "Ra-sa" or was the original name of th converted into "Lha-sa" sign land" or "place of Heaven," image of Buddha, Cakyamu there by the Chinese Princes enshrined in the temple of has hence been called "Cho- mansion." The reliable histo ed in the period.

THERE are in Tibet se people, different in the ners, habits and bu tral Tibet, there are two "U-pa" or the people of cen "Tsang-pa" or the people of The centre of the "U" peo Lhasa. There are in Lhasa peoples; Nepalese, Mahom Chinese and Bhutanese.

THE "U" people are po nocent and very syn foreigners. Their app bad. The people of the upp in complexion: when they costumes. I can hardly disti brothers or sisters in Japan, len or silk clothes of Chines types. The manner of weari same as Japanese kimono, gradually coming into fashio hats, boots and shoes are imp

Tibet, one of the most magnificent buildings in the world.

はじめに

青木文教は、二〇世紀の初頭、浄土真宗本願寺派法主大谷光瑞によって、チベットに派遣され、首都ラサに三年留学した経験を持つ人物である。第二次世界大戦中は、外務省や陸軍の嘱託としてチベット事情調査にあたり、戦後は東京大学でチベット語の講師を務めた。

チベットに深くかかわった日本人は、決して多くはない。そして、そのような人間として、現代の日本人にも広く知られている人物は、当然のことながら、更に少数である。日本人として初めてチベット旅行記を書いた河口慧海（一八六六〜一九四五）＊1や、ラサの大寺院でチベット仏教の正式な修業を一〇年積み、膨大な大蔵経を将来して日本のチベット研究に貢献した多田等観（一八九〇〜一九六七）＊2などが、このような例に相当する。本書でその生涯を見ていこうとする青木文教は、そのようにチベットに深くかかわりつつ、しかし、河口や多田のように、人々に知られることはなかった日本人の一人である。

筆者が河口でも多田でもなく、この青木に注目する理由が一つある。それは、彼が、「永久に」ラサに住み、チベットの研究を続けたい、という言葉を残していることである。チベットから帰国して三年後、彼にとって初めての単行本となった旅行記、『西蔵遊記』において、彼は以下のように述べている。

> 拉薩の市民は上下等しく吾人に同情を寄せた、予は拉薩ほど呑気で愉快な社会は今日の世界にはあるまいと思ふ、予は永久に此平和なる社会の一員として更に人情風俗の観察を続け、彼等の宗教や科学を考究することに一生を捧げたい、面積六十八万方哩の高原に天の秘めたる宝蔵を開かんと試みるも亦無謀の企てゞはなからう、予はたとひ英京や独都の再遊は希はずとも「神地《ラッサ》」の理想郷に今一度遊学するの機会を得たいと思つて居る（『西蔵遊

記』内外出版、一九二〇年、三七四頁)。

彼の一生はこの後、この通り、「チベット研究」に捧げられた。

近代日本において、チベットには、「喇嘛教」の本地として、そして「大陸」における英露中の駆け引きの舞台の一つとして、更に第二次世界大戦中には、南方戦線に重大な影響を与える地域、防共の要地の一つとして、関心が向けられてきた。日本人が「大陸」を見はるかす視界の中で、チベットの存在感は、時にふくらみ、時にしぼみ、刻々と変化した。青木の生涯は、このダイナミクスに、まさしく翻弄され続けたものであると言える。

しかしその一方で、青木自身には一貫して変わらないものがあった。「チベット研究」である。日本人の目がチベットに向けられた時は、それに応えるべく、またチベットから逸らされている時も黙々と、彼の「チベット研究」は続けられていった。彼の生涯は、いわば、「チベット」とともに生きようとした一人の日本人が、「チベット」とのかかわりを持ち続けるために、時代と戦ってきた歴史でもあったと言えるだろう。その心底には、「チベット」への素朴な、しかしそれだけに強い、憧憬の念があったと、筆者は考える。

そのように「チベット」と向き合っていこうとした日本人の最初は、明治期、チベット域内に最初に入った日本人の一人となった真宗大谷派(東本願寺)の僧侶能海寛(一八六八〜?)*3であったと思われる。能海は一八九九(明治三二)年、四川省経由でラサを目指すが阻止され、次に青海省経由のルートに挑むがやはり果たせず、そして、雲南省経由に三度目の希望を託すが、その途上一九〇一(明治三四)年、消息を絶った。注目されるのは、このような挫折が続く中で、しかし、チベット仏典のすばらしさ、チベット文字の美しさを語り、チベット行きほど楽しい修行はない、と彼が書いていることである。ここに、青木の「チベット」に対する心情と共通するものが、見て取れるように思われる。そして、現代においても、やはり多くはないが、しかし確実に、「チベット」と強いつながりを持って生きようとする日本人がいる。

本書においては、青木の生涯を通じて、近代日本とチベットとのかかわりの軌跡を辿る。そして同時に、「チベット」と共に生きようとした日本人の系譜を、青木の生涯によって、明治から現代へとつなぐことができればと考える。

現在までに青木文教に関して書かれたものについて、以下述べる。Hyer, P. "A Half-Century of Japanese-Tibetan Contact, 1900-1950"（*Bulletin of the Institute of China Border Area Studies*, no.3, 1972, pp.1-23）のように、入蔵者の一人として青木の名を挙げる程度に言及するものは少なくないが、ここでは、まとまった記述のあるものを挙げる。

まず、青木に師事したチベット学者たちによる解説がある。佐藤長「解説」（青木文教『秘密の国　西蔵遊記』中公文庫、一九九〇年、三七三〜三八三頁）、山口瑞鳳「解説　青木文教師」（青木文教『秘密国チベット』芙蓉書房出版、一九九五年、三二三〜三三〇頁）である。

次に、青木逝去の際、彼を追悼して書かれたものがある。佐藤長「京都における青木先生の二人の弟子」（『西蔵学会会報』第四号、一九五七年）、同「郷土の学者　青木文教先生」（『安曇川』一九五八年七月一日号）、多田等観「ラッサ時代の青木文教さん」（『西蔵学会会報』第四号、一九五七年）、同「青木文教先生を讃える　名士学究の声」（『安曇川』一九五八年六月一日号）、中根千枝「青木文教先生の御逝去を悼む」（『西蔵学会会報』第四号、一九五七年）、同「郷土の学者　青木文教先生」（『安曇川』一九五八年八月一日号）である。

地元安曇川町における顕彰活動の成果としては、「隠れたチベット学者」、「新人物待望論」（安曇川町史編集委員会編『安曇川町史』安曇川町役場、一九八四年、一〇四五〜一〇四八頁）、中江彰「山口瑞鳳先生に聞く」（テープ、一九九三年）、安曇川町教育委員会編『青木文教』（ふるさと伝記まんがシリーズ三、安曇川町、一九九四年）、橋本鉄男「隠れたチベット学の先覚者青木文教―青木文教顕彰碑建設顛末記」（『全滋連』第八号、一九九四年、六一〜六七頁）、青木正信「チベット学者文教の顕彰を通して」（『橋本鉄男先生の思い出』橋本鉄男先生追悼文集刊行会、一九九七年、七二〜七五頁）がある。

青木の履歴に関するものには以下がある。まず、①生涯全般を取り上げたものとしては、佐々木高明「青木文教師とそのチベット将来資料」（『国立民族学博物館研究報告別冊』一号、国立民族学博物館、一九八三年、一七三〜一八三頁）、「青木文教師　年譜」（同、二五〇頁）、橋本鉄男「隠れたチベット学の先覚者　青木文教の光と影」（『湖国と文化』第四〇号、一九八七年、一一～一七頁）青木正信「青木文教の生涯をしのんで」（上掲『青木文教』、一〇〇～一〇一頁）、「青木文教先生の略年譜」（同、一〇六頁）がある。

チベット滞在など、履歴の一部に関するものとしては、山口瑞鳳『チベット』（上巻、東京大学出版会、一九八七年、九四～九八頁）、江本嘉伸『西蔵漂泊』（下巻、山と渓谷社、一九九四年、七七～八五、一一四～一三〇、一三八～一六七頁）、秦永章『日本渉蔵史―近代日本与中国西蔵―』（中国蔵学出版社、二〇〇五年、一六七～一八五、二一七～二三五頁）がある。

青木の遺品・将来資料に関するものとしては、資料全体に関しては高本康子「大谷探検隊関係入蔵者資料の現状」（白須浄真編『大谷光瑞と国際政治社会』勉誠出版、二〇一一年、一六一～一八五頁）、東京大学所蔵資料については、北村甫『東京大学所蔵チベット文献目録』（東京大学文学部印度哲学文学研究室、一九六五年）、国立民族学博物館所蔵資料に関しては、長野泰彦編『国立民族学博物館研究報告別冊』（一号、国立民族学博物館、一九八三年）、長野泰彦、高本康子編『国立民族学博物館青木文教師アーカイブ　チベット資料目録』、高本康子「戦時期日本の「喇嘛教」施策―国立民族学博物館青木文教師アーカイブを中心に―」（『論集』第三七号、二〇一一年、一五九～一七三頁）、龍谷大学所蔵資料については、三谷真澄「龍谷大学所蔵青木文教師収集資料について」（『仏教学研究』第六〇・六一合併号、二〇〇六年、一～二六頁）、正福寺資料に関するものとしては、中江彰「青木文教師の休暇日記」（『藤井克己氏追悼論文集』藤井克己氏追悼論文集刊行会、一九九七年、一三〇～一四〇頁）。

著作に関するものとしては、Joshua A. Fogel, ***The literature of travel in the Japanese rediscovery of China, 1862-1945*** (Stanford University Press, 1996, pp.155-156)、高本康子「青木文教『西蔵遊記』から見た明治大正期日本人のチベット・イメージ」（『国際文化研究』第八号、二〇〇一年、一二五～一三八頁）がある。

以上先行する記述をふまえ、本書においては、青木の著述、および、手稿・書簡類をはじめとする遺品を、資料として使用して記述を進める。青木の著述としては、『西蔵遊記』、『西蔵文化の新研究』等の単行本に加え、彼の論文など、雑誌等に掲載されたものを可能な限り調査し、参照した。本書にとっては、これら諸論文に加え、回想・随筆等に属する文章を収集できたことが収穫であった。彼の手稿としては、彼のチベット研究の集大成ともいえる「西蔵全誌」と題する草稿群、および入蔵、出蔵時の手記、更にチベット滞在中に書かれた日記の一部、報告書類を参照することができた。書簡類としては、家族とのやりとりの他、英領インド政庁の官吏らからの通信、戦時期にチベット人と接触した際の書簡などを参照した。その他の遺品としては、写真類と、彼が戦中期から逝去直前まで継続していたと見られる新聞記事の切り抜き等を、資料として使用した。

いずれも青木の生家正福寺、および青木関係の資料としては最大の所蔵数を持つ国立民族学博物館から、格別の御配慮とご支援があった。ここに特に記して、御礼申し上げます。

＊1 河口の履歴については、高山龍三『河口慧海―人と旅と業績―』（大明堂、一九九九年）、奥山直司『評伝河口慧海』（中央公論新社、二〇〇三年）に詳しい。その他、哲学館在籍時代の河口については、飯塚勝重「能海寛と長江三峡行―哲学館をめぐる能海寛と河口慧海」（『白山史学』三四号、一九九八年、一八～三七頁）が、黄檗宗と河口との関わりについては、正満英利「河口慧海についての一考察―得度の師希禅和尚の資料から―」（『黄檗文華』一一七号、一九九八年、五〇～五七頁）が詳細に論じている。また、現在までの河口慧海研究については、『展望河口慧海論』（法蔵館、二〇〇二年）以降、高山が詳細な調査を続けている。

＊2 多田等観については、多田明子・山口瑞鳳編『多田等観』（春秋社、二〇〇五年）に詳細な年譜がある（一八～一二七頁）。また、出版された多田の論文その他は、今枝由郎によって精査され、『多田等観全文集』（白水社、二〇〇七年）として出版されている。更に、花巻市博物館所蔵資料については、同館において現在、研究が進められている（寺澤尚「チベット学の先駆、多田等観と花巻―博物館に寄贈された多田等観の書簡類を中心に」『花巻市博物館研究紀要』第二号、二〇〇六年、一三～二七頁、同「資料紹介　多田等観が記した『観音堂記録』について」同第三号、二〇〇七年、九～二二頁、高本康子「入蔵者の記憶―『観音山』に見る多田等観と湯口の人々―」同第四号、二〇〇八年、二三～三〇頁、寺澤尚「多田等観と花巻」同第五号、二〇〇九年、七～四〇頁）。更に二〇一二年には、高本康子による評伝『チベット学問僧として生きた日本人　多田等観の生涯』（芙蓉書

房出版）が出版された。

＊3　能海に関しては、近年、特に能海寛研究会機関誌『石峰』が創刊された一九九五年以降、調査研究成果が蓄積されてきた。二〇〇四年には、地元金城町に残された膨大な能海寛資料を総括した『能海寛著作集』の刊行が開始されるに至った。従来の能海研究は主に、能海個人の事績を詳細に解明しようとするものであり、その嚆矢は一九八九年に出版された隅田正三の『チベット探検の先駆者求道の師「能海寛」』（波佐文化協会）であった。同年には、河口慧海と能海寛の二人についての評伝村上護『風の馬—西蔵求法伝—』（佼成出版社）も出版されている。その他、飯塚勝重による「能海寛と長江三峡行」（『白山史学』第三四号、一九九八年、一八～三七頁）、「能海寛　求法の軌跡—東京修学時代の日記を中心に—」（『研究年報』第三八号、二〇〇三年、三七～四六頁）等の考察、万代剛「チベット行一〇〇年　能海寛の旅に学ぶ」（『山陰中央新報』、一九九八～二〇〇一年）、江本嘉伸『西蔵漂泊』上巻（山と渓谷社、一九九三年）、同『能海寛チベットに消えた旅人』（求龍堂、一九九九年）等の調査もある。

ラサ憧憬―青木文教とチベット―●目次

第一章
チベット以前

第一節　なつかしき高島野

正福寺の人々

青木とともにチベットの首都ラサで留学生活を送った多田等観は、その頃の青木を回想して、以下のように述べている。

青木さんは毎日のように離宮ノルボリンカの僧正の役宅に通い、チベット文からの翻訳の仕事をされ、その思想内容についてはいろいろ論議をかわされた。真宗学者を伯父にもっておられた青木さんは宗義の解釈には頗る厳格であったので、テトル僧正と意見の相異から論議に花を咲かせていたことを傍観していたこともある。

（「ラッサ時代の青木文教さん」『日本西蔵学会々報』一九五七年一〇月、四号、二頁）

青木のラサ時代については、第五章で詳述するが、多田のいうこの情景は、一九一四年か一五年だと思われる。青木は二〇代の後半であった。

幼年・少年期の青木についての資料は少ない。しかし筆者は、この多田の言葉が、青木文教という少年を取り巻いていた環境の特徴を、はからずも、端的に示唆しているものと考える。仏教者として学問を志向する雰囲気である。多田に、「宗義の解釈には頗る厳格」であったと回想させる、青木文教という青年、そしてそのように彼を育んだ家族、父母や兄弟、「真宗学者」の「伯父」などの家族は、どのような人々であったのだろうか。

青木文教は、一八八七年（明治二〇年）九月二八日、滋賀県高島郡常磐木村（現滋賀県高島市安曇川町）の浄土真宗本願寺派阿弥陀山正福寺に生まれた。安曇川町は、京都から電車で一時間ほどの、琵琶湖の西北岸に広がる平野にある。その中央を、町名の由来となった安曇川が、背後の丹波山地から流れ下り、琵琶湖へと向かう。安曇川は滋賀県下第二の河川であり、農業用水、生活用水として人々の生活に密着した存在であった。古来から河口ではヤナ漁が行われており、江戸時代、氾濫を防ぐために植えられた竹は、地元の伝統産業である高島扇骨の材料となった。河口の向こうには琵琶湖の水面が大きく広がり、その対岸には伊吹のやまなみが展望される。青木は、この故郷を、「なつかしき高島野」と呼んだ*1。

青木の生まれた正福寺は、この「なつかしき高島野」の、風が吹き渡る田の緑が広がる中、十八川と呼ばれる集落にある（写真1、写真2）。十八川とは、『高島郡誌』（高島郡教育会、内外出版、一九二七年、一九七二年復刻）によれば、昔このあたりに安曇川が多く分流していたことが由来になった地名だという（六三頁）。

青木は当時の正福寺を以下のように描写している。

朝まだき庭の草木は露しげく、垣根に咲ける朝顔の花、清く水澄む池の緋鯉…すべて吾が家のものながらも暫し見ざりし珍しさ。庭に繁れる木の間より、いつもけ高き伊吹山は昔ながらの英姿を示し、紅いそむる暁雲にとりまかれ山巓高く天そゝる。

（『休暇日誌』八月一三日部分）

正福寺の先代住職であり、文教の甥にあたる青木正信師（一九二三〜二〇〇一）*2 によって一九九八年ごろ執筆されたと思われる「正福寺の概要」によれば、正福寺の門徒は、滋賀県における一ヶ寺の平均門徒数とほぼ同じ水準の、「安曇川町・今津町など合わせて四三戸」である。

既掲『高島郡誌』は、昭和の初めにまとめられたものであるが、これには当時の正福寺について、「同村大字常磐木字十八川に在り。阿弥陀山と号す、同派同末。永生四年三月（一云文明三年三月）創立、開基西念、寺域一段二十五歩、檀家五十戸」とある（二三七頁）。同書所載の安曇村の寺院は二〇か寺である。檀家の数を見ていくと、一三〇戸が最も多く一寺、次が八〇戸で一寺、次いで五〇戸の檀家を持つ寺が六箇所あり、正福寺はその中の一つである。したがって、『高島郡誌』が編まれた昭和の初めの安曇村では、大きい方の寺院であったことがわかる。浄土真宗本願寺派の寺格でいうと、現在は他の同様の規模の寺より二段階ほど高いが、これは青木の伯父青木達門（一八三六～一九二二）が勧学職に昇ったことによって、寺格が引き上げられたためである。

写真1　十八川の集落（青木範幸師撮影）

写真2　正福寺（青木範幸師撮影）

多田等観が「真宗学者」と呼んだ青木の伯父とは、この達門である。文教の曾祖父恵達の三女、里ゑが、文教の祖父等耀（応声）＊3と結婚、三人の息子が生まれた。達門はその長男であった。彼は、浄土真宗本願寺派（以下西本願寺）の学階、すなわち教学における学識の水準を表す位階において、最高位の勧学まで昇り、学者として名をなした人物である。既出の正福寺先代住職、青木正信師は、青木文教の事績を最初に整理した、いわば青木文教研究の開拓者のひとりであると言えるが、師によれば、特に少年期の文教に大きな影響を与えたのが、この達門であっただろうということである（青木正信「青木文教の生涯をしのんで」『青木文教』ふるさと伝記まんがシリーズ三、滋賀県安曇川町、一九九四年、一〇一頁）。

達門については、その弟の覚生（一八五四〜一九二七）が、一九二七（昭和二）年に執筆した記録が正福寺に残されている（正福寺資料、資料番号八二）*4。これは他のいくつかの書簡などと一つにまとめられていたものだが、『高島郡誌』編纂の際、編纂者側よりの問い合わせに答えるために書かれたものの控えか、原稿ではないかと思われる。この記録によれば、達門は、一八三六（天保七）年に生まれ、一八五一（嘉永四）年得度、一八六九（明治二）年、正福寺の第十四代住職となった。この記録には「明治初年ヨリ京都寄留」とあり、更に「本山内事局及仏教大学ニ役務ヲ執リマシタ」、「仏教大学建築工事ニ尽力シマシタ」とあるので、生活の大部分は京都に拠点をおいたものであったと思われる。従って少なくとも文教誕生前後、明治二〇年代以降の正福寺においては、当時副住職であった弟の覚生が、実質的な寺務を担うこととなっていたと推測される。

西本願寺の学階は、五段階から構成され、得業、助教、輔教、司教、勧学と進む。各段階への昇進には、所定の試験が設けられている。上述の正福寺資料によれば、達門は、正福寺住職となった一八六九（明治二）年に得業となり、その一二年後、一八八一（明治一四）年に助教に昇った。更にその一年後、一八八二（明治一五）年に輔教、一九〇八（明治四一）年に司教、そして一九一九（大正八）年、勧学となった。しかしその三年後、一九二二（大正一一）年七月一五日、京都西教寺で没する。「穏行篤実ニシテ始終名誉ニ関スルコトハ無頓着」な人柄であった（上掲資料）。

達門は一八七二（明治五）年、青柳きぬと結婚する。しかし、二人の間には子供がなかったので、一八八五（明治一八）年、弟の覚生を後継者とした*5。覚生は一八五四（安政元）年生まれ、達門の一八歳下である。覚生は一八八四

（明治一七）年、京都府愛宕郡出石村の佐竹家から、妻きくを迎える。この佐竹きくの兄が、明治の実業家として名高い佐竹作太郎（一八四九〜一九一五）であった。青木正信師は、文教に大きな影響を与えたであろう人物として、青木達門とともにこの作太郎を挙げている（前掲青木正信「青木文教の生涯をしのんで」、一〇一頁）。作太郎については後述する。

覚生ときくの間には四男二女があり、文教はその長男であった。長女、二男、四男は早世し、文教は、四歳下の妹ヌイ、九歳下の弟正音とともに育つこととなる。ヌイは一八九〇（明治二三）年生まれ、のち文教がチベット滞在中の一九一四（大正三）年、京都西教寺の太田真海と結婚する。この西教寺はすでに述べたように、一九二一（大正一〇）年に達門が没した場所でもあり、当時の正福寺との関係の深さがうかがわれる。

文教の弟正音（一八九五〜一九七〇）は、一九三八（昭和一三）年、文教から正福寺住職を引き継ぎ第一七代となった。正音はまた、西本願寺系の中学・高校で教員として教育に力を尽くし、福井市の北陸中学校・高等学校在職中の一九七〇（昭和四五）年、同地で没した。この正音の長男が正福寺一八代の正信師であり、やはり教育分野で活躍、特に地元での幼年教育に力を注いだ。

小学校時代

青木文教は、このような家族の一員として、一八八六年（明治一九）年に生まれた。彼のこの生年については、現在まで青木に言及する記述のすべてと、正福寺に残された戸籍（資料番号二二）の記録では、このようになっている。しかし、国立民族学博物館所蔵青木文教師アーカイブ（以下民博アーカイブ）＊6 に、ラサで書かれたと思われる青木自筆の履歴書（アーカイブ番号五四）があり、そこでは「生年月　明治二十年九月二十八日生（戸籍謄本上ニハ明治十九年トアルヤモ知レズ）」とあることから、青木の生年は一八八五（明治二〇）年である可能性もある。

幼年期の青木を直接知ることのできる資料は、繰り返すが、極めて乏しい。しかし、この正福寺の前住職であり、青木の甥にあたる青木正信師は、「安曇尋常小学校時代(八年間)は、勉強はよくできたが、元気で活発、〝ヤンチャ〟な少年だったと聞いています」(前掲青木正信「青木文教の生涯をしのんで」、一〇〇頁)と述べている。この正信師の記述は、幼少期の青木像を伝える数少ないもののうちの一つである。

青木は、安曇尋常高等小学校(現安曇川町立安曇小学校)に、一八九三(明治二六)年入学したと思われる。安曇川町立安曇小学校に現在も残されている「沿革誌」*7には、一八九七(明治三〇)年の「尋常科卒業者氏名」、一九〇一(明治三四)年の「高等科卒業児童氏名」の中に、それぞれ青木文教の名が見えるからである。

『高島郡誌』によれば、そもそも教育拠点としての同校の始まりは、一八七二(明治五)年の学制発布の際、田中村、常磐木村、三尾里村に計四箇所学校を設置し、児童の教育を行ったことであるという。一八八六(明治一九)年、この四校が尋常科田中小学校・簡易科田中小学校となり、更に青木が尋常科に入学したと思われる一八九三(明治二六)年四月、安曇尋常小学校と改称された。同年九月には高等科が併置され、安曇尋常高等小学校となった(『高島郡誌』、一〇九〜一一〇頁)。

青木が在籍していたと推測される一八九三(明治二六)年から一九〇一(明治三四)年にかけての学齢児童数と在籍児童数について、前掲「沿革誌」を見てみると、学齢児童はこの期間を通じて男女ともにそれぞれ三五〇人前後である。在籍児童は漸増しており、一八九三(明治二六)年は男児二五一人、女児一二八人だったのが、一九〇一(明治三四)年には男児三二八人、女児二三〇人となっている。その後更に増加したようで、一九一二(明治四五/大正元)年から一九一九(大正八)年まで在学した中村市太郎の記述によれば、児童数八〇〇名を越える「マンモス校」となったという。付設の高等科には高島郡内の他町村からの入学も多かった。また、旧藩主酒井家から奨学金の支給もあったという(以上、中村市太郎「安曇尋常高等小学校の思い出」中江彰編『安曇川町五〇年のあゆみ史料集』安曇川町役場、二〇〇四年、六七二頁)。

上掲「沿革誌」によると、文教は、尋常科一年の時に「品行善良学力優等」として「半紙三折」を賞品として授与されている。この時「品行善良学力優等」として表彰されたのは第一学年在籍児童九二人中一〇名であった。この「品行善良学力優等」という名目は、表彰されるレベルとしては最高の評価であったようで、賞品が与えられているのは、この名目の場合に限られている。例えば「学力優等」のみ、「品行善良」のみの表彰には、賞状が授与されるだけで、賞品はない。

青木は同様の名目で、翌年尋常科二年時にも「作文早学」なるものを一部授与され（第二学年在籍児童八四名、うち同名目で表彰されたのは六名）、尋常科三年時にも、「新選小学読本巻八」、「明治習字帖巻八」各一冊（第三学年在籍児童七六名中、同名目での表彰は四名）、尋常科四年では「新選高等読本巻一」一冊を授与されている（第四学年在籍児童六一名、うち同名目での表彰は五名）。高等科一年時については記録がないが、高等科二年の時は「品行方正学力優等」で「理科書」一冊（第二学年在籍児童四二名、うち同名目での表彰は四名）、高等科三年では「読本」、「習字帖」各一冊を授与されている（第三学年在籍児童二五名、同名目での表彰は五名）。従って青木正信の「勉強はよくできた」という言葉は、充分裏付けのあるものと考えられる。学問を尊重する青木家の一員として、文教が成長している姿を、ここに見て取ることができるだろう。

そして文教は、高等科在学中の一八九八（明治三一）年一一月、京都の西本願寺本山において得度する。二六日が「試験」、三〇日が「御式」であった。正福寺には正式に僧侶となった証である「度牒」をはじめ、関係の諸書類が残されている。これらの本山文書からは、本山の絢爛とした、そしていかめしい雰囲気がうかがえる。文教少年は、その威儀の中に身を置いて、何を感じていたのか。恐らく、彼が自分を仏教者として意識した、その最初ではなかったかと思われる。

第二節　京都府立二中

京都への進学

正福寺に残された、京都府立第二中学校の「在学証明書」（正福寺資料、資料番号一一）＊8によると、青木は一九〇二（明治三五）年四月一二日に、同校に入学している＊9。滋賀県立今津中学校（現県立高島高校）が一九二〇年（大正九）年に開校する以前は、湖西地方に高等小学校以上の教育機関はなかったことから、当時としてはごく普通の進学コースであったと、中江彰の論文「青木文教師の休暇日誌」（『藤井克己氏追悼論文集』藤井克己氏追悼論文集刊行会、一九九七年、一三〇～一四〇頁）に指摘されている（一三二頁）。同論文は、郷土の先覚として青木に光をあてた最初の研究の一つである。

青木は京都西教寺に寄寓していた伯父達門のもとから中学に通った（前掲青木正信「青木文教の生涯をしのんで」、一〇〇頁）。この時代の青木が残したものとしては、彼が中学五年（一九〇六年）の夏書いた日記（「休暇日誌」以下「日誌」）がある。これは肉筆が正福寺に残されており（正福寺資料、資料番号八、写真3）、前掲中江論文には全文が掲載されている。以下、原資料と中江論文を参照しつつ、この日記から読みとれる中学時代の青木について考えたい。

「休暇日誌」

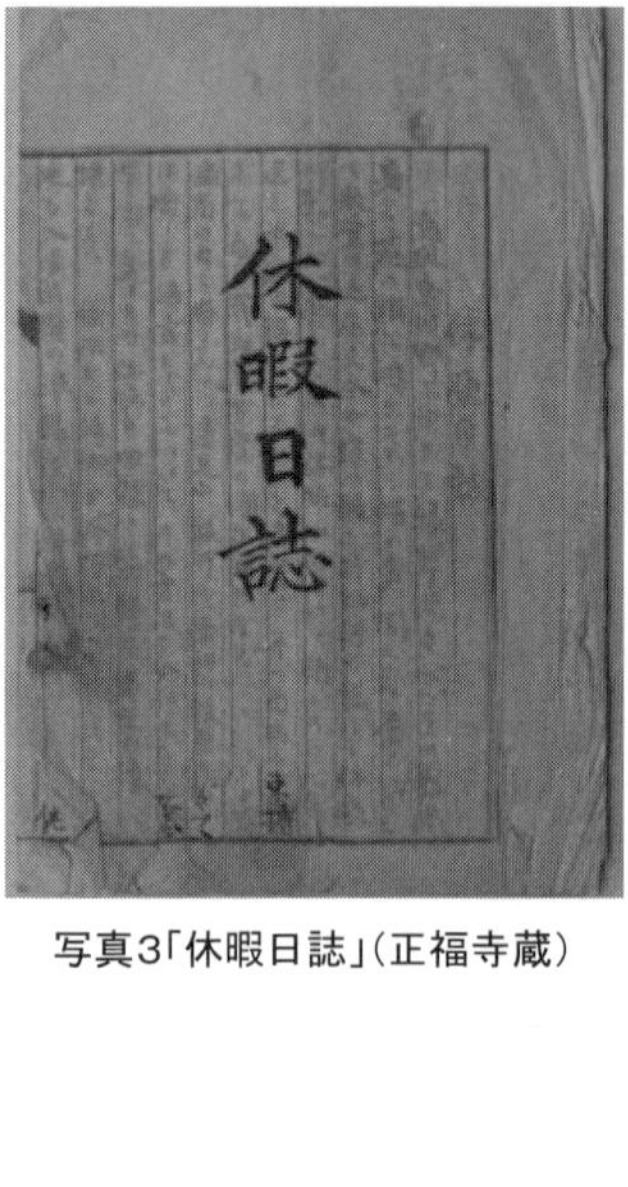

写真3「休暇日誌」（正福寺蔵）

「日誌」の、「吾れ京都に来て已に五年を経たれとも夏季を此の地に暮したるは今回がその嚆矢なりき」（八月一〇日部分）という記述から、青木はこれまで、夏休みには必ず、安曇川の正福寺に帰省していたものと思われる。それも、夏休みに入るとすぐに京都を出ていたことが、「休暇となっては一日も都爾えとゞまらざりし吾」（冒頭部分）という部分からわかる。

「遠足」、「旅行」、「学科の復習」、「読書」が、夏休みにおける彼の通常のプランだったようである（前同）。例えばこの前年、中学四年の一九〇五年は、関ヶ原や彦根、養老の滝をめぐる旅行をしている（八月一日部分）。前々年の一九〇四年、中学三年の夏は大病をして、三ヶ月ほど床に就いていたようであるが、中学二年、一九〇三年の夏は植物採集、中学一年、一九〇二年の夏は鉱物採集に夢中になっていたことが、「日誌」末尾部分の記述からわかる。

しかし、この「日誌」当時、つまり中学五年時の夏休みは、京都に残った。来年の受験準備をするためである。「愉快なる帰郷や旅行爾には目もくれず、只是来る入学試験の準備てふ一種の野心のみ」と彼は書いている（前同）。

この「入学試験」がどの学校の試験なのか、「日誌」に具体的な言及はない。しかし、浄土真宗本願寺派設立の仏教大学（現在の龍谷大学）で、当時発行されていた機関誌『六條学報』所載の、仏教大学「生徒募集広告」には、公立中学校卒業生に対して「内典（正信偈、八宗綱要）ニ就キ試験ノ上第一部ニ編入ス」とある（第三〇号、一九〇四年、頁番号なし）。京都に残った青木は、受験勉強としてまさしくこの二科目の講義を、伯父達門から毎日受ける。したがって、この受験準備は、仏教大学の入学試験を目標としたものと考えて差し支えないと思われる。

「日誌」初日の七月二三日部分には、「日課の時間表」が掲げられている。それによれば、達門の講義は一日二回、すなわち、午前七～九時が「仏教八宗綱要」、午後三～四時が「正信念仏偈」であり、その他の時間は予習復習となっている。

この予習復習は、関係する参考書を読んでいくことであった。しかし、青木が予期していたより時間のかかるものであったらしい。そのためもあってか、受験勉強は、遅々としてすすまなかった。科目のわかりにくさに加え、興味がわかないことに彼は閉口している。すなわち、「何の事かわ可らず雲つかむやうなり」（七月二三日部分）、「面白味を感ずる迄には行かず」（七月二九〜三一日部分）、「六ヶ敷と思ひし日課の此頃やうやうわかりそめしが興味を覚ゆるに至らで飽きぬ」（八月一日部分）。

受験勉強の合間には、京都市内を散策し、また友人とひんぱんに行き来している。「日誌」中には、市田、池田、酒井、野村、大藤、中野、田中の名前が見られる。いずれも姓のみの言及である。府立二中時代の同級生には、池田信雄、大藤栄一、酒井隆吉、田中和一郎という名が見えるので、あるいはこの人々を指すものかと思われる（『京二中卒業五〇周年記念誌　京二中三一会名簿』京都府立二中、一九四三年、二七頁）。市田と野村の二人に会っている回数は他の人物より多く、従って特に親しい友人ではなかったかと思われる。また、市田と池田の二人は、青木と同様に、受験勉強のための京都居残り組であったようだ。この二人を指して、「籠城の弱将」（七月二七日部分）などと、冷やかし気味に、青木は書いている。自分もそこに含めた共感がほの見える記述である。

また、ところどころに、二〇歳という若い世代らしい感想が見える。「夕暮酒井君方に遊びて彼が自慢の蓄音機を聞く。面白かりき」（七月二八日部分）。「アイスを飲むまじと一旦決心せしも今日余儀なく決心を打ち壊されたり」（七月二六日部分）。また、朝夕散歩に出るのが習慣であったようだ。行き先はたいてい西本願寺や京都駅周辺などであるが、最もお気に入りのコースは、動物園だった。「親愛なる猿猴君も人待ち顔也」（八月二日部分）等という記述に、青木がこの場所に感じている親しみを読み取ることができる。

彼にとっては初めてというに等しい京都の夏であった。その暑さは精神的にも肉体的にも、非常な負担となったように思われる。「日誌」第二日、七月二四日には早くも、「暑くして晩くまでねむられず」という記述が見える。一週間経ち、八月一日になると、「暑さの甚だしき故か、たゞしは勉学の害なるか。吾が健康は日々に衰へ行けり」（八月一日）と書くようになる。青木にはもともと、脚気の持病があったことが、「日誌」各所の記述から明らかである。これに加え、睡眠不足や、食欲不振にも悩まされるようになった。八月一〇日になると、「数町の歩行さへ堪えがたく」なり、「よりて今日の日課は吾より請ひて休みぬ」（八月一〇日部分）。このため、青木はついに京都での受験勉強をあきらめ、帰省する決心をする。

その二日後の八月一二日、彼は京都を発った。当時まだこの地方に鉄道は敷設されていない。滋賀県において、鉄道は、まず湖南、湖東地方において整備された。一八八〇（明治一三）年に、京都—大津間、そしてその翌年一八八三（明治一六）年に長浜—関ヶ原が完成、一八八九（明治二二）年には、東海道本線が全通している。次に湖北地方においても、一八八四（明治一七）年に長浜—敦賀間が完成した。このように着々と整備されていっていたが、しかし安曇川が属する湖西地方は、一九三一（昭和六）年の大津—今津間の開通をまたなければならなかった。

午前一一時に京都を出発、家に着いたのは午後五時であった。久しぶりの家族の顔に、彼の気持ちも和らいだのであろう。「なつ可しき高島野の吾がスヰートホームにありき待ち焦がれたる弟妹の喜びいふば可りなし。吾れも始めて愉快を覚ゆ。晩餐終へて団欒相物語るうち吾れはいつ志か眼を閉ぢぬ」（八月一二日）。暑さに眠れぬ夜が続いた京都での生活の後、移動の疲労と緊張の緩和があいまって、久しぶりに快い睡眠をとることができたのだと思われる。

「スヰートホーム」での生活は、のんびりしたものとなった。なじみ深い故郷の風物を存分に楽しみながら、友人たちと往来し、弟妹の相手をする毎日であったようだ。「子供心の昔にたちかへりて、無邪気な弟妹を遊びの友とし、出でゝは二三人の旧友を相手に自慢話？法螺の少しも加へて日々楽しき生活」（八月一八日部分）。弟や近所の子供を連れて、毎日のように安曇川での水泳や近郊の散歩へと出かけ、八月下旬になると体調が回復して、「父の用事」（八月二四日）、「父の代理」（八月二六日）で近村へ出るようにもなった。水泳の後、昼過ぎから夕方まで眠り込んでしまって、「お前のような昼寝は困るよ！《ママ》」と母キクに言われたというエピソードは、母親に対する親愛とともに、青木が日々の家族との触れあいに、活力を取り戻していっていたことをも表すものだと言えるだろう。

「日誌」はまた、当時の安曇川の夏の風景が、様々に写し込まれたものとなっている。たとえば度々「日記」に見えるのは、「馬に乗て散歩、愉快譬ふるにものなし」（八月一七日）等とあるように、乗馬の習慣である。安曇川は流鏑馬のさかんな土地柄で、『高島郡志』によると、安曇村の村内二ヵ所の神社で、流鏑馬や「朝競馬」と呼ばれる競技が盛んに行われていた。従って青木の身辺近くには馬がたくさんいて、幼い頃から馬に触れる機会が多く、安曇川の青年たちの日常生活の一部として乗馬が存在していたと考えて、差し支えはないと思われる。青木はチベットでの旅行中も馬を利用しており、またラサ滞在中も、スポーツとして乗馬を好んだ＊10。安曇川を出て以降も彼にとって乗馬は、非常に身近なものであったと言えるだろう。

また、当時の青木と同年代の若者たちの様子が、生き生きと描かれているのが、盆踊りについての以下のような記述である。盆踊りが行われた翌日のことである。若者たちは「まだ踊り足りない」と、踊り床机を据え、太鼓を打って踊り出した。その音を聞きつけて巡査が駆けつけ、「衛生上踊りは有害であると禁じているのに、それを二度もやるとは何事か」と叱責する騒ぎとなった。しかし、若者たちはすかさず、巡査をある家に案内してそこで話を再開し、その間に手早く床机を隠してしまった。話を終えて出てきた巡査が、床机が片付けられているのを見て満足して立ち去る、その背中が見えなくなるやいなや、まだ巡査のサーベルのガチャガチャいう音が間近に聞こえているというのに、たちまち床机が担ぎ出され、何事もなかったように皆踊り出したという。青木はこの若者たちの「臨機応変の処置」について「面白かりき」と、「日誌」に詳しく記録している（八月二〇日部分）。面白かったのだろう。

そして、「日誌」にはまた、「高島野」の「景色の秀麗」（八月一八日）が、愛情込めてスケッチしされている。例えば、彼が「小園」と呼び、好んで散歩をした正福寺の庭は、澄んだ水をたたえた池の中で緋鯉がゆったりと泳ぎ、そのほとりに朝顔の花が咲き、その上に朝露を帯びた樹木が繁り、更にその向こうに、遠く伊吹山が聳えているのが見える、というように記述されていく（八月一三日部分）。

中でも精彩に富むのは、安曇川の夕景である。長くなるが、原文をそのまま以下に引用する。

此の日夕暮、友と駒なめて［筆者注、馬を並べて］安曇川に涼を納れぬ。潺々たる清流の声は颯々たる松風と相合して、美妙調和の楽音？《ママ》を奏し、一陣の涼風上流より吹き来りて衣袂を膨らせば馬は風に嘶ないて勇往猛進、天にも舞らん勢を示しぬ。鍬を肩にして急げる農夫、草籠負ひて家路に向ふ賤が女、牛の啼き声。空翔ける蝙蝠、何くも同じ夕暮の景色！！！《ママ》日は山の端に沈みぬ。紫匂ふ雲間より、もれ出る紅の光、曲線なす清流に映じて金波銀波の波美し。以つし可夕霞棚引きて四面は刻一刻と暮れて行く、光りつめたき星一つ、黒みわたりたる森のあな多に瞬きぬ。寂寞を破りし遠山寺の鐘の音、余韻低く潺々の水音と共に消えさりぬ

（八月二七日部分）

夏の暑さの中で際立つ安曇川の清流の爽やかさ、それを馬上で感じつつ、近くは牛の鳴き声、遠くは寺の鐘の音を聞き、野で働く人々のシルエットや飛び交う蝙蝠の影など、なじみ深い情景を目にして、改めて故郷への愛情をかみしめている青木の姿が、ここに見て取れる。

八月二八日・二九日には、次項で詳しく述べるが、京都に、母方の伯父佐竹作太郎を訪ねた。帰宅後その疲労から「終日寝室の人」（八月三〇日）とはなったものの、その翌日には、「勇気大に恢復せり。前日の苦も楽と思ふやうになりき」と記している。体調が戻り、青木自身、充実感を感じている様子がうかがえる記述である。

この二日後、九月二日に彼は京都に戻った。翌日から勉強を再開している。しかし、英語や歴史、数学の復習であり、帰省以前に取り組んでいた例の受験勉強については、一言も触れられていない。勉強の合間には、また一人で動物園を散歩していたようだ。九月六日、二学期が始まり、「長き休暇に飽きたる余は、喜んで学校に至りぬ」（九月六日）。「日誌」はこの九月六日付で終わっている。

「チベット」以前の青木文教像

チベットについて「日誌」には、全く言及がない。また、チベット以後、彼が特技の一つとした写真撮影やカメラについても、触れられていない。この三年前、青木中学二年次在学中の一九〇三（明治三六）年には、河口慧海が第一回チベット旅行から帰国し、マスコミで取り上げられ世論の絶大な関心をよんだ。京都でも、帰国の一ヶ月後であ

る六月七日に、哲学館関西同好会主催で河口の講演が行われている。河口はさらに翌年（一九〇四年）『西蔵旅行記』を出版、各地の講演にひっぱりだことなった。従って世間でこのように、河口のチベット旅行に注目がされていた。にもかかわらず「日誌」には、チベットにも、またこの頃帰国し将来品の一部を西本願寺や京都博物館で公開していた第一次大谷探検隊についても、全く触れられていない。これはつまり、当時の青木の目が、完全にこれらからそれていたことを示していると思われる。

このような時代、すなわち「チベット」以前の青木文教は、どのような青年であったのか。この「日誌」は、それを考える際のほとんど唯一の資料であると思われる。

「日誌」を最初に読み解いた中江彰は、この時代の青木の人物像として、脚気や痔疾に悩まされるなど「病弱」であったこと、しかし意志が強く「強靭な精神力の持ち主」であったことを指摘している（一三九～一四〇頁）。これは、後年、時に逆境ともいうべき厳しい状況にあってもチベット研究を淡々と継続した、「チベット」以後の青木に、ごく自然な連続性を持つ青木像であると言える。これをふまえ、更に細かく当時の青木の姿を掘り起こしてみたいと思う。

「日誌」末尾部分は、休暇中の自分を振り返る記述となっている。まず彼は、今年の休暇は「大失敗」であったと書いている。旅行も読書もできず、復習も不十分なままにおわってしまったことがその理由である。更に、「日誌を検するに及び休暇の上半期は読むに堪へず愧死するも尚余りありといふべし」とも書いている。これは、真摯な反省であるとともに、「愧死するも尚余りあり」等には、若干大げさな筆遣いの気配が見て取れなくもない。これは「チベット」以後の記述にはあまり見られないものである。

「日誌」の記述から筆者が最も強い印象を受けたのは、この大谷探検隊に参加して以降の彼にはあまり現れないもの、である。楽しいことは楽しい、つまらないことはつまらないと率直に書く、伸び伸びとした素直な感性であり、それゆえに彼の若い時代の特徴であると思われる。例えば、受験勉強に飽きてしまった、また、予習は面白いが復習はちっともそうは思わない、等と書き、また、暑くなれば禁を破って「アイス」（七月二六日部分）が飲みたくなり、休みになれば故郷の「スキートホーム」（八月一二日部分）が恋しくなるという、いわば無邪気ともいえる側面である。また、旅行を好む点は、彼のみが持つ特異な特徴ではなく、同時代の若者に多く共有されたものである。また、乗馬も、彼の故郷安曇川では、日常生活において非常に身近なものであったことは、前述した通りである。周囲が好むものを、ごく自然に彼も好んだ、と言えるのではないだろうか。

この「日誌」を見る限り、青木は、喜怒哀楽の感情が豊かに横溢する、本人が悩んでいるほどには精神的にも不健康ではない、当時の社会の動向・状態に素直な感性を持った、いわば平均的な一青年であったと言ってもいいように思われる。

「吾が伯父様」佐竹作太郎

青木の母きくの兄佐竹作太郎（一八四九～一九一五）は、明治の実業家として高名な人物である。青木は作太郎を、前出の「日誌」の中では、「吾が伯父様」と敬慕を込めて呼んでいる。後章で述べることとなるが、青木はチベット滞在を終えてから、チベット・日本間の貿易業務を始めるよう、大谷光瑞から指示を受けていたようである。この件について、実業経験が皆無である青木が、作太郎を何よりの相談相手と心頼みにしていたのは、当然であっただろう。しかし作太郎は、後述するが、青木がチベットを出る半年前に急逝する（第五章で詳述）。

作太郎は、山梨県の県令となった政治家藤村紫朗（一八四五～一九〇六）に見出され、書生のような身分で藤村家に入り、彼に従って二四歳の時、一八七三（明治六）年に山梨へ移った。その後、所謂甲州財閥のリーダーの一人となった若尾逸平（一八二一～一九一三）のもとで、企業人として活躍した。山梨県下で一八七七（明治一〇）年、第十国立銀行が設立されると、若尾の推挙によって入行、一八八二（明治一五）年、その頭取となった。一八九五（明治二八）年には、やはり若尾の意向によって、現在の東京電力である東京電灯に入社、翌年その取締役となり、一八九八（明治三一）年には社長に就任した。彼は同社において経営改革を断行、事業を拡大し事業の基礎を築いた。一九〇二（明治三五）年からは衆議院議員となり、政友会系の議員の一人として国政にも参加した。

作太郎に言及する資料は複数あるが、その記述に共通するのは、温厚な人柄であったということである。作太郎は、華々しい人気を得るタイプではないが、人と鋭く対立することなどのない人物である、というのが、作太郎と同時代の人々の共通した認識であったらしい。作太郎の人間像について、もっとも詳細な記述は、矢野政二『財界之人百人論』（時事評論社、一九一四年）であると思われる。

矢野は作太郎を、「実質の人」であるとし、その人柄の特徴を以下のように要約する。まず、勤勉で努力を惜しまず、事業に全力を傾注して倦まない人物であったこと。「趣味として挙ぐべきもの」が特になかったとも伝えられるのも、作太郎のこのような面を表すものの一つであろう。また、自分自身に利益を還元することが非常に少なく、例えば、東京電灯の社長であるのに自分の「邸宅」は持たず、「会社の片隅に在る社宅」で生活していた。なぜ自分の家、それも広い家を持たないのかと問われると、「家は膝を容るれば足る」と答えたと、矢野は伝えている（実業之世界社編集局編『財界物故傑物伝』上巻、実業之世界社、一九三六年、五六七～五六八頁）。

第二に、ものの考え方が非常に緻密であり、「零砕の物を集め合はして一物を作り上ぐる底の」細心の注意を徹底するたちであったという（二一七～二一八頁）。別の記述ではこれは、「計数的才能」（遠間平一郎『財界一百人』中央評論社、一九一二年、二五四頁）とも表現されており、詳細なデータに基づいて判断を下す性質であったことがうかがえる。

作太郎が東京電灯の社長として、同社の経営改革を断行したことは、いずれの記述においても、その後の事業発展の基礎を築いたとして、高く評価されている。これは、人員整理と経費節減を大々的に行い、かつ、株主への配当率を下げて事業への直接投資を増やす、というもので、しかし当時においては、かなりの反発があったことが、各記述から見て取れる。例えば、実業之世界社編集局編『財界物故傑物伝』上巻（実業之世界社、一九三六年）は、株主配当率切り下げに関して、作太郎が「群議を排して」（五六六頁）これを決定したと述べており、前出の矢野政二『財界之人百人論』も、「這は株主の了諾する所にあらざる也」（二一九頁）と伝えている。強い逆風に毅然として耐え、自分自身の意志を貫徹しようとする作太郎の姿勢が、ここにうかがわれる。

青木の記述に、作太郎の姿を最初に見ることができるのは、本節冒頭で取り上げた、京都府立二中時代の夏休みの日記、「休暇日誌」である。一九〇六（明治三九）年当時は、作太郎が、東京電灯の社長と、国立第十銀行の頭取、そして衆議院議員を務めている時期にあたる。この前年、作太郎は盲腸炎で非常に危険な状態にあったという。青木が中学五年のこの夏、東京や甲府での仕事に一段落をつけて、「全快祝い」の挨拶のため、帰郷し京都に滞在したという事情であるようだ。妹の婚家である正福寺にも知らせが入り、家族総出で作太郎に会いに出かけていったものらしい。

青木は伯父からの知らせがあった翌々日、八月二八日に、一人で出かける。母きくは弟正音を連れて前の日にもう発っており、父覚生は所用のため遅れてくることになっていた。青木は未明に家を出、大溝から汽船に乗った。午前八時に大津の桟橋に到着、三里（約一〇km）ほど離れた、大原村の佐竹家を目指して歩き出した。病後の身体で、しかも暑い時期のことでもあり、楽な道のりではなかったと思われる。「流汗滴る」（「休暇日誌」八月二八日部分）と、青木は書いているから、汗だくになって歩いていったのだろう。ところが、青木が佐竹家にたどり着いてみると、肝心の伯父は京都へ発った後であった。青木は落胆したが、「さりとて伯父にあわでは折角此所まで来りし甲斐もなしと更に勇を鼓して」（前同）、京都へ向かうこととする。

大原家で昼食を済ませたあと、青木はまた歩き出した。京都までは五里、一五、六km強の道のりであった。あいにく人力車も通らず、青木は「重き体を痛き足にて運びつゝ」（前同）、日暮れ頃ようやく、京都に到着した。早速車を拾い、作太郎の宿所である麩屋町の柊屋へ飛ばした。柊屋は、幕末から文人墨客に愛された高級旅館である。そこで青木は伯父と、五年振りに再会する。「目のあたり相見ては直ぐに言葉も出でず。唯々嬉しさ限りなかりき」（前同）。

青木はこの夜、伯父の部屋に泊まった。作太郎が当時経済人として重要な地位にあったことから、当然とも言えるが、夜一二時頃まで、客の来訪が絶えなかったという。「中にもおかしきは新聞記者の訪ひ来りし時なりき」という青木の記述に、伯父のそばにいて、普段目にすることのない世界に、その日さんざん歩いた疲労も忘れている彼の様子が彷彿とされる。結局就寝は、午前一時過ぎとなった。

翌朝は午前六時に起床し、それから正午まで、作太郎とゆっくり話ができたようだ。「伯父は種々の話をなせり。面白き物もありき価値ある話もありき。実歴談も承はれり」(「休暇日誌」八月二九日部分)。そして伯父とした話を、以下のように青木は締めくくっている。

最後に＝若し立身せんと思はゞ何事も真面目にせよ而して上の者に対しては服従を旨とせよ、服従は立身第一の要素なり＝と。…今更斯かる言を聞くまでもなく、常に学校に於て倫理の時間に教へられたるなり。当時何を吾等に対して言ふかと多少軽視せしが後に熟考するに及んで始めて其の真意の存するところを悟りぬ。幾分か老婆心より出たるならんも、さすがは吾が伯父様なりと思へば、感恩の念禁する能はざりき　(前同)

実際のところ、伯父から聞いた「種々の話」の中で、その内容が具体的に書かれているのは、この「真面目にせよ、服従を旨とせよ」という話のみである。それだけ青木の胸に深く残った言葉であったのだと思われる。作太郎が藤村紫朗の書生として出発し、この当時も忠実に若尾逸平に仕え続けており、その後も終生、そのような姿勢を保ち続けたことを考えると、その言葉の重みが、若い青木に十分伝わっていたか、心許ない部分は残る。

しかし後年の、大谷光瑞に対する青木の態度を考える時、作太郎の言葉を思い起こさずはいられない。そして、周囲の理解も十全とはいえない環境で、黙々として一人、数十年とチベット研究を続けた青木の姿にも、温和でありながら決して屈しなかったという作太郎の生涯の反映を見て取ることができるのではないだろうか。

しかし、中学五年のこの時の青木には、まだそのような気配はない。午前中いっぱい伯父と膝を接して話をしたのち、おそらく昼食後、青木は柊屋を出た。作太郎が青木に持たせたものが、何かあったらしい。「何か土産を賜りたり。帰宅後の楽しみとして開かざりき」（前同）。父や母、弟や妹と共に、包みを開ける楽しさを考え道を急ぐ彼の弾んだ気持ちがうかがえる、ほほえましい記述である。大津の港から汽船に乗ったのは午後八時、家に着いたのは一一時であった。おみやげは翌日の朝食の時にでも開けられたのだろう。一家の明るい笑顔が想像できる。

第三節　仏教大学での生活

仏教大学の教育内容

青木は一九〇七（明治四〇）年三月、京都府立二中を卒業し＊11、西本願寺の高等教育機関である、仏教大学（現龍谷大学）に入学する。この時代の青木についての資料は、生家である正福寺にもほとんど残されていない。「田園日誌」と題された筆書き草稿（正福寺資料、資料番号五）があるが、筆者が文教であるか断定しがたい。この草稿の内容は、日々の覚え書き、随想といっていいものであり、主に京都と安曇川で書かれたと推測される。しかし、頻繁に日本各地へ移動している様子がうかがえるため、仏教大学在学中の文教の行動記録とするのは、若干無理があるように思われる。当時、本山から頻繁に各地へ出張していた伯父達門の筆になるものである可能性も否定できない。

しかし仏教大学時代は、青木文教の生涯において、その後の人生を変えてしまう大きな契機となったチベット行きの、前段階といえる時期である。この時期に彼は大谷光瑞に見出され、チベットを目指すこととなった。光瑞に見出されるそのきっかけが、この時期の青木にあったのではないかと筆者は考える。しかし上述のように、青木の個人資料が残されていないことから、その点を、仏教大学に関連する諸資料を読み解くことで、明らかにしたいと思う。

本節ではまず、仏教大学で青木が何を学んでいたか、それを取り上げる。後述するが、光瑞が、チベット行きの人材として青木を抜擢した理由の一つが、ここにあるのではないかと思われるからである。更に、当時の青木を取り巻いていたキャンパスの雰囲気を、学内における学生団体の諸活動を振り返ることで、部分的ながら、うかがってみたいと思う。

青木の仏教大学入学は、これまでに発表されている青木の年譜、例えば『国立民族学博物館研究報告別冊』一号の年譜、「青木文教師　年譜」に一部追加して作られた、『ふるさと伝記まんがシリーズ三　青木文教』の「青木文教先生の略年譜」にも記載されている。しかし、青木が仏教大学のどの科に入学したのか、ということは明らかにされていない。筆者はこれについて、以下のように推測している。

『龍谷大学三百年史』（龍谷大学出版部、一九三九年）によると、仏教大学には予備科と本科、および大学院に相当する考究院が、コースとして設置されていた。この予備科は、本科の準備教育を行う課程であったと考えられる。一九〇四（明治三七）年四月一六日に発令された仏教大学職制・同規則・同補則では、予備科は修業年限二年、予備科第一部・第二部は仏教大学の第一部・第二部に接続するものとされているからである＊12。この翌年、一九〇五（明治三八）年七月二四日、規則更改が行われ、本科の修業年限を最短三年、最長四年とし、本科入学者は予備科卒業者に限定することとされた。

従って青木が入学したのは、予備科であると思われる。また、前述したように「日誌」に、第一部の受験科目について祖父の講義を受けている記述があることから、一九〇七（明治四〇）年の青木の仏教大学入学は、予備科第一部第一年級新入生としてであると考えられる。

予備科では、宗乗、余宗学、哲学、史学、漢文学、外国語という六科目の授業を受ける。外国語は第一年級では英語・中国語のうちいずれか一つ、第二年級では英語のみとなる（以上、表1、2参照）。

一九〇九（明治四二）年、彼は本科第一学年に進級したと思われる。青木の進路が、本科のうち、第一科、第二科、第三科いずれの学科であったかについても、資料は残されていない。しかし筆者は、第一科ではないかと推測している。

仏教大学の本科カリキュラムは、この前年一九〇八（明治四一）年に改定され、このような三科制となった。『龍谷大学三百年史』には、第一科は「学者」、第二科は「布教者」、第三科は「執務者」の養成を目指したもの、とある（七二〇頁）。同書の記述には、実際には第一科に最も優秀な学生が集まり、第二科がそれに続き、第三科は更にその次、と見なされていたらしいことがうかがえる。

注目すべきなのは、この三科のうち、第一科のみが、チベット語を履修科目の一つとしていることである（表3、4参照）。正確に言えば、第一科のカリキュラムにのみ、「梵語巴利語西蔵語蒙古語」が含まれているのである。これは第一科の第一学年、第二学年ともに課されており、週二時間ずつの授業であった。『龍谷大学三百年史』を見る限り、仏教大学の履修科目に、チベット語が登場するのはこれが最初であり、これも前年一九〇八年の規定改定時に新しく導入されたものであった。それまで、仏教大学および、高等学校に相当する仏教高等中学など、西本願寺の高等教育機関で外国語教育の内容とされてきたのは、英語、ドイツ語、フランス語、サンスクリット語、中国語であっ

表１ 青木第一学年在学時の予備科カリキュラム（『龍谷大学三百年史』、716頁）

学科	毎週時間数	科目
宗乗	8	論註
		選択集
余宗学	7	略述法相義
		十二門論
哲学	4	哲学概論
		論理学及因明
史学	3	印度支那仏教史
		東洋文明史
漢文学	2	諸文抄類
外国語	5	英語/清語（択一）
計	29	

表２ 青木第二学年在学時の予備科カリキュラム（『龍谷大学三百年史』、716頁）

学科	毎週時間数	科目
宗乗	7	二巻抄
		宗義要論
余宗学	7	四教義
		起信論
		十二門論
哲学	6	哲学概論
		倫理学
		宗教史綱
史学	4	浄土教史
		西洋文明史
漢文学	2	諸文抄類
外国語	5	英語
計	31	

表3　本科第一学年カリキュラム（『龍谷大学三百年史』721～722頁）

学科	科目					
	第一科	毎週時間	第二科	毎週時間	第三科	毎週時間
宗学	選択集/玄義分	4	選択集	4	選択集	4
	序分義	4	讃阿弥陀仏偈	2		
余宗学	唯識教義	3	唯識教義	3	唯識教義	3
	倶舎宗義	3	倶舎宗義	3		
	研究	1				
仏教史	印度仏教史	2	印度仏教史	2		
外教史	耶蘇教史	2	耶蘇教史	2	耶蘇教史	2
宗教学	比較宗教	2	比較宗教	2		
哲学	西洋哲学	2	西洋哲学	2		
倫理学						
宗教制度						2
史学・法学				2	通論	2
経済学					通論	2
地学						
国文				2	文章学	2
漢文		2		2		
英語		3		※2		3
梵語巴利語		2				
清韓語				※2		
特別講習						
計		30		30		30

た＊[13]。この規定改定が、法主大谷光瑞の強い意向のもとに行われたことを考えると、仏教大学予備科において外国語が英語のみとなり、本科でも英語必修、更にチベット語、モンゴル語、韓国語が選択科目として追加されたことは、光瑞が育成を目指した人材像の、一つの側面を明瞭に示すものであると思われる。以上のことから、青木は第一科所属の、それもチベット語を履修する学生であったのではないか、そしてそれがチベット行きの人材として彼が浮上するきっかけの一つになったのではないか、と推測し得るのである。

学生生活

次に、当時の青木を取り巻いていたキャンパス内の雰囲気を端的にうかがいうるものとして、学生各団体の活動を見ていくこととする。当時特に学生間で関心が持たれ

表４　本科第二学年カリキュラム（『龍谷大学三百年史』722〜723頁）

学科	科目					
	第一科	毎週時間数	第二科	毎週時間数	第三科	毎週時間数
宗学	論註	4	論註	4	論註	4
	定善散善義	3				
	研究	2	研究	2		
余宗学	華厳教義	6	華厳教義	6	華厳教義	3
	禅律	2				
仏教史	支那仏教史	2	支那仏教史	2	支那仏教史	2
外教史	回教史	2				
宗教学	宗教哲学	2	宗教哲学	2		
哲学	西洋哲学	2	西洋哲学	2		
宗教制度						2
社会学			通論	2	通論	2
法学				2	私法（民法）	2
経済学					各論	2
地学						2
国文				2		
漢文		2		2		2
英語		3		※3		3
梵語巴利語西蔵語蒙古語		2				
清韓語				※3		
特別講習						6
計		30		30		30

ていたものが何であったのか、その反映を見て取ることができると思われるからである。諸団体の活動は、①学習活動に属するもの、②宗教的な活動、に二分される。

　前者の代表的なものには、「丁未研究会」＊14が挙げられる。この会は、仏教大学考究院、すなわち、現在の大学院課程に相当する学生を中心に、高水準の研究を発表する場として活用された。「学内における真面目な学的会合として顕著な存在をつゞけ、大正四・五年頃まで継続した」（前掲『龍谷大学三百年史』、八二七〜八二八頁）。青木はこの会が設立された当時は予備科の学生であり、当然のことながら、発表者中に彼の名はないが、聴衆の一人として加わる機会はあったということになる。

さらに同年（明治四〇年）一二月二二日には、「English Speaking Society」が発足する（『龍谷大学三百年史』、八二七〜八二八頁）。当時、学内に英語学習熱があったことを示すものの一つであると言える。のちに青木について、英語が堪能であったとしばしば言われるが＊15、大学時代にすでに、英語に対するこのような熱気の中に彼がいたことに注意すべきであろう。

一九〇九（明治四二）年には、「読書会」が発足した。これは、次々と出る新刊書を、買う資力も読み尽くす十分な時間もない学生が、新刊書についての情報を手軽に共有できる場として、設置されたものである。初回は七月六日に開かれ、大盛況であった（以上、「彙報」『六條学報』一九〇九年八月号、六四〜六五頁）。これは、青木が仏教大学を退学する直前でもあり、しかも大学が七月初めからは暑中休暇に入ってしまうので、この第一回に彼が参加していた可能性は低い。しかし、彼の学生生活の背景をなすものの一つとして興味深い。

第二の、宗教的な活動の例としては、「有志法話会」（信仰談話会）が挙げられる。青木入学の一九〇七（明治四〇）年に立ち上げられた。月一回、仏教大学の教員を招いてその「法話」を聞き、教義についての討論を行って、「本学唯一の修養機関として次第に発展」した（『龍谷大学三百年史』、八三一頁）。同年にはまた、日曜学校や出張講演・講話等を活動内容とした「曙光倶楽部」が、本科第二年学生によって組織された。

学生の宗教活動はこの後ますます熱を帯び、青木退学後の一九一〇（明治四三）年には、市の内外において日曜学校を運営するだけでなく、日曜学校で使われる仏教唱歌を編纂するなど順調な活動を続けた。一九一五（大正四）年七月一五日には、本山が御大典記念として日曜学校規程を発布し、この事業を組織化するに至る。さらに、仏教大学の学生・教職員の交流をはかる場として、一九〇二（明治三五）年に結成された「壬寅会」において、「宗教々育研究部」が設けられたのも、この種の活動の盛り上がりを示す一例であると思われる。

以上に加え、指摘すべきであるのは、旅行に対する関心の高まりである。もともと、大学の教育活動には、伝道旅行・修学旅行があった。例えば『六條学報』一九〇七年一二月号には、「伝道修学旅行」について詳細が報じられている（六一～六二頁）。これによれば、本科第三年級一二名が一〇月四日から一〇日まで姫路・広島地方、本科第二年級の一部八名が一〇月三日から八日まで若狭・両丹地方、本科第一年級五〇余名が一〇月四日から八日まで伊勢・名古屋地方を旅行したとなっている。

青木はこの年予備科一年であるから、これには参加していない。しかし、青木は初めての海外旅行を、仏教大学の「修学旅行」として経験している。ここまでにも何回か引用している青木の自筆の履歴書には、仏教大学在学中の、中国揚子江沿岸への修学旅行に触れる記述がある。チベットで書かれた報告書や『西蔵遊記』などの旅行記においては、チベットの衛生状態に言及したとき、支那ほど不潔な所は世界にあるまいと思っていたが、チベットにはそれを凌駕するものがある、というような記述が見られる。これは、この修学旅行時の体験に基づいたものであると思われる。

その他、当時の旅行熱をうかがいうる好例の一つは、前述の学生・教職員の交流団体「壬寅会」の活動である。同会の活動は、文芸、講演、運動の三部に分けられ、運動部はさらにテニス科と旅行遠足科に分けられる。『龍谷大学三百年史』によれば、後者は特に人気があったようである（八四九頁）。

また、旅行そのものだけではなく、旅行者の報告を聞く講演会が頻々と行われていたこと*16も、旅行熱の盛り上がりを示すものであると言えるだろう。同大機関誌『六條学報』において、この種の会合については、学内開催ではないものもしばしば報告されていたことに、その熱気の一端がうかがわれる。青木が好んだ旅行や遠足が、当時の若者の間に広く人気を博した娯楽であったことが、ここからも見て取れる。

更に注意しておきたいのは、青木在学中、大谷探検隊の報告講演が、しばしば仏教大学で行われていたことである。例えば、やはり青木入学の一九〇七（明治四〇）年に結成された仏教大学の同窓会「学友会」の発足式で、第一次大谷探検隊隊員である渡辺哲信、前田慧雲の講演があった。しかもこの発足式のわずか二週間前の五月五日には、前述した「曙光倶楽部」の春季大会で、同じく大谷探検隊隊員の前田徳水が講演をしたばかりであった。つまり、入学早々青木は隊員から直接、その旅行について聞く機会を与えられていた可能性があるのである。青木は仏教大学において、旅行への関心がより高められていく環境にあったばかりではなく、実際に初めての海外旅行を経験し、のちに参加することになる大谷探検隊の活動に触れる機会をも持ったと言えるのである。

先述したように、青木が年相応の、いわば素直な感性を持つ青年であったとすれば、学内の雰囲気が彼に影響した可能性は、決して小さくなかっただろう。「壬寅会」をはじめとする諸団体が、自分たちの手で新しい学問の地平を開いていこうとし、「曙光倶楽部」に象徴される学生の積極的な宗教活動が加速する一方で、法主大谷光瑞の探検事業が最盛期を迎えていた。このさなかに青木がちょうど居合わせたことは、彼にとって大きな意味を持った可能性があると思われる。

法主大谷光瑞と青木

次章で詳述するが、青木はこの後一九〇九（明治四二）年、大谷探検隊の活動に参加することとなり、仏教大学を退学する。これ以降、大谷光瑞との関係が密接なものとなるのは言うまでもない。しかし、これ以前、つまり仏教大学在学中はどうであったのか。

青木が入学して半年後の一九〇七（明治四〇）年九月一三日、新学期が開講されて間もない仏教大学を、法主大谷光瑞が執行足利義蔵その他を従えて視察に訪れた*17。この法主の来訪について『六條学報』はこう伝える。

我が大法主猊下には九月十三、十四の両日に亘り、執行足利義蔵氏、教学参議部長大谷尊由氏等を従はせられて親しく本学に臨まれたり、両日とも各教室に就き詳細に授業の実況を視察せられ、或は学科に就き御下問せらるゝところありき、由来、猊下自ら授業を視察し玉ひしことはなかりしに今回新たに此例を開かる、我等は只猊下

が教学振起のため此深厚なる思召のあるを慮つて、感銘に堪へざりき　（明治四〇年一〇月号、六五頁）

在学中の青木にとってこの光瑞の参観は、探検事業をはじめ、各方面で精力的に活動を続ける法主を、さらに間近に感じる機会であっただろう。引用文中にあるように、法主の大学参観は、通常の行事ではなかったようだ。『龍谷大学三百年史』は、この光瑞の視察について、「凡そ法主の来臨は、年々の安居開繙と卒業式の外にはその例がないのであり、況んや親しく授業の状況を巡視される如きは未曾有のことであった」と述べている（七一九頁）。この直後、仏教大学学長が大学改革のために東京出張し、実際に一九〇八（明治四一）年には、前述した三科制の新設やカリキュラムの変更など、大々的な規則改定が行われたことに、その影響の大きさがうかがい得る。青木がチベットへの派遣要員として指名を受けるに至るまでの期間が丁度、大谷光瑞がこのように教育現場へ足を運んでいた時期に当たっていることは注意すべきであると考える。

さらに注目されるのは、本願寺の機関誌『教海一瀾』四三四号（一九〇八年九月二六日発行）の記事である。ここには、「シツキム国王子マハラジヤ、クマル殿下は（中略）英国オーコン子ル少佐と共に、（中略）、去る二十四日午後二時御会見のことゝなり、一行の本山に来らる」と伝えられている（二二～二三頁）＊18。この「クマル殿下」について、青木はのちに、「彼が猶太子の位に在つて印度や英国に留学し我国へも仏教視察を兼ねて来遊された時予は初めて彼を知つた」と書いている（『西蔵遊記』、四五七頁）。この日本での「視察」は、「猶太子」云々を勘案すると、この一九〇八年の来日を指すと考えられる。この時、青木が「彼を知つた」のであれば、それは大谷光瑞の采配によるものと考えるのが自然であろう。そうであったなら、これ以前から青木は法主の身の周り近くにいた可能性が高い。

さらにこの可能性を強める記事が、やはり『教海一瀾』にある。同じく一九〇八（明治四一）年の四四二号（一一月二一日発行）に、この年一一月二一日から八日間行われた甲種臨時布教の予定概要が発表されている。その活動の中枢となる監正部の人員配置の中に青木の名が見えるのである。仏教大学ではこの臨時布教に際し、職員と考究院・本科の学生で「独立学生総班」を組織して活動に参加している。それにもかかわらず、この仏教大学の活動とは別に、仏教大学予備科二年生の青木が本山の組織に入れられていることに注意したい。

この点について、最後に注目したいのは、この年一二月二日に行われた、スウェーデンの高名な探検家スヴェン・ヘディン（Sven Anders Hedin, 1865-1952）＊19の、西本願寺での講演である。ヘディンは生涯で数回日本を訪れているが、この一九〇八（明治四一）年の訪問は、その最初のものであった＊20。この来日は、大谷光瑞の発案であったと指摘されている（金子民雄監修『スウェン・ヘディンと楼蘭王国展』日本対外文化協会、一九八八年、一四六頁）。金子民雄によれば、日本への途上、上海で大谷光瑞が派遣した堀賢雄が出迎え、以後、ヘディンの「身辺の世話」を担当したという（金子民雄『ヘディン　人と旅』白水社、一九八二年、二〇五頁）。この来日時、ヘディンは京都を訪問し、西本願寺にも宿泊した。

西本願寺での講演当日の様子について、『教海一瀾』は以下のように伝える（四四四号、一九〇八年一二月五日発行）。

同夜午後七時三十分予定の如く鴻之間にて講演を開催せられたり、午後六時過よりは仏教大学教職員並学生、開教練習所職員学生、女教誨師講習所取締並講習生、婦人会、青年会の各幹事、三財団職員、（中略）各新聞記者等続々来集し、（中略）、当夜の傍聴者は約八百名と注せられたり（七～八頁）

ヘディンの、京都滞在の詳細を伝える『地学雑誌』二四六号「ヘディン博士の滞洛記事」も、この講演が「仏教大学生徒の為め」のものであったと伝えている。従って青木が、この講演の聴衆に加わっていた可能性は大きい。

そしてこの講演の内容が、大部分が彼のチベット探検（一八九九、一九〇四年）についてであったことに注意したい。ここでヘディンは、旅行の概略とともにチベットの風俗習慣・宗教などについても、旅行概略と同じぐらいの分量で説明している（「ヘディン博士の講演」『教海一瀾』四四五号、一九〇八年一二月一二日発行、六～九頁）。事実、前掲『地学雑誌』の記事でも、「特に西蔵喇嘛教に関して詳細なる説明をなせり」と報じられている。青木はここで、ヨーロッパの探検の最前線にいる専門家に、直接その体験談、しかもチベットでの体験について聞く機会があったことになる。

青木がこれ以前、つまり前述のシッキム王子「クマル殿下」来訪の時点（一九〇八（明治四一）年九月）ですでに大谷光瑞の身辺近くに出入りできるような待遇を受けていたならば、このヘディンの京都滞在の時にも、光瑞が何らかの配慮をした可能性を考えなければならないだろう。チベットは静かに、しかし確実に、彼の視界に近づいていたと言える。

＊1　正福寺には、青木文教が一九〇六（明治三九）年夏に執筆した日記が残されている（資料番号八、資料名「休暇日誌」）。これは京都府立二中在学中、第五学年当時にあたる。「なつかしき高島野」は、この「休暇日誌」八月二七日部分に見える表現である。この「休暇日誌」については、本章で後述する。

＊2　青木正信は、文教の事績の調査、資料の整理を積極的に行った先駆的存在であると言える。文教についての記述には、青木正信「青木文教の生涯をしのんで」（『青木文教』ふるさと伝記まんがシリーズ三、滋賀県安曇川町、一九九四年、一〇〇～一〇一頁）、同「チベット学者文教の顕彰を通して」『橋本鉄男先生の思い出』（橋本鉄男先生追悼文集刊行会、一九九七年、七二～七五頁）がある。

＊3　文教の祖父の名前は、前掲青木正信「青木文教の生涯をしのんで」では「等耀」（一〇一頁）、正福寺に残された戸籍（正福寺資料、資料番号二一）では「応声」となっている。またこの戸籍には、応声の子としては達門、覚生の二人のみの記載となっている。しかし青木覚生筆と思われる別の記録（正福寺資料、資料番号八二）には、「同人〔筆者注、達門を指す〕は男兄弟三人」という記述が見え、また前掲青木正信「青木文教の生涯をしのんで」とも一致するため、本書ではこちらをとった。また同資料には、等耀について、「青木達門の父ハ近江彦根町字長菅根教禅寺ノ出身」という記述が見える。

＊4　達門の履歴については、以下二種のメモが正福寺に残っており、ここではそれを参照した。以下全文を引用する（□は読みとり不能の文字を表す）。

①資料番号八二

一、青木達門の父ハ近江彦根町字長菅根教禅寺ノ出身□□□□

一、同人資性ハ穏行篤実ニシテ始終名誉に関スルコトハ無頓着テアリマシタ

一、同人ハ男兄弟三人青木覚生ハ末子ノ□　達門妻ニ子無キ故明治十八年六月十四日嗣子ニ定ム世間ニ云フ順養子ニシテ当寺現住職テアリマス

一、青木達門宗学ハ西国ノ学者□□師ニ就キ学ヒマシタ

一、同人宗教界ニ貢献ノ件本山内事局及仏教大学ニ役務ヲ執リマシタ往事仏教大学建築工事ニ尽力シマシタ

一、青木達門)死亡葬式ノ場所ハ京都市下魚棚堀川西入西教寺ニ於テ執行サレマシタ

一、著書出版ノ物ハ時々申シ乍ラ多事ニ取紛レ致シ兼マシタ

一、同人関係上種々履歴的ノ書類アリマシタケレトモ葬式ノ混雑ニ何レエカ紛レ込ミ知レマセヌ

②資料番号八四

第一枚目

滋賀県高島郡安曇村大字常盤木第二百五十二番地

青木達門

一　寺号　　正福寺

一　姓名　　前戸主亡父青木応声長男

青木達門

一　□生　　天保七年拾月弐拾日

一　得度　　嘉永四年拾弐月七日

一　住職　　明治二《ママ》年六月弐拾参日

学階

一　得業　　明治弐年拾月弐日

一　助教　　明治拾四年七月八日

一　輔教　　明治十五年四月拾八日

一　司教　　明治四拾壱年壱月六日

一　予備籍編入　明治四拾壱年参月十五日
一　勧学親授式　大正八年六月二十一日
一　真宗四派寺務副取締申付　明治九年十月十七日　滋賀県
一　補権少講義　明治十年十二月二十日　内務省
一　補　少講義　明治十三年四月七日　内務省
一　大正六年度仏教大学講習会副講ヲ命ス　本願寺
一　大正十年度仏教大学講習会本講ヲ命ス　本願寺
一　大正十一年七月十五日死亡
　　住居明治初年ヨリ京都寄留

青木達門
　　享年八十七

第二枚目
　　生前地方講習会出張記録　但シ遠国ハ老体ニ付断ル
一　大正八年度東海教区額田組仏教講習会講者ヲ命ス
一　大正七年度滋賀教区滋賀組仏教講習会講者ヲ命ス
一　明治廿二年度福井教区若狭国教会講々者ヲ命ス
一　明治四十五年度第八管区若狭組仏教講習会講者ヲ命ス
一　明治四十三年度若狭組仏教講習会講者ヲ命ス
一　明治四十三年度越中国富山組仏教講習会講者ヲ命ス
一　大正元年度第六管区富山組仏教講習会講者ヲ命ス

一　大正五年度富山教区富山組仏教講習会講者ヲ命ス
一　明治四十三年度越前坂北組仏教講習会講者ヲ命ス
一　明治四十五年度第五管区邦中組仏教講習会講者ヲ命ス
一　明治三十二年度滋賀教区神崎組教会講講者申付
一　明治三十四年度滋賀教区神崎組教会講講者申付
一　明治四十年度近江国犬上乾組教会講講者申付
一　明治四十二年度第八管区犬上乾教会講々者ヲ命ス
一　明治四十三年度近江国神崎組仏教講習会講者ヲ命ス
一　明治四十五年度第八管区神崎組仏教講習会講者ヲ命ス
一　大正二年度第八管区神崎組仏教講習会講者ヲ命ス
一　大正四年度滋賀教区野洲組仏教講習会講者ヲ命ス
一　已上外説教講話示談ニ関シテハ本山法要ハ勿論京都市内及近江八幡彦根越前等諸所

巡回致候

昭和二年二月三日

右寺現住職

青木覚生　印

＊5　前掲正福寺資料（分類番号一・二・六、資料番号八二）に、「達門妻ニ子無キ故明治十八年六月十四日嗣子ニ定ム」という記述が見える。

＊6　国立民族学博物館青木文教師アーカイブは、彼に師事した中根千枝氏によって、二〇〇一年に同館に寄贈された。資料総数は八八八点にのぼる。同アーカイブについては目録が出版されている（長野泰彦・高本康子編『国立民族学博物館青木文教師アーカイブチベット資料目録』国立民族学博物館図書委員会アーカイブズ部会、二〇〇八年）。本文中に掲げた各資料の「アーカイブ番号」は、同目録による。同アーカイブは、チベットからの将来品よりも、青木の遺品を多く含むことを特徴とする資料群である。同アーカイブを含め、現在複数箇所で保存されている青木文教関連資料の全体については、本書第九章で述べる。

＊7 在籍児童人数、クラス担任氏名、賞状・賞品授与人数・氏名などが、筆書きで記録されている。
＊8 以下全文を引用する。

証第弐拾号

在学証明書

原籍滋賀県高島郡安曇村大字常盤木五拾壱番屋敷
平民戸主達門甥
第五年級　青木文教
入学明治三十五年四月十二日　明治十九年九月二十八日生
徴兵事務条則第五拾五条ニ拠リ在学ヲ証明ス
明治四十年三月七日
京都府紀伊郡上鳥羽村
京都府立第二中学校長　中村再次郎

京都府立 第二中学 校長之印

＊9 「青木文教先生の略年譜」(前掲『青木文教』、一〇六頁）には、一九〇一（明治三四）年三月安曇高等小学校高等科卒業、同年四月に京都府立二中に進学となっているが、本書では、前注既掲京都府立二中「在学証明書」の記述を採った。
＊10 このことは、例えば、彼のチベット滞在記である『西蔵遊記』(内外出版、一九二〇年）のラサ滞在中の日課について述べた部分において、「運動としては郊外散歩と乗馬の二つを択んだ」とある（三七〇頁）ことからも、うかがいしられる。
＊11 第六回卒業生（明治四〇年三月卒業）に青木の名があることによる（『京二中卒業五〇周年記念誌　京二中三一会名簿』京都府立二中、一九四三年、二七頁)。

＊12　同科第一部への入学資格は、仏教中学乙種卒業生、及び文部省規定の専門学校入学資格者で仏教中学程度の宗学・余宗学の学力検定試験に合格したもの、となっている。また、第二部への入学資格は、仏教中学甲種卒業生、並に仏教中学規定の卒業程度により、各科の学力検定試験に合格したもの、とされている（『龍谷大学三百年史』龍谷大学出版部、一九三九年、七一六頁）。

＊13　一九〇〇（明治三三）年発令の仏教大学の規定では、「学科課程」に外国語科目は含まれていない（『龍谷大学三百年史』、六八七～六八八頁）。しかし、高等学校に相当する仏教高等中学のカリキュラムには、第一外国語が英語、第二外国語として独仏のどちらかを選択する、となっている（同、六八八～六八九頁）。一九〇一（明治三四）年の改定時には、仏教大学では英独梵から、仏教高等中学では英独の、それぞれ一つを選択する規定となっている（同、六九三～六九六頁）。更に翌年、一九〇二（明治三五）年の改定では、一般学の併修を目指した高輪仏教大学のカリキュラムに、英独のうち一つを選択し、更にサンスクリット語を必修とする規定が見られる（同、七〇〇～七〇一頁）。その二年後、一九〇四（明治三七）年の規則では、仏教大学の本科において英独清梵の四カ国語から、予備科において英清二カ国語から、一つを選択するようになった（同、七一四～七一六頁）。

＊14　一九〇七（明治四〇）年二月二四日に第一回研究発表会が開かれ、以後ほぼ毎月開催された。

＊15　例えば筆者によるインタビュー中の、佐藤長の回想（一九九九年）がある。第六章で詳述するが、佐藤は戦中期、青木をチベット語の師とした人物である。

＊16　修学旅行の報告会をはじめ、米国開教使としてアメリカに渡っていた藤井黙乗の米国視察報告（一九〇七年一〇月一五日）、アメリカ・シアトル在留開教使中井玄道の米国開教談（一九〇八年二月一日）、考究院一行八名の東北伝道旅行報告会（同年六月一二日）などが『六條学報』の記事として見える（以上『六條学報』七四号六二頁、七七号六七頁、八一号六二頁）。

＊17　この視察は、以下のようなものであった。午前中に各教室を三〇分ないし一時間ほどかけて巡視し、「時には親しく学生に学科について下問されることもあつた」。正午からは大学幹部・講師に授業の目的や方法等を質問した。視察は翌日九月一四日にも行われ、大谷光瑞は授業を参観、同行の大谷尊由や大谷尊祐が事務・学務その他の状況調査を行った（以上前掲『龍谷大学三百年史』、七一九頁）。

＊18　この「クマル殿下」は、ラサの貴族ツァロン家に生まれ、シッキム王家に嫁いだリンチェン・ドルマ・タリン（一九一〇～二〇〇〇）の自伝に「スィーキョン・トゥルク」（R・D・タリン『チベットの娘』三浦順子訳、中央公論社、一九九一年、一六八

頁）として言及される人物だと思われる。同書によると、「スィーキョン・トゥルク」は、英国オックスフォード大学で教育を受けた経験を持つ「非常に知的な人物」で、王位継承後、「早急に改革をはかって、シッキムの大地主たちの怒りをまねき、一年もたたないうちに、奇妙な状況下で亡くな」ったという（二六八頁）。

＊19　ヘディンについては、『ヘディン伝』（中公文庫、一九八八年）をはじめとする金子民雄の諸著作が詳しい。なお、同書は一九七二年に新人物往来社から出版されているが、一九八八年中公文庫に再録された際、補注に手が加えられているため、本稿では中公文庫版を参照した。

＊20　この初来日についての先行研究には以下のようなものがある。まず、ヘディンの西本願寺訪問については例えば、片山章雄、白須浄真監修『大谷光瑞師と中央アジア探検―その時代性をめぐって―』（大谷記念館、一九九八年、四頁、一三頁）、片山章雄「渡辺哲信伝」『吐魯番出土文物研究会会報』（第五〇号、吐魯番出土文物研究会、一九九〇年、二七一頁）、片山章雄「大谷探検隊の足跡」（『文化遺産』一一号、二〇〇一年四月、三二頁）がある。また、岩村忍が「ヘディンの日本での講演」と題して、東京地学協会編『地学論叢』特集ヘディン号の一部を『ヘディン中央アジア探検紀行全集』月報一（白水社、一九六四年六月二〇日）に転載している。しかしながら、詳細な考察はやはり金子民雄の研究であると言えるだろう。例えば金子民雄『ヘディン人と旅』（白水社、一九八二年）には、来日の経緯や東京地学協会との交渉の詳細、明治天皇との会見などを中心に記述がある（二〇一～二一八頁）。その他、金子民雄「解説」（橘瑞超『中亜探検』中公文庫、一九八九年）に、ヘディンの西本願寺訪問と大谷探検隊事業との関連についての記述がある（二四二～二四五頁）。

第二章
大谷探検隊

第一節　大谷探検隊の活動

大谷探検隊

青木に関する従来の記述では、青木は仏教大学在学中に、大谷光瑞に見いだされ、チベットに留学する人材として抜擢されたとなっている*1。この間の事情について、最初の言及は、青木の著作『西蔵』(一九六九年、芙蓉書房)に付された解説、山口瑞鳳「解説・青木文教師」(四二六~四三四頁)である。これによれば、チベットとの交換留学のための人材候補を選ぶように、当時の仏教大学学長であった薗田宗恵(一八六三~一九二二)に、大谷光瑞から指示が出され、その結果青木が選抜されたのであるという(四二六頁)。その後出版された、この期間の青木について触れる記述は、この山口の記述をふまえたものと思われる*2。

佐々木高明「青木文教師とそのチベット将来資料」(『国立民族学博物館研究報告』別冊一号、一九八三年、一七三~一八

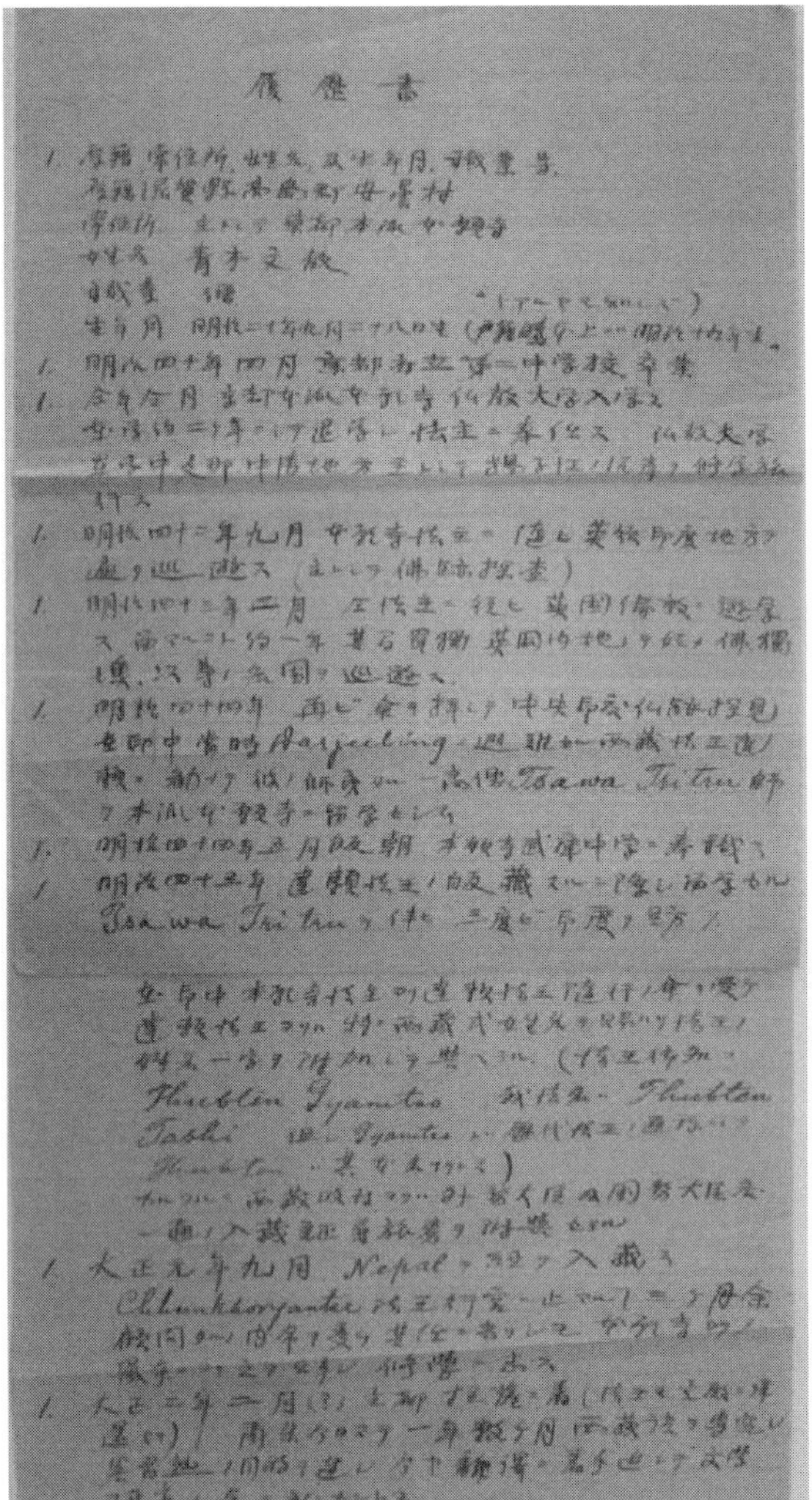

履歴書

写真1　青木肉筆履歴書（国立民族学博物館蔵）

三頁）には、青木は一九〇九（明治四二）年九月、仏教大学を中退しインドに派遣されたとある（一七四頁）。これ以後出版された青木に関係する記述も、一九〇九年九月に仏教大学中退、とするものが多い＊3。

当該時期に関する青木自身の記述としては、わずかに、前来参照している民博アーカイブ中の青木肉筆履歴書（アーカイブ番号五四、以下「履歴書」、写真1）があるのみである。この資料を見ると、青木の仏教大学退学は、同年九月以前であったのではないかと思われる。同資料の記述を、以下引用する。

一、明治四十年四月　京都府立第二中学校卒業

一、同年同月　京都本派本願寺仏教大学入学ス
　在学約二カ年ニシテ退学シ法主ニ奉仕ス
　在学中支那中清地方主トシテ揚子江ノ沿岸ヲ修学旅行ス
一、明治四十二年九月　本願寺法主ニ随ヒ英領印度地方ヲ遍ク巡遊ス

この記述から、仏教大学退学は、一九〇九（明治四二）年の九月ではなく、入学から「約二カ年」後の、同年四月前後で、その後同年九月まで、「法主ニ奉仕」、すなわち、大谷光瑞の身辺に近いところで活動していたのではないかと思われる。そしてその活動は、いわゆる「大谷探検隊」、すなわち、大谷光瑞によって一九〇二（明治三五）年以降アジア各地で展開された、一連の調査活動*4 に従事する人員の一人としてのものではなかったかと思われる。

一八世紀後半から、中央アジア、特に中国新疆地方のタリム盆地が、欧米において考古学的な関心を集めていた。インド亜大陸ではすでに失われた古代の遺物が、同地方の乾燥した気候によって守られ残されている可能性があったからである。一八九〇年、英国のバウアー中尉が、この地方を旅行中、古代インドの古文書、いわゆる「バウアー文書」を入手し、注目度は一挙に高まった。スウェーデンのヘディン、英国のスタイン等が調査に入り、それぞれ古代都市の跡を発見し、大きな成果を得た。その情報は続々と、ヨーロッパにもたらされつつあった。まさしくその時期に、日本最大の宗教集団の一つである浄土真宗本願寺派の継嗣、大谷光瑞が、ヨーロッパに滞在していたのである。

彼はロンドンやパリ、ウィーンなどで、上述の中央アジアにおける各国の調査活動について、最新の知見を持つ研究者たちに、次々と会見している。そして、光瑞はヨーロッパから日本へと向かう帰国の経路を変更する。壮大な変更であった。門下の若い僧侶たちを率いて、一九〇二（明治三五）年にロンドンを出発、ロシアを経てパミールを越え、カシュガルに入り、インドへと出た。インドでは、各地で仏蹟調査を行った。光瑞自身は一九〇三（明治三六）年、インドのカルカッタで父大谷光尊の訃報を伝えられ帰国したが、隊員たちは一九〇四（明治三七）まで、新疆地方をはじめ、中国雲南、ビルマなどの調査を続けた。これが一般に、第一次大谷探検隊と呼ばれるものである。

第二次調査は、日露戦争後となる。光瑞自身が現地へ赴くことはなかったが、橘瑞超（一八九〇～一九六八）、野村栄三郎（一八八〇～一九三六）の二人が派遣された。一九〇八（明治四一）年に北京を出発し、モンゴルのクーロン（現ウランバートル）から南下、ウルムチへと到着する。その後楼蘭、トルファンなど、タリム盆地各地を調査した。この調査は、「李柏文書」の発見という、最も輝かしい成果をもたらすものとなった。光瑞はこの探検を終えた橘を伴って、ヨーロッパへ向かう。そしてヘディンやスタイン、ル・コックやペリオなど、高名な学者たちに会見、情報を交換した。橘はこのヨーロッパ滞在後、そのまま以下の第三次調査へと出発する。

その第三次調査は、一九一〇（明治四三）年から一九一四（大正三）年にかけて行われた。橘はロンドンからロシアを経てウルムチに入り、楼蘭やミーランを調査した。更にチベットへも進入を試みるが失敗、敦煌へ向かう。敦煌で橘は、吉川小一郎（一八八五～一九七八）と合流し、その後シベリア鉄道経由で帰国した。吉川は残って、調査を継続した。

第一次から第三次まで、いずれの場合も、光瑞や隊員の帰国後は、講演会や展示会が開かれ、新聞や雑誌にはその成果が続々と発表された。写真集や旅行記も出版されている。特に第一次の光瑞と、第三次の橘の帰国時は、日本国内の注目度が、特に高かったと言えるだろう。しかしその後まもなく、一九一四（大正三）年、事態は急転する。西本願寺の財政にかかわる疑獄事件が起き、光瑞が門主を退き、日本を離れることとなった。探検隊の活動も停止する。チベット、もしくはチベット仏教に対する大谷光瑞の行動もまた、上述の調査活動と時期を同じくするものであり、これら探検隊の活動から切り離された別個のものではなく、むしろ有機的とも言える連続性を持つものであった。

明治日本とチベット

そもそも明治日本におけるチベットへの関心は、まず、真宗大谷派（東本願寺）の中国開教事業に見いだされる*5。

当初ここでは、北京のチベット仏教界との連帯が構想されていた。真宗大谷派は、北京において高い格式を持つチベット仏教寺院である雍和宮や、同様にチベット仏教の聖地の一つである五台山において、高位の転生ラマ、いわゆる「活仏」に接触していた。このような動きの中で、小栗栖香頂（一八三一〜一九〇五）＊6の『喇嘛教沿革』（石川舜台、一八七七年）が書かれた＊7。同書は、明治日本において最初のチベット仏教の概説書であり、大正初期まで、信頼しうるチベット仏教情報の一つとされた＊8。しかし同派の中国開教事業はその後大幅に縮小され、チベット仏教との接触も途絶える。

次にチベットへの関心が見られるのは、明治二〇年代後半から三〇年代にかけてである。日本仏教の基礎となる新しい仏典が求められ、その存在の可能性がある場所として、チベットが注目されたのである。この中心となったのは、浄土真宗本願寺派の高等教育機関、普通教校において結成された学生団体「反省会」であった。同会は当初、禁酒進徳の推進によって仏教改革を目指す団体として結成されたが、海外への関心も強く、海外布教は早い段階で、会の一つの柱となった。同会会員の間では、「入蔵」すなわちチベット行きがしばしば計画されており、それは機関誌『反省会雑誌』（一八九二年五月から『反省雑誌』、のちの『中央公論』）の記事に見ることができる＊9。このチベットへの関心は、のちに「入蔵熱」と形容される＊10。

この中でチベットへの関心を育てていったのが、能海寛であった。彼は真宗大谷派の僧侶であったが、普通教校で学んでおり、反省会にも早い時期から参加していた。おりしも真宗大谷派では、一八九八（明治三一）年に中国開教事業が再開され、能海はこの事業中の中国派遣留学生の一人として、チベット行きを実現することとなる。一八九九（明治三二）年八月、彼は同じ真宗大谷派の寺本婉雅（一八七二〜一九四〇）とともにパタンに到達し、チベット領域内に入った最初の日本人となった。しかし現地の状況の悪化によって、引き返さざるを得なかった。この前後から、チベットの首都ラサを目指す日本人の苦闘が始まる。

チベットは、一七九一〜一七九二年のゴルカ戦争を機に、外国人を国内に立ち入らせない方針をとっており、いわゆる「鎖国」の状態にあった＊11。日本人も例外ではなく、むしろ、能海らのように、現地の人々には最も警戒すべき外国人である欧米人と同様の扱いを受けることが多かった＊12。能海はその後、ルートを変えて二回チベット入りに挑むが果たせず、三度目の挑戦である雲南からの入蔵ルートの途上、消息を絶つ＊13。

日本人として初めてラサに到達し、チベット旅行記を出版したことで名高い河口慧海は、この真宗大谷派や反省会とは別にチベットを目指した人物である。彼はインドから入る道を選んだ。現地では非常に警戒されたが、彼は周到にそれを避けつつ潜行し、ついに一九〇一（明治三四）年、念願のラサに到着する。終始日本人であることを隠し続けていたが、ラサ滞在半年に及ぶころ、露見の危機が訪れ、彼はチベットを脱出する。この直後、一九〇二（明治三五）年一二月、大谷光瑞は河口とインドで対面する。この出会いについてはすでに、光瑞がチベットに関心を持つ最初の契機となった可能性が指摘されている（金子民雄「大谷光瑞とチベット」『チベットの芸術と文化・その現在と未来：国際チベット研究シンポジウムＩＴＳ二〇〇二論文集』広島市立大学、二〇〇二年、五五頁、白須浄真「大谷探検隊とチベット、その研究の展望」同、三三頁）。

大谷光瑞とチベット

大谷光瑞の記述において、チベットもしくはそれに関連する事柄への最初の言及が見られるのが、一八九九（明治三二）年の中国訪問の記録、『清国巡遊誌』（一九〇〇年）である。これは、彼には最初の外遊であった。この一八九九（明治三二）年四月一八日部分に、光瑞が北京の「天清号」という「西蔵経典印刷所」を訪問し、「西蔵経典」を「査閲」したこと、同月二四日チベット仏教寺院雍和宮を参観し、「喇嘛僧正」と会談したことについての記事が見られる（教学参議部編「清国巡遊誌」『幕末明治中国見聞録集成』第十四巻、ゆまに書房、一九九七年、二八〇、二九五～二九九頁）。

しかしこれは、チベットもしくはチベット仏教に特に関心をもっての行動ではなく、清の宗教事情視察という、この中国訪問の本来の目的を出るものではなかったと思われる。なお、この箇所において、チベットに関する大谷光瑞の見解を示す記述はない。

次に言及が確認できるのが、一九〇四（明治三七）年三月二四日付の以下の書簡*14である。これはスヴェン・ヘディンに宛てたもので、金子民雄によれば、ヘディン宛光瑞書簡としては最も早いものであるという。この書簡の金子訳を一部、以下に引用する。

貴著の日本語版の出版について、ご教示ありがとうございました。また貴重なご報告『中央アジアとチベット』を恵贈いただき、大変感謝いたしております。本書は日本人にとって極めて興味深い、重要な問題を含むもので、まして当地の布教師にとっては、なおさらであります。この秘境国の正確な現状と、この地における仏教の宗教的変容とは、かねて布教師たちが、深い地中から掘り出されたばかりのロゼッタ石の文字の解明に取り組んだかの西欧の学者にも匹敵する熱烈な、鋭い眼で、ぜひとも学びたいと願い続けてまいった事柄だからであります。

（金子民雄「スウェン・ヘディンと二人の日本人―大谷光瑞と河口慧海―」『「シルクロード」文化考』清泉文苑第一二号別冊、清泉女子大学人文科学研究所、一九九五年、五三頁）

この書簡中の「秘境国」は、明らかにチベットを指している。この日付の前後、一九〇四（明治三七）年三月末は、第一次大谷探検隊が大陸において活動中で、光瑞は京都にいた。この時期の日本の仏教者のチベットに対する関心を、光瑞が「チベットの正確な現状」と「仏教の宗教的変容」の二点に要約していることに注目される。これはすなわち、彼のチベットへの関心のありようが反映されたものと考えられるからである。なぜなら、この一年前、ヨーロッパから帰国した光瑞は、「如何にして宗教と社会とを益々密接ならしめ如何にして宗教を利用せば社会を改善し社会に貢献するを得可きか（中略）これわが国今後の宗教界においてもっとも緊急なる問題なり」（「本派本願寺の前途」『日出新聞』一九〇三年三月一五日付）と述べているからである。上掲ヘディン書簡におけるチベットに関する記述は、この帰国の弁に見るような、宗教と社会の関係についての問題意識から生まれたものであろうと推測しうる。

そしてこれが、以後の大谷探検隊における「喇嘛教」すなわちチベット仏教関係調査の主要な方針の一つとなったのではないかと思われる。例えば、第二次大谷探検隊でモンゴルに派遣された橘瑞超は光瑞から、「内外蒙古に在る所の現在の宗教なる喇嘛教及び中央亜細亜に居住する土耳其人の信じて居る所のマホメット教、此等民族が此等の宗教に対していかなる信念を持って居るかと云う事を調査する」(上原芳太郎編『新西域記』下巻、有光社、一九三九年、八〇三頁)ことを指示されている。これはまさに、現実の社会の中で、宗教がどのように機能しているか、その点に注目する意識から発せられた言葉だと言えるだろう。

上述の書簡以降は、前述の第二次・第三次大谷探検隊の活動が実施された時期にあたる。この期間における光瑞の動きとしては、具体的には以下のようなものがあった。

一九〇四(明治三七)年、第一次大谷探検隊隊員として活動を終えた堀賢雄(一八八〇〜一九四九)は、中国滞在を命じられる。大谷探検隊について精査した白須浄真は、堀がその後北京の「雍和宮に入って喇嘛僧となって」おり、これはチベット仏教に関する調査実施のための布石であったと指摘している(白須浄真「一九〇八(明治四一)年八月の清国五台山における一会談とその波紋—外交記録から見る外務省の対チベット施策と大谷探検隊—」『広島大学大学院教育学研究科紀要』第二部(文化教育開発関連領域)第五六号、二〇〇七年、六三頁)。

一九〇八(明治四一)年、第二次大谷探検隊の橘瑞超と野村栄三郎が、モンゴルと新疆での調査を目的として北京を出発した。この際二人は、ダライ・ラマ一三世が五台山に滞在中であることを北京で知り、京都の光瑞に知らせた(前掲金子「大谷光瑞とチベット」、五七頁)。これを受け光瑞は、弟の大谷尊由(一八八六〜一九三九)を名代として五台山に派遣した。ダライ・ラマと接触するためである。同年八月二日、三日にこの会談は実現し、日本、チベットの仏教徒の交流と、留学生の交換について双方の見解が示された*15。

この五台山における会談に対する光瑞の見解が、一九一〇年三月に書かれた、ヘディン宛光瑞書簡に見える(二七日付、ロンドン発)*16。すなわち、ダライ・ラマ一三世は特別な人間ではなく通常の人物であり、かつ相当に国際状況に関する知識も持っていて、その側近には優秀な政治家もおり、従ってチベットがおかれた現在の困難を切り抜けていく可能性は高くはないが、低くもないこと等である。光瑞は、この会談によって、ダライ・ラマ一三世について、交渉の相手としてある程度の見極めをつけ、以後の活動を開始したのではないかと思われる。

これ以降、すなわち第二次大谷探検隊の活動（一九〇八～一九一〇年）とほぼ同時期に、白須が指摘するように、光瑞はチベットでの調査について、行動計画を具体化させていったと思われる（前掲白須「大谷探検隊とチベット、その研究の展望」、三六頁）。ここに青木が登場するのである。

第二節　最初のインド滞在

インドにて

では、大谷探検隊の中で、青木はどのように動いていたのであるか。前来参照している青木自筆の「履歴書」には、先に引用したように、「明治四二年九月本願寺法主ニ随ヒ英領印度地方ヲ遍ク巡遊ス」とあるのみである。

このように「法主ニ随ヒ」とあるが、しかし青木は、「法主」すなわち大谷光瑞に、終始同行していたわけではなかった。例えば、日本を発ったのも、以下述べるように、光瑞とは別行動であった。一九〇九（明治四二）年九月二四日、大谷光瑞は裏方の籌子（一八八二～一九一一）と、『大阪毎日新聞』記者関露香（一八六六～一九三七）を伴って、インド旅行に出発した。関はこの旅行での見聞をまとめ、一九一三（大正二）年、『本派本願寺法主大谷光瑞伯　印度探検』（博文館）を出版している。この旅行記において、以下に引用するように、日本を出国して間もない青木を見いだすことができる。一〇月一〇日、光瑞一行がマレー半島のペナンに到着した場面である。

　法主の一行は先発隊の一人なる青木某氏の出迎を受け、直ちに会社のランチで上陸、彼南公園の瀑布見物に赴かる、一青年青木氏は当港より直ちにカルカッタに直航しアッサム地方印度茶の調査をなすべく法主の命を受けて便船次第彼南を発する都合である　（関露香『本派本願寺法主大谷光瑞伯　印度探検』博文館、一九一三年、一五頁）

ここで青木が、「先発隊」としてマレー半島に来ていたことが確認できる。従って青木の日本出発は、光瑞が神戸を発った九月二四日以前であったということができるだろう。「先発隊」は青木のみではなく、例えば柱本瑞俊（一八八五～一九五八）や和気善巧（生没年不詳）は、七月二七日に神戸を発っている（和気善巧「龍樹天親両菩薩遺蹟探査」『新西域記』上巻、有光社、一九三七年、一二三頁）＊17。

光瑞の一行はペナン見物ののち、青木を残して次の寄港地へと出発した。関の記述において、次に青木を見いだすことができるのは、一二月二日、カルカッタ滞在部分である。

話最中にアッサム・バレーの茶の研究に行って居つた、青木氏が「只今帰りました」といつてヒマラヤ山麓から蒐集して来た色々な蘭の種類を法主の面前に差出すと法主は「一万円もするオーキッドがあつた」かと青木氏に戯れる青木氏は何んだか訳も分らずに無茶苦茶に集めて来たのですと答へる

（関露香『本派本願寺法主大谷光瑞伯　印度探検』、一五五～一五六頁）

上に引用した関の、ペナンとカルカッタの記事の間、すなわち一九〇九（明治四二）年一〇月一〇日から一二月二日までの期間、青木は、何をしていたのだろうか。彼自身の旅行記『西蔵遊記』には、以下のようにある。

回顧すれば予が初めて印度に来たり第一に遊覧を試みし処はこの朶士林［筆者注、ダージリン］である。明治四十二年の十月、秋咲くヒマラヤの山桜が正に満開の頃で而も雪嶺の眺め最も麗しきプチャ祭の季節であつた

（『西蔵遊記』、四六三頁）

つまり青木は、一〇月一〇日に光瑞一行をペナンで見送ってから、その月のうちにダージリンに移動したことになる。関の記述にあったアッサム地方の茶の調査をしていたとすれば、一二月にカルカッタの光瑞一行に合流するまで、主にダージリン近辺で活動していたと思われる。光瑞自身は、一一月二九日にカルカッタを出発してダージリンに向

かい、更に一二月二日に、ダージリンからカルカッタに帰着している。この間、青木が法主一行と行動を共にしていたかどうかは判然としない。少なくとも一二月二日のカルカッタ帰着以前においては、法主とは別々の行動であったと思われる。

アッサム滞在から戻った一二月二日以後の青木は、光瑞らと共に行動する。関の旅行記には以下のような記事が見える。

青木師はガヤ付近における法主一行のテント生活に要する食器糧食の買入に狂奔し、和気師は各所の連絡通信と官庁の交渉とに当り、橘師は南印度地方の仏跡捜索準備に忙はしく、法主と共に馬車を駆って短時日の間に数組の洋服を調成せしむべく奔走して居る
（関露香『本派本願寺法主大谷光瑞伯　印度探検』、一五七頁）

そして、次のような記述が踵を接して続く。

ブダガヤ附近の山野における仏跡捜索の天幕生活準備が今や漸く整ったので青木文教師が先づカルカッタを出発し之に次いて法主と橘師とは五日夕刻の列車でガヤに赴かれた
（関露香『本派本願寺法主大谷光瑞伯　印度探検』、一五九頁）

つまり青木は、少なくとも一二月五日「夕刻」以前にカルカッタを出発していることになる。彼のカルカッタ滞在は三日もしくは四日間、しかも他の隊員同様に、探検活動の諸手配に「狂奔」する慌ただしいものであったことが、これらの記述からうかがえる。以後再び、法主一行とは別行動となった。また、関ともここで袂を分かつこととなり、そのため関の旅行記に青木が姿を見せるのはこの箇所が最後である。しかし、大谷探検隊の探検報告書ともいうべき『新西域記』には、この時の光瑞のインド旅行についての報告書も複数収録されているので、以下はこれらを使用して青木の動静を追っていくこととしたい。

まず柱本瑞俊「印度随遊小記」には、一九〇九（明治四二）年一二月一七日の記事に、

猊下御一行は橘、青木、野村三氏随行して、当地（王舎城）に両三日前に御着。橘氏は旅行記整理、野村氏は伽

耶に赴き、青木氏は探査に当る

（柱本瑞俊「印度随遊小記」『新西域記』上巻、有光社、一九三七年、二二四頁）

という記述が見える。一二月五日の少し前に、カルカッタを先発してから、青木はどこかで再び法主一行に合流し、そこから王舎城まで随行したことがわかる。さらに、この柱本の一二月三一日付の報告に、

三十一日甲谷佗に着し総領事館に到れば、猊下、御裏様御先着、其他随員一同此地に在り、倶に四十三年の新年を迎ふ

（前掲柱本瑞俊「印度随遊小記」二二四頁）

とあるので、青木も再びカルカッタで、光瑞一行と共に年末年始を過ごしたと推測して差し支えないように思われる。

ダライ・ラマ一三世との出会い

明けて一九一〇（明治四三）年一月九日、光瑞は在カルカッタ日本総領事代理、平田知夫を通じて、英領インド政庁に、ネパール経由チベット第三の都市ギャンツェへの青木派遣を申請している。これには同月一五日付、二一日付で、拒否の回答が平田宛に送付されている。

一月中旬、光瑞は、裏方と橘瑞超を従えてヨーロッパに向け、インドを発つ。青木はカルカッタに残り、「仏蹟調査の準備中であった」（『西蔵遊記』、二頁）。ところがちょうどそのころ、チベットでは緊急事態が起きていた。趙爾豊に率いられた清軍（四川軍）がラサに侵攻、ダライ・ラマ一三世はそのため、インドに避難することとなったのである。ダライ・ラマはチベットとの国境に近いダージリンに、ひとまずその居を整えた。大谷光瑞はロンドンに到着したところで、この事態を知り、青木に打電した。ダージリンへ再度赴いて、ダライ・ラマ一三世に拝謁するようにという指示であった。

この前後の事情は近年、外交史料を精査した白須浄真氏によって詳細に明らかにされつつある*18。白須によれば、この年一月二九日、光瑞がヨーロッパへと発ったあと、青木は、二月二六日、カルカッタにおいて、同月一二日に同

地に到着していたダライ・ラマ随員「テー、ワンディ」に接触し、光瑞の書状を手渡した（白須浄真「大谷光瑞がダライ・ラマ一三世に宛てた一九一〇年二月七日付け英文書簡―外務省外交記録から見るチベット問題と大谷光瑞と大谷探検隊―」（『広島東洋史学報』第一四号、二〇〇九年、一五～一六、二〇、二九頁）。更に三月五日午前、ダライ・ラマ一三世はダージリンで青木を引見する。チベット人官吏シャカッパの記述によれば、この時ダライ・ラマ一三世は、カリンポンでは、ブータンのラージャ・カジ・ウギェンの邸、そしてダージリンでは、「パダブクと呼ばれる邸」に滞在していたという（シャカッパ『チベット政治史』貞兼綾子監修、三浦順子訳、亜細亜大学アジア研究所、一九九二年、二八三頁）。ダージリンでの会見であれば、この「パダブク」でのことであったと思われる。

『西蔵遊記』には、「先づ公式の謁見を了り、再び別殿で私見の栄を賜つた」（四頁）とあるのみで、その日付や時間は不明であったが、白須の研究によって、この部分が明らかにされた。また、白須の提示した外交史料には、この会見実現について、「「シキム」土侯嗣子等ヲ介シテ〔青木〕来着ノ旨ヲ〔ダライ・ラマに〕通ジタ」（〔 〕内は白須による補記）とある。この「シキム」土侯嗣子」は、前章に既に述べたように、一九〇八（明治四一）年九月に西本願寺を訪問した「シツキム国王子マハラジヤ、クマル殿下」（「印度太子の来山」『教海一瀾』第四三四号、一九〇八年、一二頁）であると思われる。ダライ・ラマとの、初めての会見の模様は、『西蔵遊記』に詳しい。ここで青木は、大谷光瑞の意向を伝え、五台山における双方の了解事項のひとつであった留学生交換を、具体的な計画とすることに成功した。青木はさらに、自らの入蔵留学の希望をもダライ・ラマに伝える。

青木はこの後も何回か、ダライ・ラマと会見したようである。白須浄真「外務本省に提出された西蔵問題に関わる一報告書―一九一二（明治四五）年?《ママ》二月一三日、西本願寺が提出した報告書の紹介とその解説―」（『大谷光瑞と国際政治社会』勉誠出版、二〇一一年、二六三～二九七頁）では、一九一一（明治四四）年もしくは一九一二（明治四五）年に西本願寺から外務省に提出されたと思われる書類を紹介している。これは、大谷光瑞とダライ・ラマの関わりを通時的に総括した報告書であり、この中では、以下のようにこの時の青木の活動に触れられている。

四十三年、西蔵教難ノ時、青木ヲ「ダーヂリン」ニ法皇ヲ迎ヘシメ、先年ノ旧交ヲ温メ、更ニ今日ノ慰問ヲナセシヲ第二トシ、爾来青木ハ数々法皇ニ秘密ニ面会、世界ノ大勢ヲ説キ、日本ノ信頼スヘキヲ告ケ、併テ高僧ヲ日本ニ留学セシムヘキヲ以テセリ（二六七頁）

青木は複数回ダライ・ラマと「秘密ニ面会」し、留学生交換の必要性を説明し、日本とチベットをめぐる国際情勢について情報提供していたのである。但し、ダライ・ラマ一三世は、この時三月上旬から中旬にかけて、カルカッタに滞在している*19。従って会見場所は、ダージリンだけではなかった可能性もある。

更に、他の大谷探検隊隊員の記述にも、ダライ・ラマとの謁見に関して述べる部分がある。以下は、大谷探検隊の報告書をまとめたものである『新西域記』所収の、和気善巧「龍樹天親両菩薩遺蹟探査」の一部である。

三月中旬青木文教氏と陀士林［筆者注、ダージリン］に遊び、西蔵より来れる達頼喇嘛に会見す。

（和気善巧「龍樹天親両菩薩遺蹟探査」、一一三頁）

青木がダライ・ラマと会見した三月五日を、和気が言う「三月中旬」とするのは、適切とはいえないと思われる。従って第一回の会見後、和気とともに別の機会に、ダライ・ラマに謁見した可能性がある。

但し和気の名は、青木の諸記述、そして白須によって発掘された外交史料にはほとんど見えない。大谷光瑞とダライ・ラマ間の交渉において、一連の動きの中心として言及されるのは青木である。従って両者の交渉において、大谷光瑞側での動きは青木が一つの焦点であり、和気はそうではなかったと言えるだろう。その後、青木は光瑞の指示により、和気とともにロンドンへ発った。

この最初の滞印時において、その後の青木を考える上で重要だと思われる点が三点ある。第一は、彼が入蔵の意志をもったのが、一九〇九（明治四二）年一〇月前後のダージリン滞在中であったことが確認できることである。『西蔵遊記』には、この滞在中の記述として、「そが雄大なる「五大雪蔵」の壮観と、彼の大和的なる「瑞穂国」民族の風貌とは自ら入蔵の企図を思い立たしめた」とある（『西蔵遊記』、四六三頁）。従って少なくとも、この時点からは確実に、彼の視野にチベットが捉えられていくと言える。

第二は、このアッサム地方、特にダージリンが、彼にとって忘れがたい地になっていくことである。『西蔵遊記』の中で、青木はダージリンを「第二の故郷」と書いている（『西蔵遊記』、四六二頁）。彼にとって印象深い幾つかの出会いもあり、その一つが「当地の警部長」である「レーデンラ氏」であった（前同）。

これは、リンチェン・ドルマ・タリンの自伝中に「ミスタ・ラデンラ」として言及される人物だと思われる。同書訳注によれば、サルダル・バハードゥル・ソナム・W・ラデンラ（一八七六～一九三六）は、ダージリンの警察に所属し、一九〇三年のヤングハズバンド・ミッションにも加わった。一九二三年よりチベット政府の要請でラサの警察を組織し、その長官に任命され、爵位を授けられた（R・D・タリン『チベットの娘』三浦順子訳、中央公論社、一九九一年、二六八頁）。『西蔵遊記』執筆時点で青木はこの「レーデンラ氏」を、「十年この方の親友」としており、ダージリンでのこの初めての滞在のその後も、親しく接したことがうかがわれる。

また、青木が初めてダライ・ラマ一三世に謁見した際に仲介にたったと思われる「「シキム」士侯嗣子」、すなわちスィーキョン・トゥルクも、そのような人々の一人であったと思われる。第五章で述べるが、青木はこの人物と、チベット滞在中も文通しており、青木がラサ留学を終え、日本への帰国の途上、シッキムを訪れた際には、すでに彼は故人となっていた。『西蔵遊記』には、「昨年逝去された事は予に取っても非常な失望」（四五七頁）と、淡々とした表現になっているが、このシッキム訪問当時の青木の手記には、「此人ガ既ニ世ヲ去レルハ世此上モナキ不幸ナリキ」、「彼在世ナラバ如何ニ楽シカルベキ!!!」など、より直接的な心情をうかがい得る表現が繰り返し見られる（青木文教「チベット日誌」『国立民族学博物館研究報告』三四巻四号、国立民族学博物館、二〇一〇年、七九〇頁）。

第三は、上掲の関の記述に、青木がアッサム地方で茶の調査をしたとされていることである。この調査の調査記録その他は、まだ見つかっていない。白須浄真はこのことについて、興味深い分析をしている。すなわち、光瑞が青木にこの調査を命じた目的は、茶の調査そのものにはなく、アッサム地方というチベットに隣接した地域で、入蔵の実質的な準備を行える環境に青木を置くことにあったというのである（前掲白須浄真「大谷光瑞がダライ・ラマ一三世に宛てた一九一〇年二月七日付け英文書簡―外務省外交記録から見るチベット問題と大谷光瑞と大谷探検隊―」、一九頁）。記録が不明であるという一事も、このような事情が少なからず反映しているのではないかと、白須は指摘している。これについては、筆者もまたそのように推測する。

しかし、仏教の遺跡探索ではなく、ここで青木に茶の調査をさせていることには、また別の意味が読み取れると考える。後に青木がラサ滞在中行ったチベット事情調査は、政治、軍事、経済、交通、文化、歴史等の各分野を含んだ、非常に範囲の広い実地調査であった。アッサムでの茶の調査には、その実地調査の最初の段階、いわばウォーミング・アップの意味をもうかがいうるように思われる。大谷光瑞の中にはすでに、入蔵後の青木に、チベットで何をさせるのか、具体的でないまでも、粗々の方針、心づもりのようなものがあったのではないかと思われる。

第三節　再びのインド滞在

ダライ・ラマとの再会

一九一〇（明治四三）年四月七日、青木は和気善巧とともにカルカッタを出発、ロンドンへ向かう。この間の事情は、和気の記述に詳しい。

其後自分は甲谷佗に滞在し、今夏の行動に就て御在英の猊下よりの御命を待ちしに、三月下旬猊下より「青木文教と共に倫敦に来れ」との電命を拝し、四月七日行李を整へ甲谷佗を出立、コロンボに至り、英船オトラント号に乗船、四月三十日英京に着す。（「龍樹天親両菩薩遺蹟探査」、一二五頁）

大谷探検隊隊員のひとりである柱本瑞俊の記述には、「猊下の御住居のマンションには、二方の外に武子様、足利、橘、青木、和気に自分等合宿し、渡辺氏は前来の下宿に在り」（「印度随遊小記」、二二五頁）とある。従って青木はロンドンで、他の随員とともに、光瑞の仮寓に同居していたらしい。そして彼は、イギリス国内とヨーロッパ大陸をまわる。前掲民博アーカイブ資料「履歴書」（アーカイブ番号五四）には、フランス、ドイツ、オーストリア、イタリアに滞在したとある。

欧州を「一瞥し終つて将に帰東の途に就かんとする折柄」（『西蔵遊記』、七頁）、ダライ・ラマから書簡を受け取り、青木は再びインドへ向かった。ダライ・ラマに再び会見するためである。ダージリンへ急行した青木は、ダライ・ラマに謁見したが、この時まだダライ・ラマ側では、日本派遣の留学生は選出されていなかった。このため青木は、「人選上の条件」（『西蔵遊記』、八頁）をダライ・ラマに伝える。勿論、大谷光瑞の意向を体したものであったと思われる。ダライ・ラマは、そのような条件を満たす人材は手元にはいないとし、ラサから召喚するので二ヶ月待つように、と青木に答えた。

この時青木が伝えた「人選上の条件」は、どのようなものであったのか。留学生として実際に指名されたツァワ・ティトゥル（一八八〇～一九五七）＊20は、名門出身の高位転生ラマであり、学僧としても最上級の栄誉を得た人物で、しかもダライ・ラマ一三世の「寵臣」（前掲タリン『チベットの娘』、五八頁）であった。従って大谷光瑞が出した「条件」とは、留学生として日本仏教および日本語を学ぶだけではなく、ダライ・ラマの代理として日本政府当局との交渉にも臨み得る能力と資格を持つ人材、ということであったと推測される。

この時青木がいつロンドンを発ち、いつダライ・ラマに謁見したのか、『西蔵遊記』その他青木の記述に日時は明示されていない。しかし、いくつかの記述から、推測は可能である。すなわち、①青木執筆のデカン高原での調査報告書（青木文教「釈尊入滅の拘尸那竭羅の遺蹟に就て」『新西域記』上巻、一二六～一二九頁）が、一九一一（明治四四）年二月一五日付カルカッタ発であること（一二九頁）。従ってこの調査自体は一月末から二月初旬ごろ終了したと思われる。更に、②同調査について青木が、「デカン高原に赴き一箇月余を費して、南コサラの古国に龍樹大師の遺蹟を踏査」

写真2 インド巡礼中のダライラマ13世
（青木文教撮影、国立民族学博物館蔵）

『西蔵遊記』、八頁）と書いていること。従って調査を開始したのは、一九一〇（明治四三）年一二月末か一九一一（明治四四）年一月初め頃ではないかと思われる。調査の前にダージリンに滞在していたことを考えると、一九一〇（明治四三）年一二月中にはすでに、インドに上陸していたのではないだろうか。そこから逆算すれば、ロンドン出発は一一月中となる。

以上の推測を裏付けるひとつの資料が、民博アーカイブ中にある。ダライ・ラマの側近からと推測される青木宛の蔵文書簡である（アーカイブ番号二二）＊21。内容は、青木が出した書簡の返事であり、そこに、今現在青木がインドで進めている活動について触れる部分がある。これは、チベット暦一一月一六日付となっており、西暦の一一月末から一二月初めに相当する。これが一九一〇（明治四二）年の書簡であれば、青木はこの時期すでに、デカン高原での調査を始めており、従ってダージリンでダライ・ラマに会見したのは、それ以前となると思われる。

もともとこのデカン高原での調査は、和気善巧が行うことになっていた。前述したように和気は、一九一〇（明治四三）年四月七日、青木とともにカルカッタを発し、四月三〇日にロンドンに到着した。そして同年一一月には再びインドへ行きデカン高原の調査を行う予定であった。しかし和気は大谷光瑞に随行して帰国することとなり、青木が引き継いだのである（前掲「龍樹天親両菩薩遺蹟探査」、一二五頁）。

一九一一（明治四四）年二月に、このデカン高原での調査を終えると、青木はアラハバードに向かい、同地で開催中の「合同洲博覧会」を見物、北インドを経由してネパールに入った。ネパールでは、まず釈迦誕生の地ルンビニを訪れ、更に釈迦が入滅したクシナガラへ向かった。ここで彼は、インド巡礼中のダライ・ラマに再会する（以上『西蔵遊記』、八頁、写真2）。同地でダライ・ラマが数日間、「祈祷報恩会」を修したので、青木はこれに列席した。一方でまた、この地で進行中の英印政府当局（前掲青木「釈尊入滅の拘尸那竭羅の遺蹟に就て」には、「古蹟保存事業考古学会」）による発掘事業を視察する。その後ダライ・ラマはインド各地を巡礼しつつダージリンへ戻った。青木はいったんカルカッタに行き、ダライ・ラマのダージリン帰着を見計らって自分も同地へ向かった。青木のダージリン到着後「まもなく」（『西蔵遊記』、九頁）、日本への留学生としてダライ・ラマに召喚されたツァワ・ティトゥルが着く＊22。

青木は、このツァワ・ティトゥルと、彼の従者二名を引率して、日本へ向かった。イギリス、ロシア、清三国の思惑をはばかり、一行はチベットとの関係を極力隠した行動をとった。チベット人たちは、シンガポールまで日本人に変装し、シンガポールで日本船に乗り換えてからはモンゴル人名を名乗った。神戸到着時に、記者団がこの一行をとりまいたが、青木は「漸うのことで之を胡麻化し去り」（『西蔵遊記』、一一頁）、京都の西本願寺へ直行する＊23。

一行は六ヶ月後、大谷光瑞の六甲の別邸、二楽荘＊24へと移った。この二楽荘には、「西蔵僧正室」という建物が造られていた。名前の通り、これはツァワ・ティトゥルをはじめとする三人のチベット人たちのために作られたものであった。彼らはここで、翌年一月にチベットへと出発するまでの時間をすごすこととなる。

二楽荘の生活

この間、留学生世話係として多田等観がずっとツァワ・ティトゥルについていた。チベットへの留学を希望している青木ではなく、多田がつけられた、その理由には、大谷光瑞の、青木を手許で使おうという意向があったことが反映しているのではないかと推測される。そうでないならば、青木をツァワ・ティトゥルの傍に置き、チベット語その他を学ばせるのが自然であり、事実、多田等観はこの期間にかなりのチベット語を修得している。青木としても、この機会を逃すのは不本意であっただろう。彼は多忙の中で「僧正の勉学に対抗すべく小閑を盗んで勉強を始めた」(『西蔵遊記』、一二頁)と書いている。ツァワ・ティトゥルの日本語、そして恐らく、多田等観のチベット語の進歩にも、彼は焦りを感じていたのではないだろうか。

青木等が帰国した一九一一年五月というのはちょうど、二楽荘に併設された本願寺の育英機関、武庫中学が開校した月であった。同中学は、全く新しい構想による宗門子弟の教育を意図して、大谷光瑞が設立したものであった。青木の自筆履歴書には、「明治四十四年五月帰朝」の後に続けて、「本願寺武庫中学ニ奉職ス」とはっきり書かれている。しかし、武庫中学関係の資料に青木の名は発見できていない。青木は武庫中学専従の職員としてではなく、より大谷光瑞に密着した形で仕事をしていたのではないかと思われる。それまで「法主ニ奉仕」し、「法主ニ随」って、活動してきた青木が、この武庫中学を活動の場所とするのは、不自然なことではない。また、『新西域記』所収吉川小一郎「支那紀行」一九一一年九月一七日の部分には、「偶々日本より書信着す。青木文教氏の書信中に、猊下の命令書あり。之を頂戴す」とあり、この記述も青木が、大谷光瑞の秘書的な役割を果たしていたうちの一人であったことを示唆するものであると思われる。

この点についても、白須浄真が発掘・分析した外交史料の中に、有益な情報がある。既に参照した西本願寺の報告書(前掲白須浄真「外務本省に提出された西蔵問題に関わる一報告書―一九一二(明治四五)年?《ママ》二月一三日、西本願寺が提出した報告書の紹介とその解説―」)に、この間の事情を示す記述が見られるのである。ツァワ・ティトゥルらが来日した一九一一(明治四四)年は、清朝最後の年でもあった。年末から明けて一九一二(明治四五)年初めにかけて、民国政府が孫文を臨時大総統として成立し、清の最後の皇帝、宣統帝は退位する。上記白須の研究は、この間の事情について、詳細な情報を大谷光瑞がダライ・ラマに送っていたことを明らかにしたものである。ラサに留まっている清軍は、遠からず撤退する可能性が大きく、そうなればダライ・ラマがラサへ帰還し旧来の権限を復活することも可能であること、また、モンゴルはロシアの後援を得て、これを機に独立を望んでいる様子であるが、チベットはそれに同調すべきではないこと、特に英国の助力を得ることには注意が必要であることなどが、大谷光瑞側から発信されたという（前掲白須浄真「外務本省に提出された西蔵問題に関わる一報告書—一九一二（明治四五）年?《ママ》二月一三日、西本願寺が提出した報告書の紹介とその解説—」、二六九頁）。

例えば民博アーカイブには、この時期やりとりされたものの一部と思われる書簡が残されている（アーカイブ番号二三）＊26。年は明記されていないが、内容から一九一一（明治四四）年と思われる。日付は一一月一七日であり、これはチベット暦である可能性が高い。したがって、この手紙は、一九一一（明治四四）年末から一九一二（明治四五／大正元）年初にかけての時期に書かれたことになる。発信人はダージリンのラメンケンポ＊25、宛先は青木である。内容は、日本側からのチベット問題に関する詳細な提案があったことへの感謝をまず述べ、現況を簡単に報告するものである。また、ツァワ・ティトゥルに続いて、別のチベット人を近く日本へ送る予定であることも告げられている。大谷光瑞、ダライ・ラマ間のやりとりを、具体的に見ることのできる資料の一つであると言えるだろう。

更に、ツァワ・ティトゥルも、日本からダライ・ラマに頻繁に発信していた。前出の西本願寺の報告書によれば、「殆ント毎週、新聞ノ事実ヲ翻訳報告」していた。これらの書簡や電報は、英国の注意を惹かないように、いったん上海や香港に送られ、そこで改めて包装をし直して英国の印紙を貼付し、チベットへ送られたという（前掲白須浄真「外務本省に提出された西蔵問題に関わる一報告書—一九一二（明治四五）年?《ママ》二月一三日、西本願寺が提出した報告書の紹介とその解説—」、二六九頁）。

同報告書には、書面の場合、「悉ク当方ノ意味ヲ青木立会ノ上、蔵文ニ翻訳ノ上発送」したとあるが（前同）、青木は、書面に限らず、上述のダライ・ラマとのやりとりを、光瑞のそばで担当していたと推測される。このような内容の活動であれば、ツァワ・ティトゥルらと起居を共にして、彼らからじっくりチベット語を学ぶことは、時間的にも無理があったと考えざるを得ない。

一九一二（明治四五）年の年明け早々に、清との戦況が変化したことから、インドのダライ・ラマよりツァワ・テイトゥルへの召還命令が届く。それによって一月二三日、青木は多田等観とともに、ツァワ・ティトゥルに付き添い、インドへ向け神戸を発つこととなる。しかしまだこの時点では、チベット行きにさほど乗り気でなかった多田等観はもとより、留学を熱望していた青木も、このまま入蔵することになるとは全く予期していなかった。

＊1　ここまでにも度々引用してきている青木正信の「青木文教の生涯をしのんで」、また『西蔵遊記』解説などとして載せられている佐藤長や山口瑞鳳などの文章には、「大谷法主からの抜擢」（青木正信）、「法主大谷光瑞の召命」（佐藤長）、「大谷光瑞に選ばれた」（山口瑞鳳）などという表現で言及されている。これを裏づける具体的な資料を発見できなかったが、青木の大谷探検隊参加に大谷光瑞の意志が働いたことは確実と考える。

＊2　例えば佐々木高明「青木文教師とそのチベット将来資料」『国立民族学博物館研究報告』別冊一号、一九八三年、一七四頁、山口瑞鳳『チベット』上巻、東京大学出版会、一九八七年、九四頁。また、ジャーナリスト江本嘉伸が近代の日本人入蔵者についてまとめた『西蔵漂泊』（下巻、山と渓谷社、一九九四年）中の青木関連部分（本書「はじめに」参照）も、山口の記述をふまえたものであると思われる。

＊3　例えば、「青木文教師　年譜」（『国立民族学博物館研究報告』別冊一号、一九八三年、二五〇頁）、「青木文教先生の略年譜」（安曇川町教育委員会編『青木文教』ふるさと伝記まんがシリーズ三、滋賀県安曇川町、一九九四年、一〇六頁）がある。

＊4　以下大谷探検隊に関する記述として、以下主要なものを挙げる。但しチベットに派遣された青木文教、多田等観に関するものは、本文中でも触れるので、ここでは省略する。

①大谷探検隊の活動全般にわたる調査記録としては、上原芳太郎編『新西域記』（二巻、有光社、一九三九年）がある。これは山田信夫、片山章雄によって詳細な解題および関係文献目録が付せられ、一九八四年に井草出版から復刻されている。

②収集品については、大谷光瑞『西域考古図譜』（国華社、一九一五年）、中田篤郎移録・解説『大谷探検隊資料』（『龍谷大学西域研究叢書三』一九九五年、龍谷大学仏教文化研究所西域研究会）、『東京国立博物館図版目録　大谷探検隊将来品篇』（東京国立博物館、一九七一年）がある。

③大谷探検隊についての先行研究としては、長沢和俊「シルクロードの探検—大谷探検隊の業績—」（日本人の冒険と探検）白水社、一九七三年、三八五～四一五頁）、大谷探検隊研究の特集号である『東洋史苑』五〇・五一合併号（一九九八年）、芦屋市立美術博物館編『二楽荘と大谷探検隊』（芦屋市立美術博物館、一九九九年）、白須浄真『大谷探検隊とその時代』（勉誠出版、二〇〇二年）、芦屋市立美術博物館編『二楽荘と大谷探検隊　芦屋市立美術博物館特別展図録2』（芦屋市立美術博物館、二〇〇三年）、片山章雄編『予会ゝ英国倫敦に在り』（大谷記念館、二〇〇四年）、柴田幹夫編『大谷光瑞とアジア』（勉誠出版、二〇一〇年）、白須浄真編『大谷光瑞と国際政治社会』（勉誠出版、二〇一一年）がある。更に高野静子『蘇峰とその時代　よせられた書簡から』（中央公論社、一九八八年）にも、有益な記述がある。

④各隊員を個別に扱ったものとしては、白須浄真『忘れられた明治の探検家渡辺哲信』（中央公論社、一九九二年）、本多隆成『大谷探検隊と本多恵隆』（平凡社、一九九四年）がある。

＊5　東本願寺の中国での活動は、一八七三年、小栗栖香頂が「支那弘教係」に任命されることから始まったと言える。その後準備期間を経て、一八七六年には「支那布教の旨意に関する御直諭」が発表され、中国開教が正式に決定、上海別院その他の拠点が設置された。これは日本陸軍による中国情報の収集活動開始とほぼ時期を同じくするもので、日本仏教諸宗派の中で最も早いものであったと言える。しかしその後、一八七八年の北京布教の停止以後事業は縮小され、一八八三年には中国布教中止の布達が出されるに至る。これは一八八五年の「支那国布教係」の復活によって解除はされるが、一八九八年の「清国開教の御親示」によって再開が決定するまで、事業はそのまま停頓と言いうる状態が続く。以上については特に、高西賢正編『東本願寺上海開教六〇年史』（東本願寺上海別院、一九三七年）、小島勝、木場明志編著『アジアの開教と教育』（法蔵館、一九九二年）に詳しい。

＊6　小栗栖香頂については主に、小栗憲一『小栗栖香頂略伝』（明治館、一九〇七年）の他、魚返善雄「同治末年留燕日記」（『東京女子大学論集』第八巻第一号一一～五一頁、第二号四五～八一頁、一九五七年）、北西弘「明治初期における東本願寺の中国開教」（『仏教大学総合研究所紀要』創刊号、一九九四年、三三一～三四九頁）、法雲山妙正寺『小栗栖香頂師百回忌法要記念　教法のため　人びとのため—小栗栖香頂師の事績—』法雲山妙正寺、二〇〇四年）、陳継東『清末仏教の研究—楊文会を中心として—』（山喜房仏書林、二〇〇三年）を参照した。

＊7　チベット情報としての『喇嘛教沿革』については、拙稿「明治期の日本仏教における「喇嘛教」情報受容に関する一考察」

『印度学仏教学研究』第五七巻、日本印度学仏教学会、二〇〇八年一二月）に詳述した。

＊8 例えば、**E.Schlagintweit**『西蔵の仏教』（一九一四年）の訳者であるサンスリット学者楠基道は、翻訳にあたって、大正初年の研究状況を回顧し、当時におけるチベット仏教に関する信頼すべき日本語資料として、小栗栖香頂『喇嘛教沿革』と、山縣初男『西蔵要覧』を挙げている（「抄訳者序言」、一頁）。このことにも『喇嘛教沿革』の存在の大きさが示されていると言えよう。

＊9 例えば『反省会雑誌』「雑報」欄に、インド留学中の会員善連法彦、小泉了諦が、日本へ帰国するにあたってネパール、カシミール、チベット経由の道を取る予定であること（一八九〇年一一月号、三四頁）、また同じくインド留学中の川上貞信についても同様のスケジュール（一八九一年四月号、三一頁）が伝えられている。

＊10 奥山直司『評伝河口慧海』（中央公論新社、二〇〇三年）、一〇四〜一一〇頁による。しかし奥山氏のご教示によれば、羽渓了諦が「明治仏教学者の海外進出」（『現代仏教』一〇五号、一九三三年）において、明治二〇年代後半の、仏教者たちの「西蔵への冒険的潜入」が集中的に試みられた時期をこのように呼んだという（一〇三頁）。以上明治期の「入蔵熱」については、**Esposito, M., ed.,** ***Images of Tibet in the 19th and 20th Centuries*** (études Thématiques 22, École Française D'Extrême-Orient, 2008) vol.1所収 Okuyama Naoji "The Tibet Fever among Japanese Buddhists of the Meiji Era" に詳しい (pp.202-222)。

＊11 先行研究の多くは、チベットのこの「鎖国」を、一九世紀末から二〇世紀半ばまで、としている。前掲山口『チベット』では、「鎖国」の始まりを、イギリスがシッキムを保護下においた一八六一年以降としている（上巻、五八頁）。更にこの「鎖国」状態には、中国や英国など、チベットに緊密な関係を持った国々の意向も影響しており、例えば一九〇四年のラサ条約締結前後には、英領インド政庁による外国人旅行者の制限が厳しく、英国人でさえチベットに自由に入ることはできなかった。「入蔵」という視点からこの「鎖国」をめぐる事情が詳述されたものには、例えば、薬師義美『大ヒマラヤ探検史』（白水社、二〇〇六年）がある。

＊12 事実能海は、チベット領域内パタンに到達した際、欧米人と誤解され、入蔵を阻止されている（寺本婉雅編『能海寛遺稿』能海寛追憶会、一九一七年、一〇三頁）。

＊13 能海の消息については、その解明のため様々な試みが行われているが、最大の成果は、中村保「横断山脈に消えた能海寛」（『石峰』第五号、一九九八年、一〜五〇頁）である。

＊14 この書簡原文は一部、片山章雄「スウェン・ヘディンと大谷光瑞—交友初期の一齣—」(『「シルクロード」文化考』清泉文苑第一二号別冊、清泉女子大学人文科学研究所、一九九五年) に引用され、また同様に一部が写真で掲載されている (五〇～五一頁)。

＊15 この会談は東本願寺の寺本婉雅が仲介したもので、また在清国日本公使館もその実現に関与していたことが、すでに指摘されている (本文前掲白須「一九〇八 (明治四一) 年八月の清国五台山における一会談とその波紋—外交記録から見る外務省の対チベット施策と大谷探検隊—」、五七頁)。寺本が東本願寺ではなく、西本願寺へと交渉を繋いだその理由については、未だ不明である。白須は東本願寺側が、この関係設立に積極性を欠いていたことをその理由の一つとして指摘している (同、五九頁)。

＊16 本書では金子民雄氏よりご恵与いただいた複写を参照した。記して感謝申し上げます。

＊17『新西域記』(上巻、有光社、一九三七年) には、この時期のインド探査について、いくつかの記録が収められており、和気と柱本の手記もその中に含まれる。神戸出発について、この両人は、「和気善巧氏と同行」(柱本瑞俊「印度随遊小記」、二一二頁)、「柱本瑞俊氏と共に」(和気善巧「龍樹天親両菩薩遺蹟探査」、一二三頁) と書いているので、両人が連れ立って出発したことは確実と思われる。しかしスケジュールについて食い違いがある。柱本は神戸出発を八月二七日としているが、和気は七月二七日としている。

＊18 これについては、白須浄真「大谷光瑞がダライ・ラマ一三世に宛てた一九一〇年二月七日付け英文書簡—外務省外交記録から見るチベット問題と大谷光瑞と大谷探検隊—」(『広島東洋史学報』第一四号、二〇〇九年、一一～三八頁)、同「外務本省に提出された西蔵問題に関わる一報告書—一九一二 (明治四五) 年?《ママ》二月一三日、西本願寺が提出した報告書の紹介とその解説—」(『大谷光瑞と国際政治社会』勉誠出版、二〇一一年、二六三～二九七頁) に詳しい。

＊19 この間の経緯は、シャカッパ『チベット政治史』(貞兼綾子監修、三浦順子訳、亜細亜大学アジア研究所、一九九二年) に詳しい (二八三～二八六頁) が、具体的な時日はあまり明示されていない。同書によると、ダライ・ラマはカリンポンに到着し、一週間滞在したのち、ダージリンに移り、更にカルカッタへ向かった。同地で一九一〇 (明治四三) 年三月一四日、インド総督ミントー卿と会見、数日間の滞在ののち、ダージリンへ戻った。

＊20 ツァワ・ティトゥルについては、山口瑞鳳が簡潔にまとめている (多田明子・山口瑞鳳編『多田等観』春秋社、二〇〇五年、

二〇〜二一頁)。以下それを要約して述べる。本名はガワン・ロサン・ジャムペテンジン、五歳の時ガンデン大僧院座首ツァトゥル・ロサンゲレの転生者としてセラ大僧院に迎えられ、二五歳で最高位の学位ハランパを得た。ダライ・ラマ一三世側近のエリートであり、日本から帰国後はダライ・ラマの名代としてラサにおいて、清朝との紛争の戦後処理にあたった。その後側近として、また学問僧として活躍するが、不行跡を理由にむち打ちの刑を受け追放される。ダライ・ラマ没後の一九三四年から、中国国民党の設立した学校でチベット語を教えるなどしたが、一九四五年に罷免された。その後中国共産党占領下で、一九五二年にはチベット軍区の出版物審査常任委員長、一九五六年にはチベット日報社のチベット人編集責任者に任命され、多くの文化事業に貢献した。

＊21 以下全文を引用する(アーカイブ番号二一、日本語訳は津曲真一氏による。〔 〕内は同氏による補足)。「智慧を具えた御方、文教青〔木〕へ。そちらから届いた手紙〔に書かれている〕の通り、貴方は〔現在〕、インド中部にいらっしゃって、今生〔と〕来世〔のために〕有意義なご活動を広くなさっているところである〔とのことで、それを聞いて〕、私も大変喜ばしく思います。〔さて〕日本国には大乗の貴い法があるとのことですが、私から申し上げることは、第一に、大乗の方には参入する門というものがある〔わけですが〕、その一番初めには、どのような門、或いは〔どのような〕根本に参入するのか〔ということがあります〕。例えば、日本の王殿に行く時、初めに〔そこへ向かう時には〕道や〔入り口〕門などを間違えずに進む必要がある〔と思いますが、その〕ことと同様に、〔日本の〕大乗の道や門〔において〕は、最初はどのようなものに進むべきで、参入する〔べき〕門は〔どのようなものであると考えられているのか、ということについて、それは〕これ〔である〕と、明確〔に記した〕手紙を送っていただきたい。それが届きましたら、こちらからも理由を伺う〔いたいという〕ようなこと〔も〕ありますし、〔また〕我々の詳細な吟味を得れば、〔そちらにとっても〕有用な手助けとなる〔こともあると思いますので、その〕ことを心に留めて置いて下さい。目下日付〔で言えば〕二十一日〔に、ダライ・ラマ〕猊下〔と、その〕従者〔たち〕は、インド方面の巡礼にいらっしゃることになっております〔ので〕、その後、申し上げるべき〔ことを書いた〕お手紙を差し上げても構いません。近いうちにお目に掛かります〔ので〕宜しくお願いいたします。〔この手紙は〕ラマ・ケンポ《ママ》が十一月十六日吉日に呈上した。」

＊22 ツァワ・ティトゥルの到着について、のちに『新西域記』に収録された青木自身の「西蔵入国記」には、「留学生たるべき僧正も既に到着していた」(一八六頁)とあり、食い違いがあるが、『西蔵遊記』の記述を採用した。

＊23 ツァワ・ティトゥル一行の日本到着日時については、『西蔵遊記』にも前掲の「西蔵入国記」にも言及がないが、前掲の青木の自筆履歴書に「明治四十四年五月帰朝」とある。
＊24 光瑞の別邸として名高い二楽荘は、山と海、二つながらの美を楽しむことができることから、こう命名されたという。総工費は現代の価値で言えば八〇億円近いと言われる。二楽荘には、インドのタージマハルを模したとされるドームを持つ本館の他、前述した宗門子弟の教育機関武庫中学や、出版・印刷所、測候所などが設置され、その周囲には温室や牧場、果樹園などが作られていた。二楽荘については、前掲芦屋市立美術博物館『二楽荘と大谷探検隊』に詳しい。
＊25 この「ラメンケンポ」は、『西蔵遊記』において「侍従長兼侍医」（一一四頁）と言及される、テーカン・チャムパ・トゥプワン（?-一九二二）である可能性が高い（前掲山口瑞鳳『チベット』上巻、九六頁）。山口瑞鳳によれば、「近代チベット医学の名医」であり、一八九七年からダライ・ラマ十三世の「侍従医長」となって、ダライ・ラマの中国・インド滞在に同行する。ラサに戻ってからは「法務総監（チキャプケンポ）」を兼務した（前掲多田明子、山口瑞鳳編『多田等観』、二六頁）。青木だけではなく、日本人入蔵者に手厚い心遣いを示した人物であることを、多田等観が伝えている（多田等観『チベット滞在記』白水社、一九八四年、一一二〜一一四頁）。
＊26 以下全文を引用する（日本語訳は津曲真一氏による。〔　〕内は同氏による補足）。
「智慧と悲心の輝かしき千眼〔を持つ御方である〕管財人〔の〕ミスター青木リンポチェへ。　手短に申し上げます。以前そちらから細かく箇条書きにされたお手紙をいただきました〔が、その〕内容の通り、〔ダライ・ラマ〕猊下と大臣の皆さんに、すぐご報告申し上げました。貴殿が、私たち、〔つまり〕仏教〔に〕忠誠〔を示して〕一丸となっているチベット人以上に、仏教と政治に関して、〔その〕現在〔と〕未来〔に〕平和と幸福がもたらされる方法〔について〕お考えになられ、壮大かつ甚深な計画を順序立てて箇条書きにしてくださった〔ものは〕、偽りのない優れた方策〔であり、なおかつ〕具体的なものであるので、〔それをご報告申し上げているうちに〕猊下と大臣たちがだんだんとお喜びになっていくのが分かり、私も愛好・尊敬・愉快〔という〕三つの〔心の〕状態になりました。〔ところで〕そちら側で役人〔と〕特別面会〔の機会を設ける予定〕は延びることになります。チベット問題に関して、その昔、イギリスと条約を結んだため、現在はイギリスの領地にいらっしゃって、〔彼らと〕疑念〔を抱きつつも〕親交〔を結ぶ〕ようになったことが元で、しばらくの間は、役人と思うように面会することができなくなりま

した。しかし、貴方〔の国〕など、幾つかの国が威厳をもって協力し合って、重要な問題〔である〕チベットの仏教と政治〔に〕干渉する権利を〔チベットが〕占有するようになる〔ための〕方法〔には〕どんな良い方策があるか〔ということについて〕、今まで通り関心をもって諦めずに、将来、〔いろいろな提案をして下さった青木様の〕恩に報いるようにするべきである〔と思っております〕。またそちら側には、学問教育の発展〔のため〕に〔ラサ周辺の法律に関する取り締まり機関である〕ショル〔行政事務局〕のソノル秘書官を、〔彼が〕到着次第、派遣するつもりでおります。彼は今は居りませんが、近いうちに到着することになっていますので、その時点で特別に面会をしても構いません。また〔ツァワ・〕ティトゥル様に〔つきましては〕、以前から貴方に、〔まるで〕同じ家族の一員のように、あらゆる面での有用な手助けをしていただいておりますが、これからも〔引き続き〕あらゆる面において〔ティトゥル様の〕手助けをしていただきたいこと、真剣にお願いいたしますので、〔何卒〕深く心に留めて下さい。美しい装飾品で飾った仏像を添えて。〔この手紙は〕ダージリンのナン〔マ〕・カンからラメン・ケンポが十一月十七日に呈上した。」

第三章

チベットへの道

第一節　三たびインドへ

出発

ツァワ・ティトゥルのもとに、ダライ・ラマからの召還電報が届いたのは、一九一一年末から一九一二年初にかけてのことであったと思われる。青木の記述によれば、暗号電文の内容は、「蔵軍優勢、清軍敗衰、法王帰蔵に決す、僧正〔筆者注、ツァワ・ティトゥルを指す〕に下命すべき重要事項あり、至急印度まで来れ」（青木文教『西蔵遊記』内外出版、一九二〇年、一三頁）というものであった。これを受け、ツァワ・ティトゥルとチベット人従者二名、そして青木と、チベット人たちの世話係であった多田等観、更に藤谷晃道（一八八六～一九七六）の六名が、急遽インドへ向かうこととなったのである。藤谷は後に、ハワイ別院輪番を務めることにもなる人物である（片山章雄編『予会々英国倫敦に在り』大谷記念館、二〇〇四年、一六四頁）。彼らの行動には、迅速かつ慎重が期された。青木は繰り返し、秘密行動

写真１　船上のツァワ・ティトゥル
（多田明子氏蔵）

であったと書いている。多田等観の記述にも、この渡航を親族や友人に知らせることは堅く禁じられていた、とある（多田等観「秘境チベットの真情」『多田等観全文集』白水社、二〇〇七年、三八頁）。

彼らは一九一二（明治四五・大正元）年一月二三日午後五時、神戸を出航した。カルカッタ直行の英国船である。これには、前回の反省があった。ツァワ・ティトゥルを日本へ伴ってくる際、日本船を利用したが、日本語のできないチベット人たちは、どうあっても目立つ。日本人に変装することもできない。それで今回は、英国船を選んだのである（写真1）。

カルカッタへの航海は一月ほどであった。国立民族学博物館には、この航海中の青木の手記がのこされている＊1。貴重であるのは、出版物として書かれた『西蔵遊記』とは違い、青木の心情が直接うかがえることである。以下日程を追って述べる。「　」内は同手記の引用である。

一月二三日　この日、つまり航海第一日目の部分は、後にしてきた二楽荘についての記述で占められる。彼は二楽荘での共同生活、つまり上は大谷光瑞から、下は併設の武庫中学で学ぶ子供たちに至るまでの共同生活を、「理想ノ家庭」と呼ぶ。そして、かつてロンドンで夢見ていたこの「理想ノ家庭」が、二楽荘で漸く、実現しようとしている、と書く。そして、「自治寮」の子供たちも落ち着き、二楽荘の中には「春ノ如ク温キ上下ノ情」が満ちている、心配は何もいらないのだ、と書く。彼がいかに、二楽荘内のこまごましたことに、心をくだいていたか、それが想像できる記述である。彼は船上で海風を受けながら、夕闇の中に二楽荘の輪郭が溶けこみ、月光が瀬戸内海を淡く照らすのを、ずっと眺めていたらしい。「雲烟模糊ノ間二楽ノ荘影没スル時日ハ既ニ西山ニ沈シテ月光淡ク朔風寒シ夜間過ギ行ク内海ノ秀麗ヲ惜ム」（青木文教「チベット日誌」『国立民族学博物館研究報告』三四巻四号、二〇一〇年、七六七頁）。

船は上海には寄港せず、香港へ直行した。この間、台湾沖で大荒れしたようであるが、青木の筆致に、意気阻喪した様子は、いささかもうかがえない。「玄海ノ怒濤、東海ノ荒波北西ノ冽風常ノ如ク怪シムニ足ラズ。東海ノ怒濤湾峡ノ巨浪テ木ノ葉ノ如クユラレユラレテ西南航ス」。

一月三〇日〜二月二日　香港に到着、滞在した。この間、天候には恵まれなかったが、一行は、ヴィクトリア・ピーク等を見物しつつ、「説教所デ喰ヒ荒シテ」いたというから、すこぶる元気であったのであろう。

以後、二月三日午後一一時、香港発、二月八日午後八時、シンガポール着、二月九日、ジョホールを見物、二月一〇日、シンガポール発、二月一二日午前七時、ペナン着、二月一三日午後五時、ペナン発、二月一八日午後四時、カルカッタに到着、となる。すぐに同地の日本総領事館を訪問した。これについて青木は何も触れていないが、同行の多田等観の記述に、「総領事館を訪問しますと電報が来ておる。それはダライ・ラマと会見をしろということでありますし」（前掲多田等観「秘境チベットの真情」、三八頁）とある。従ってここで、光瑞からの指示を受け取ったものと思われる。

二月一九日　夕方カルカッタを発し*2、二〇日にダージリンに着いた。ところがダライ・ラマはすでにチベットに向かって一〇キロほど進んだカリンポンに移動していた。そこで藤谷晃道が連絡係としてカルカッタへ戻り、青木と多田、チベット人たちは、そのままカリンポンへと向かった。一行は二月二三日午後八時、カリンポンに到着する。

ダライ・ラマのもとで

カリンポン到着後、青木はダライ・ラマに謁見、「一別以来の経過を大略上申」した（『西蔵遊記』、一五頁）。これが何日のことであったのか、『西蔵遊記』には明示されていない。しかし、同行した多田等観の資料に関連の記述がある。多田の遺品としては、逝去までの日記があり、その記述から現在、詳細な年譜が作成され、出版されている(「等観年譜」多田明子、山口瑞鳳編『多田等観』春秋社、二〇〇五年、一九～二二六頁)。この年譜中に、二月二三日のカリンポン到着後、四月一五日に、初めてダライ・ラマに謁見したという記述がある(前掲「等観年譜」、二二頁)。しかし、この四月一五日の謁見が、青木がいう「一別以来の経過を大略上申」した会見だとしたら、着後一ヵ月以上、ダライ・ラマに会わなかったことになる。前後の事情を勘案すると、これには、疑問を持たざるをえない。ツァワ・ティトゥルを召還した一三世も、また青木を派遣した大谷光瑞も、お互いに迅速な報告を望んでいたと考えるのが自然である。従って、ダライ・ラマに面識のある、そして恐らく大谷光瑞からメッセージを預かっていたと思われる青木がまず、ツァワ・ティトゥルとともに面会したのではないだろうか。青木が書く「一別以来の経過を大略上申」した謁見と、多田等観が初めてダライ・ラマ一三世に会った四月一五日の会見では、通訳として挙げられている名も異なる。前者では、ツァワ・ティトゥル、後者では「ラデンラ」となっている＊3。このことも、青木だけがまずダライ・ラマに会ったということを示すものの一つではないかと思われる。

当初は、ダライ・ラマから改めて指示を受け、一行は日本へ引き返す予定であった。しかしダライ・ラマは、それを許さなかった。中国側との今後の交渉のためであったと思われる。ダライ・ラマはまた、自身のチベット帰還を一時的に延期した。青木はこの変更を、情報収集をしつつ、国際情勢をしばらく静観しようという意図から出たものであると推測している(『西蔵遊記』、一七頁)。青木と多田も、カリンポンにしばらく滞在することになったが、この間彼らが、新聞や雑誌などの、日本経由でもたらされる中国に関する情報を、ツァワ・ティトゥル経由でダライ・ラマに日々報告したことは、このダライ・ラマの情報収集の一環をなしたものと思われる。しかしこのように、ダライ・ラマの予定が、青木と多田の到着と、いわば間髪を入れずに変更されたことは、英領インド政庁当局に、この両人が日本政府当局の使者、それも何らかの政治的使命を帯びた使者ではないか、という疑いを持たせることになった。

ダライ・ラマが再び、チベットへの帰還を決定した際、青木と多田には「此機会を利用して入蔵するが可なるべし」という言葉と、入蔵を許可する書類が与えられた＊4。更に、この時、青木には「トゥプテン・タシ」、多田には「トゥプテン・ゲンツェン」というチベット名が与えられた（写真2）＊5。ダライ・ラマは六月二四日にカリンポンを出発するが、この前日、青木と多田はダライ・ラマに謁見している＊6。この時青木が、「或程度まで秘密に入蔵を決行するの止むを得ざるの理由」（『西蔵遊記』、二〇頁）を述べ、ダライ・ラマの助力を請うた。ダライ・ラマはそれに応えて、カリンポンに今後駐在するチベット政府の代表者に、青木等に対する援助を命じた。

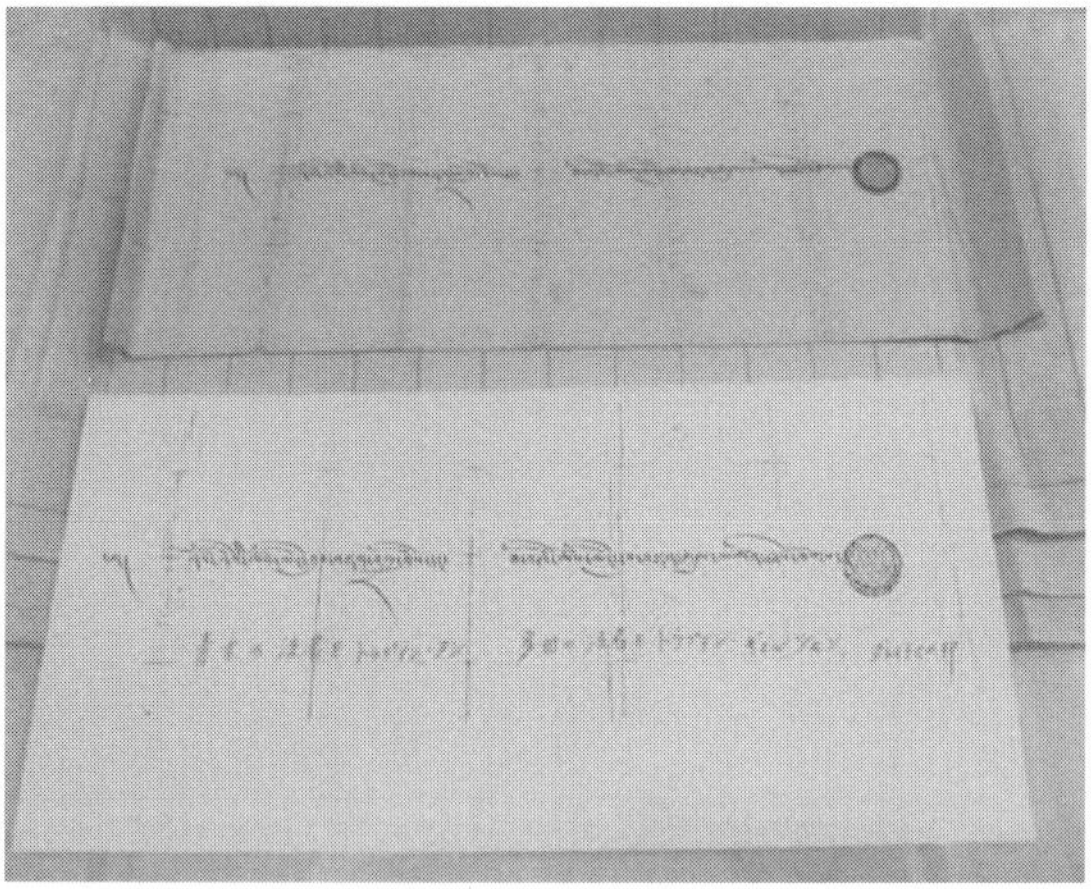
写真2　青木と多田に与えられたチベット名（秋田県立博物館蔵）

ヒマラヤ山麓の生活

当時カリンポンには、入蔵を目指す人々が雲集していた。日本人初のチベット旅行記『西蔵旅行記』（博文館、一九〇四年）で名をはせた河口慧海もその一人である。彼は二回目の入蔵を志して準備中であった。多田等観の年譜には、五月五日に「河口慧海と初対面」とある（前掲「等観年譜」、二一頁）。青木の方は、すでに河口慧海とは、最初のインド滞在の際、面識を得ていたと思われる＊7。また、このような入蔵志望者の一人として、『西蔵遊記』に、「仏蘭西の婦人仏学者」（『西蔵遊記』、二二頁）があげられているが、これはフランスの女性探検家で、一九一〇年からインドに滞在し、一九一二年四月にはダライ・ラマにも謁見しているアレクサンドラ・ダヴィッド＝ニール（一八六八～一九六九年）であると思われる。青木の記述からは、彼女もまた、青木の知己の一人となっていたことがうかがえる＊8。

更に、ダライを見送った三日後、矢島保治郎（一八八二〜一九六三）＊9が青木と多田を訪ねてきた。彼は一九〇九（明治四二）年、「無銭世界周遊」（「無銭世界周遊隊」『大阪朝日新聞』一九〇八年一一月二五日付）を旗印に日本を出発、大陸に渡って中国側からチベットに向かい、一九一一（明治四四）年、入蔵に成功した人物である。ラサには一ヶ月ほど滞在しただけで、そのままインドに抜け、そこから英国の貨物船に人夫として乗船し、一九一二（明治四五・大正元）年一月、三年ぶりに日本へ帰国した。しかし二日後には再び貨物船に乗り込んでカルカッタへ向かい、上陸後、二回目の入蔵を期して、カリンポンへやってきたのであった。

この時矢島は、チベット人に変装して、青木の言葉によれば「白昼」訪ねてきたもののようである。彼は携帯していた荷物の処分を青木らに依頼し、その夜は宿泊した。矢島の表現によれば、「本願寺式の御馳走」が出されたという（矢島保治郎『入蔵日誌』チベット文化研究所、一九八三年、六頁）。青木らは、洋傘と二〇ルピーの銀貨を矢島に贈った。矢島のこの時の所持金は紙幣で一〇〇ルピー、銀で五二ルピーであったから、この贈り物は、矢島にとって、小さからぬ意味を持つものであったと思われる。その日の夕方、濃霧に紛れるように、矢島はラサを目指して発っていった。

青木と多田は、ダライ・ラマが出発してのち一ヶ月余り経った八月二日、英領インド政庁の警戒をいくらかでも避けるために、ダージリンから一〇キロほど鉄道を引き返した、グームという場所に移った。ここには、近くにチベット仏教寺院（写真3）があった。二人は周囲に、入蔵は諦め、この寺院でチベット仏教の研究をする、と説明した。寺院から歩いて三分ほどの場所に「ライズイングサン」と呼ばれるコテージがあり、ここが彼らの滞在場所となった（写真4）。

入蔵の準備を進めていたこの時期の、青木に関する資料は非常に少ない。しかし、同僚の多田等観の遺品中には、この当時に属するものと思われるものが数点含まれており、両人の生活ぶりを推測するための貴重な資料となっている。その一つが、この当時撮影されたと思われる、青木が被写体となっている写真*10である（写真5）。遺品中の他の写真の状態を勘案すると、これは多田の撮影である可能性が大きい。青木のポートレートは、きまじめな表情のものが多いが、この写真では珍しく、青木は笑顔を見せている。多田が撮ったものであるとすれば、二人が笑い合う、朗らかな雰囲気の中で撮影されたものと推定される。

更に多田は、この当時の青木の心情について、「青木文教は当時同僚橘瑞超の西域探検の成功せるにより、如何にしても西蔵に入りたかった」という記述を残している（「入蔵記」前掲多田明子・山口瑞鳳編『多田等観』、二二四頁）。橘

写真3-1 当時のグーム（『西蔵遊記』所載）

写真3-2 現在のグーム

写真4「ライズイングサン」

写真5　青木文教（多田明子氏蔵）

瑞超は、第二次、第三次大谷探検隊に参加し、光瑞に最も目をかけられていた近侍の一人でもあった。前章でも述べた通り、橘が調査を終えて帰国した際には、第二次・第三次いずれも、将来品の展覧やマスコミでの報道、旅行記等の新聞・雑誌記事連載、出版が矢継ぎ早に続き、探検隊がもたらした成果が最も華やかに喧伝された＊11。これは青木が大谷探検隊で活動していた時期と重なっており、従って青木は、橘への注目のされようを、間近でつぶさに目にし耳にしていたはずである。当然、青木には気負いがあったのだろう。

入蔵の準備は、ダライ・ラマの命を奉じたカリンポンのチベット政府当局の協力もあり、「着々」（『西蔵遊記』、二四頁）と進められていたようである。チベット語の修得はもちろんであるが、この時期は、以下に述べるように、チベットに関する情報を広く収集し、それを消化する期間であったのではないかと推測される。

大谷探検隊隊員の情報収集が、漢籍資料から欧米の探検隊や研究者の最新の成果まで、速やかで幅広かったことは、すでに諸研究の指摘するところである＊12。入蔵前における青木と多田の情報・資料収集が、それまでの大谷探検隊と著しく異なる経過であったのでなければ、この時期グームに滞在する両人のもとへ、日本から次々に、資料が送られていたのではないだろうか。

やはり多田等観の遺品中の、この当時のものと思われる写真に、青木や多田の居室を撮影したと推測される一枚がある（写真6）。被写体となっているのは仏像で、それが安置されているのは、積まれた書籍の上である。この書籍の背表紙に「大唐西域記」の文字が見える。これが彼等の生活の場であったとするなら、この写真も、彼等の手元に当時諸資料があったことを示すものの一つであると考えられる。

当時、青木と多田が接触可能であったチベット関連の欧文、漢文文献の範囲、量について、具体的な指標となるべきもののひとつを提出するのは、第一章でも取り上げた、この三年前、一九〇九（明治四二）年の『地学雑誌』二四六号の記事、「ヘディン博士の滞洛記事」である。この記事中に、京都帝国大学でのヘディンの講演に先立って、文科大学地理学研究室に展示された、関係資料リストが付せられている。あげられた文献資料七四点中には、チベット関係の洋書二二種、漢籍九種が含まれている。従って少なくとも、ここに言及されている計三一種の漢・欧資料は、当時の日本において入手もしくは閲覧が可能であったと言える。更に、このヘディン来日当時は、第二次大谷探検隊が大陸で活動中であり、光瑞はこの第二次隊の活動に非常に有益な情報を、この時ヘディンから得た*13。したがって、この時大谷光瑞が、チベットに関してもヘディンから、情報もしくは資料を入手していた可能性は、十分考えられる。

但し、それらの知識を青木が吸収する時間は、十分であったとは言えない。青木と多田がチベット人たちとともにダージリンに着いてから、青木がチベットへ出発するまでは半年にすぎない。それ以前、大谷探検隊参加以降の三年余りは、東南アジアやインド、ヨーロッパで動き回っている。ツァワ・ティトゥルに同行し帰国してからは、前述したように「事務多端の為に西蔵学の講究を一時中止」（『西蔵遊記』一二頁）するほど多忙な日々を送っている。「僧正の勉学に対抗すべく小閑を盗んで勉強を始めた」（前同）といっても、チベットについて勉強するまとまった時間は、一九一二（明治四五）年一月に日本を出るまで、青木にはなかったと思われる。従ってヒマラヤ山麓に到着してからの

写真6　居室内（多田明子氏蔵）

半年間、青木は多田とともに懸命に、諸情報を消化する努力を続けていたものと推測される。

第二節　チベットへ

ヒルと高山病

チベット入りについて最も詳細な記述は、やはり青木自身の旅行記『西蔵遊記』である。本書ではこれに、一九二七年に出版された写真集『亜細亜大観』(亜細亜写真大観社)に添付された青木の「西蔵の思ひ出」(一)〜(六)を合わせて参照する。これは、各回五〇〇〇余字の、比較的短い回想ではあるが、その大部分が入蔵時に関する内容となっている。青木自身が「西蔵のことは皆なつかしい(中略)皆なつかしい記憶の中に今日も尚心に光る思い出の幾つかを取り出して」記述する、と書いている通り(「西蔵の思ひ出」(一)、頁番号なし)、彼の心情がより直接的に見られる記述であり、その点が『西蔵遊記』とは違った価値を持つと思われる。以下、日程ごとに述べる。

一九一二(大正元)年九月八日　案内者兼従僕として雇い入れたチベット人がカリンポンより到着、青木はいよいよ発つこととなった。チベット服を着、荷物を背負った青木を見て、多田が、「大丈夫!誰が見ても西蔵の巡礼僧そつくりだから発覚される気遣はない」と励ました(『西蔵遊記』、二五頁)。

九月九日　午前二時ごろ、夜の暗闇と濃霧にまぎれて青木一行はコテージを出た。インドからチベットに入る道のうち、メインルートはダージリンからチェンビ渓谷経由の道である。それゆえ通行の便も他のルートより格段に便利であった。しかしそれだけに警戒も厳しく、要所要所に関所が設けられている。このため、青木はこの道を避け、入蔵を阻まれる危険がより少ない、ネパール経由のルートを選んだ。

未明、ネパール国境のシマナという関所に到着、荷物検査を受けたが、見とがめられずにすんだ。通過したのは午前六時前後であったようだ。ここからの路程では、ヒルに悩まされた。道ばたで立ち止まると、たちまち、「無数の山蛭が両脚から匍ひ上つて、脚は瞬く間に血だらけ」となった。青木はかねてこのことを聞いていて、用心のために脚を隙間なく布で巻いていたが、ヒルはわずかな隙間からももぐりこむものであるらしい。「時には頸にまで匍ひ上つて来て防がふに方法もない」状態であった（以上「西蔵の思い出」（二）、頁番号なし）。しかしヒルが多いという状況は、そのために、人通りが少なくなり、したがって人目を避けるには格好の条件でもあったと、青木は述べている（『西蔵遊記』、二九頁）。

コテージから青木に付き添っている従僕は、「此地方の地理に精通」（『西蔵遊記』、三〇頁）しており、現地の言語習慣も熟知していた。この従僕のアドバイスによって青木は、当面の目的地をネパール北境のウルンゾンとした。ここにはチベット仏教寺院もあり、巡礼僧が立ち寄ると言えば、誰にも不審を抱かれないですむと思われたからである。従僕はまた、多少の品物を携帯しており、それはこれからの道々で行商するためであった。この行商も、現地の人々の疑いを避けるためであった（『西蔵遊記』、三〇頁）。

青木は、当分モンゴル人と名乗ることにした。チベット人と出会った場合、青木のチベット語が「下手過ぎて」（『西蔵遊記』、三一頁）、疑われる危険があったからである。この季節、このルート上におけるモンゴル人の来往は少なく、「言葉を試験せられる気遣いは万々なからう」（『西蔵遊記』、三一頁）と判断したのである。またネパール現地の人々にとっては、チベット人もモンゴル人も、外見で厳格に区別されるものではなく、チベット服を着た青木がモンゴル人を名乗っても、さほど不自然ではないということもあった。

出発した九日深夜から朝にかけての、この最初の一六キロほどの山道は、彼にとって初めて体験する厳しい行程であったようである。疲労のあまり、朝食後の小憩のわずかな時間に、彼は深く眠りこんでしまった。午後二時ごろある村に到着、最初の宿泊となった。案内されたのは「物置小屋のような」（『西蔵遊記』、三四頁）場所で、前日までグームのコテージで恵まれた生活をしていた青木には、やはり違和感のあるものであったのだろう。しきりに起こる

「不平不快の念」を、「是式のことに不自由の感を訴ふるは実に愧づべきこと」(前同)と、自身を励ましながらの第一泊となった。

九月一〇日　イラムという村落で宿泊、ここで青木が食事に箸を使用したことから、「支那人」(『西蔵遊記』、三七頁)ではないかという疑いを持たれることとなる。当時「支那人」つまり漢民族は、入蔵を厳しく禁じられていた。青木のカリンポン滞在中に、「支那人や蒙古人」で身柄を拘束されたものは、「十数名」にのぼったという(『西蔵遊記』、二二頁)。チベットが清軍と交戦中であった当時としては、当然の状況であったと言えるだろう。従って「支那人」と疑われかけたことは、入蔵が挫折しかねない大きな危機であり、青木は、この言葉が相手の口から発せられた次の瞬間、「電気に感じた様に聴神経が振動した」(『西蔵遊記』、三七頁)という。彼はすぐさま、疑惑を招くもととなった箸を処分した。

九月一一日　イラムを見物して出発、センゲエゾンという村の近くの農家に宿泊する。この家では家の主人に祈祷を請われ、青木が応じたところ、主人は非常に感謝して、翌日の出発時には案内者をつけてくれた。

九月一二日　ラリカルカという農村で宿泊。

九月一三日　地名は不明であるが、「山腹の農家」に一泊。

九月一四日　同様に「農家」に宿泊。『西蔵遊記』のこの日の記述部分では、現地の人々に青木が仁丹などを与えた話が紹介されている。現地では、訪れたチベット仏教の僧侶が、施薬をすることが多く、それゆえ尊ばれていた。青木も「布施の余沢」にあずかった(『西蔵遊記』、四八頁)。

九月一五日　タプランゾンを通過。

九月一八日　当初の目的地であったウルンゾンに到着した。ここはチベットとの国境をひかえた場所で、「税関」(『西蔵遊記』、五七頁)があり、チベットへの通行は厳しく監視されていた。その厳戒ぶりについて青木は、「旅券を有たないものは絶対に西蔵に入ることを許されない」(『西蔵遊記』、五七頁)と書いている。

青木はチベット政府から同地に派遣されている「商務官」（『西蔵遊記』、五五頁）の居宅を訪ね、ここに滞在した。主人である「商務官」は、青木が着いた一八日は不在であったが、翌一九日帰宅したので、青木は彼にダライ・ラマに与えられた入蔵許可証と旅券を提示して事情を説明した。「商務官」は書類を熟読し、青木に付き添ってきた従僕の話にも耳を傾けたが、なお「半信半疑」（『西蔵遊記』、六〇頁）で、国境通過は認めたが、旅券所載の援助、すなわち宿泊設備、食糧その他、乗馬、荷役などの提供は拒否した。

このウルンゾンからチベット領域内の最初の集落までは、途中ティプ・ラという六〇〇〇メートルほどの峠を越え、無人の高原を三日間行く旅程となる。そのため、人々は少人数での旅を避け、キャラバンを組むのが通例であった。青木もまた、ヤク一〇数頭から構成される隊商に加わり、出発することとなる。

九月二一日　ウルンゾンを出発した。峠越えは厳しく、青木は高山病の症状に苦しめられた。「眩暈と頭痛を催し、苦痛堪へ難く、動もすれば反吐しさうになる」（『西蔵遊記』、六二頁）。最初は従僕の勧めるムンチャという酒の一種を口にしつつ、歩き続けていたが食欲もなく、かなり消耗したようだ。

九月二二日　不眠もあってキャラバンの進行についていけなくなり、青木はヤクに乗ることとなった。ヤクの背中の両側には、荷物が振り分けてつけられているが、その中央に毛布を敷いて、青木が座らされた。そうすると、「十分間も経たないのに早や元気回復」（『西蔵遊記』、六八頁）したという。

最初の「チベット」

九月二三日　チベット領内最初の部落に到着した。タシラカという、一〇戸ほどの村であった。広い高原のかなたに、この集落を遠望した時のことを、彼はこう書いている。「西蔵だ。西蔵人の最初の村だ」（「西蔵の思ひ出」（三）、頁番号なし）。一九〇九年、最初にダージリンに入ってから、三年が経過していた。待望のチベットであった。

ここにも「国境官吏」（『西蔵遊記』、七四頁）がおり、青木はこの官吏の尋問を受けた。監視は厳重であったが、粗末には扱われなかったようである。青木はこの日、この官吏の家に宿泊した。

九月二四日　タシラカを出発した。この時、ダライ・ラマ下付の入蔵許可証と旅券が、初めて効力を発揮し、馬とヤクの供給を受けた。

九月二五日　露営。

九月二六日　サル駅に到着。タシラカの「国境官吏」は、先行して青木の到着を報告していた。ここで改めて青木は、旅券の交付を受ける。これは「ラムイク」と呼ばれ、所持者に供給されるべき内容が具体的に記載されたものであった。『西蔵遊記』によれば、主従におのおの乗馬と荷役用の馬が一頭ずつ、これらは、路程ごとに設けられている駅において交換できる。また、無料で宿泊することができた。青木は、上級官吏が旅行するとき利用するチベット政府のシステムを、日本人として初めて身をもって体験することとなった。したがって青木のこれ以降の旅は、格段に余裕のあるものとなり、彼は「西蔵の国賓にでもなつたやうな心嬉しさ」（「西蔵の思ひ出」（四）、頁番号なし）であったと述べている。

旅券の再交付と馬等の供給がスムースであったため、青木等は午後二時頃サルを出発し、その日は沿道のある駅に宿泊した。

九月二七日　途中でこの地方の「地方長官」（『西蔵遊記』、八三頁）に出会い、ティンギゾンに同行する。ティンギゾンは、地方行政の中心地で、青木のいう「地方長官」が常駐する町である。青木はこの日、長官指定の宿舎に泊まった。

九月二八日　長官が居住する「城砦」（『西蔵遊記』、八四頁）を訪ね、更に新しい旅券を交付された。この「城砦」で青木は、一時間ほど茶菓の饗応を受ける。この時の様子を、以下のように彼は書いている。以下現代文にして引用する。

「城砦」は広壮な五階建の石造りであった。室内にはヒマラヤから運ばれた高価な木材が、柱や梁にふんだんに使われ、それらには「風雅な」彩色が施されてあった。主人の座席には厚い座布団と「綺麗な毛氈」が敷かれ、机の上には銀製の茶托に載せられた茶碗が置かれている。主人は濃い赤茶色の羅紗を、日本の筒袖を寛やかに仕立てたように着て、その上に赤い絹の帯を締めている。髪は弁髪で、片方の耳には耳飾りを下げていた。時々様子を見に来る夫人は、同様の着物に前掛けをかけ、サンゴやトルコ石、真珠などをちりばめた飾りを、首の回りに付けていた（『西蔵遊記』、八四～八六頁）

チベット内地の上流社会の生活を彼が目にした、その最初であった。彼が長々と、この場面をスケッチしていることは、彼が受けた印象が鮮烈であったことの一端を、示すものであるだろう。

旅券を交付されるとすぐ、青木は出発し、この日はタシディンという村の「公立の宿泊所」（『西蔵遊記』、八八頁）に泊まった。

九月二九日　ドプタゾンという場所に着いた。ここはチベット国内にあるいわば飛び地のようなシッキム領で、ここではチベット政府発行の旅券は効力を持たない。青木は荷持ちを二人雇って、徒歩で旅を続けた。午後三時頃、リンギという村に到着、ここに宿泊した。

九月三〇日　途中で数人のキャラバンに出会い、その中の馬を賃借する。この先の行程が厳しく、高山病に対する不安があったためと思われる。青木は「二日間の無人境突破に要する賃金僅に一円五十銭」（『西蔵遊記』、九一頁）と書いており、乗馬を確保して、大いに安堵したものと思われる。キャラバンとともに進み、その日は野営したが、あまりの寒さに一同眠れず、結局、夜を徹して歩き続けることとなった。

一〇月一日　キャラバンはヘイゾンという町を目指すが、ここはパンチェン・ラマの管轄下にあり、ダライ・ラマの旅券は通用しない可能性があったため、青木一行はキャラバンと袂を分かつこととなった。再び徒歩となり、この日はギャリン峠を越えたところにある農家に午後九時頃到着、宿泊した。

一〇月二日　チベット第二の都市、シガツェに入った。ここには、ツァワ・ティトゥルの両親の家があり、テレラプテンと呼ばれていた。シガツェ城下の広場に面した宿泊所に午後四時頃到着、そこから従僕をテレラプテンへ挨拶にいかせたところ、すぐさま使用人に青木のための馬をひかせた鄭重な迎えが来た。そこで青木は、そのままテレラプテンへ向かった。青木はそこに、一〇月九日まで一週間滞在し、一家を挙げての温かい歓迎を受けることとなる。

テレラプテンの「家族」

一〇月三日　「シガツェ州の知事」（『西蔵遊記』、九九頁）がテレラプテンを訪問した。青木に会見するためである。この知事の話から、青木はチベット側の心遣いを知ることとなった。すなわち、青木の入蔵にあたっては、チベット政府が「然るべき援助を与へよといふ命令」をシガツェ知事に出し、青木の「人相書」を送ってきていた。知事は青木の入蔵ルートを予測し、通過する地方の担当者にその旨連絡、手配をした。しかし、青木が、彼等の予想とは全く異なる経路で入蔵したため、「万事行き違ひ」となった（『西蔵遊記』、九九〜一〇〇頁）。

当時テレラプテンには、ツァワ・ティトゥルの両親と兄夫妻、弟が住んでいた。季節は、「リンカ」と呼ばれる秋の園遊の行われる時期であった。リンカは郊外の景色の美しい場所にテントを張り、飲食その他を楽しむチベット人の習慣の一つである。青木の滞在中、ツァワ・ティトゥルの父と兄はシガツェの政庁に出勤していたが、残りの家族、すなわち母と兄嫁、弟が青木を毎日のようにリンカに連れ出した。青木はこの弟にぴったりついてもらって、チベット語の練習をした。「僅か四五日間に、リンカで学び得た語学の進歩には我ながら驚いた」（『西蔵遊記』、一〇二頁）。夕食時には、ツァワ・ティトゥルの父や兄も揃って食卓につき、夜遅くまで青木の話し相手をしたという。家族総出で青木の面倒を見ていたといっても、言い過ぎではないだろう。

青木が中国人（漢民族）と間違えられて殺されるようなことがあってはならないと、テレラプテンの人々は、彼を外に出さないようにしていた。しかしシガツェは、チベット第二の都市であり、またダライ・ラマに次ぐ宗教的権威を持つパンチェン・ラマの本拠、タシルンポ寺院もある。青木はどうしても、これらを見物したいと、懇願したらしい。そこでテレラプテンでは、使用人を二、三人青木に付け、「素通りの見物」（『西蔵遊記』、一〇三頁）ならと、漸く送り出してくれた。

青木はのちに、テレラプテンの人々に受けた数々の温かい心遣いを、自分がその一家の「子供の一人であるかのやう」であったと表現し、この家をいよいよ出立する際、「涙の外には感謝の言葉も」なかったと述べている（以上、「西蔵の思ひ出」（五）、一九二七年、頁番号なし）。このような感情の発露は、彼にはそう頻繁にあるものではなく、例えば後年青木に接した人々の回想には、青木について、謹厳な人柄で感情を容易に露わにすることもなかった、という記述が共通して見られる＊14。従ってこの、感謝のあまり涙が出た、という彼の言葉は、テレラプテンの人々の心づくしがいかに行き届いたものであったかを、十分にうかがわせるものであるといえよう。ヒマラヤを越える三週間の困難な旅の疲労が癒されただけではなく、いよいよチベットに入って活動を始めようという彼にとって、この上ない励ましとなっただろうことは容易に推測できる。

一〇月八日、ラサのツァワ・ティトゥルからの手紙が、テレラプテンに到着した。この手紙によって、ラサの手前、サムディンと呼ばれる寺院に滞在中のダライ・ラマが、近々チュンコルヤンツェ寺院に移動する予定であることがわかった。そこで青木は翌九日、チュンコルヤンツェに向かって出発する。テレラプテンでは、彼の出発にあたって、自家の使用人を青木の従僕として一人付け、更に旅中の食糧と旅装一式を青木に贈った。「西蔵羅紗の優等品で仕立てた西蔵服に、帽子も靴も皆新調品揃ひで立派な中流の西蔵紳士が出来上つた」（『西蔵遊記』、一〇八頁）。

チュンコルヤンツェまでの行程については、「ゾンケル」という旅券が新たに発行された。「ラムイク」より上等なもので、途中の小さい駅で換え馬をする必要がなく、大きな町から町へ、二〇キロほどの距離を直行できるものであつた。提供された馬も、「良馬」で、「乗り心地も頗るよい」（『西蔵遊記』、一一一頁）と彼は書いている。青木の旅は更に恵まれたものとなった。
以後の行程は、チベットの首都ラサと、第二の都市シガツェを結ぶチベットのメイン・ルートともいえる交通路を行くものであり、これには当時二種があった。一つはロン山峡経由のもので、所要日数は七〜八日、このうち峠越えは一箇所、もう一つは、チベット第三の都市ギャンツェを経由するもので、所要日数は九〜一〇日、このうち峠越えは二箇所であった。青木一行は前者をとった。目指すチュンコルヤンツェはこの路程で五日のところにある。

一〇月九日、シガツェを発し、一〇月一〇日、シガツェから三〇キロ余りの地点で宿泊した。一〇月一一日、要衝リンプンゾンで宿泊し、一〇月一二日、ランバ手前の農家で宿泊、一〇月一四《ママ》日、ランバを経由しヤムドク湖畔のペーテに到着した。一〇月一五日、ニャブソラ峠を越え、ヤルツァンポ川を二時間ほど皮船で下り、ダライ・ラマの行宮がおかれているチュンコルヤンツェに着いた。

すぐさまツァワ・ティトゥルを訪ね、夕食を彼とともにし、夜遅くまで話をしていたようだ（『西蔵遊記』、一二三頁）。彼が与えられた宿舎は、ダライ・ラマの居室の灯りが間近く見える場所であった。その灯火は、とうとうここまでたどり着いたという感慨を、ひとしお強くするものであったのだろう。青木は床に就いた後も、万感胸に迫って、寝付けずにいたらしい。「三年来の空想は将に現実にならんとし、入蔵の努力は今日始めて報いられ、法王の玉殿下に旅装を解く、予は限りなき歓喜に今更仏恩の高大なるに感謝せざるを得なかった」。

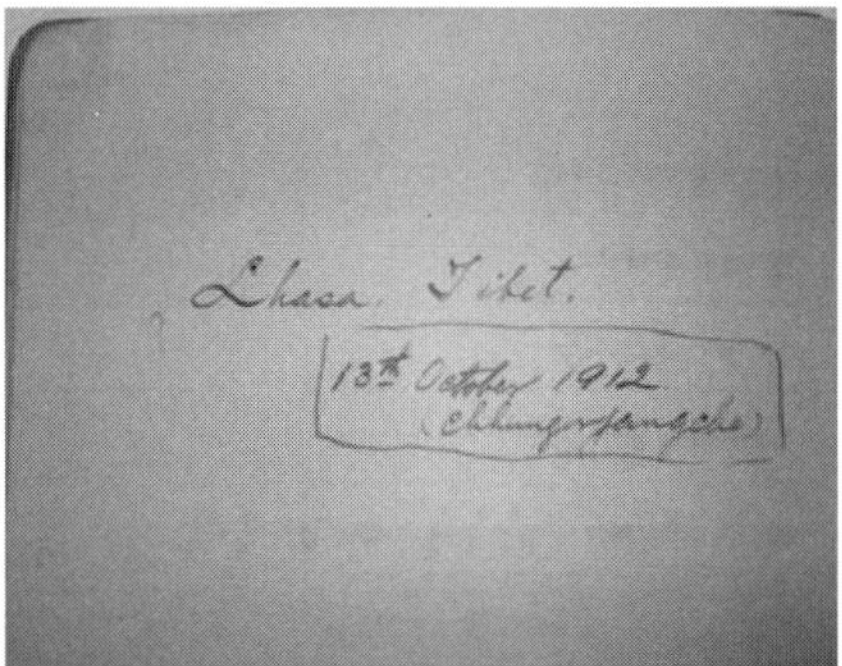

写真7　チュンコルヤンツェの書き込み
（国立民族学博物館蔵）

日本出立からインド到着までの「明治四十五年度旅行日誌」と、チュンコルヤンツェ滞在中に書かれたと思われる「駐蔵所感」の間には、わざわざ一頁をさいて、「Lhasa.Tibet 13th October 1912(Chhunggoryangche)」の書き込みがある（写真7）。日付がなぜ一〇月一三日か、謎が残るが、筆者の注目はそこにない。この三つの地名の列記にある。すなわち、彼にとって、チュンコルヤンツェ到着がチベットの旅の終着であり、心情としてはそれが、ラサに着いたも同然、ということだったのだと思われる。彼にとってチベットは、ラサであったのである。

第三節　チュンコルヤンツェ滞在

チュンコルヤンツェ到着の翌日一〇月一六日朝、ツァワ・ティトゥルが青木を訪れ、ダライ・ラマがこの日青木と会見すること、その前に「侍従長」（『西蔵遊記』、一二四頁）が青木を訪問することを伝えた。朝食後、「侍従長」が来訪し、午前一一時頃にダライが青木を引見することを伝え、米や羊、バター、羅紗や絹地、便せんや封筒などを青木に贈った。この「侍従長」は、青木とはすでに、一九一〇（明治四三）年のダージリン以来面識のあった人物で（『西蔵遊記』、一二四頁）、前章ですでに述べた「ラメン・ケンポ」であると思われる。

ダライ・ラマとの謁見は、予定通り行われた。青木はチベット式の拝礼を行い、ダライ・ラマは右手を彼の頭におく按手礼を青木に与えた。ダライ・ラマの按手礼は、多田等観によれば、一般の僧侶であれば指先を触れるのみ、掌全体を接するのは高位高官に限られるという（多田等観『チベット滞在記』白水社、一九八四年、九〇頁）。青木は、ダライ・ラマの言葉を聞き取ることはできたが、ダライ・ラマに対する敬語の用法にまだ習熟していなかったため、応答はツァワ・ティトゥルの通訳によった（『西蔵遊記』、一二五頁）。ダライ・ラマからは今後、西本願寺だけではなく、その他日本仏教各派、また政府当局とも友好関係を拡大していくことを望む旨の発言があった（『西蔵遊記』、一二六頁）。

謁見は二〇分ほどで終わり、青木が居室に戻ると「間もなく」（前同）、ツァワ・ティトゥルと共に一人の青年高官が訪ねてきた。青木の記述には、この人物の名前が明記されていないが、これは、ダライ・ラマ一三世に抜擢され、軍司令長官、大臣を務めたツァロン・ダサン・ダドゥル（一八八五〜一九五九）＊15と思われる。

青木がツァロンに初めて会ったのは、一九一一（明治四四）年、インドでの遺跡調査を終え、ネパールに滞在していた時で、釈迦入滅の地クシナガラであった。当時ツァロンは、インド巡礼中のダライ・ラマに随行していた。チュンコルヤンツェでこの日再会したツァロンは、全くその風采を変えていて、青木は最初、彼であることに気づかなかった。ツァロンは、青木にチベット服一式と、チベット人の従僕を一人贈った。従僕の名はツェリン・ゴンボ、二六歳であった（以上『西蔵遊記』、一二六〜一二八頁）。

チベット「近代化」の試み

ラサでは当時、支蔵両軍が交戦状態にあった。そのため青木はダライ・ラマとともに、チュンコルヤンツェに当分滞留することになった。青木は可能な限り早くラサに入ることを望んでおり、また、ラサでの戦闘状況を実際に観察したいとも考えてもいたようであるが、許可は出なかった。青木は結局、ダライ・ラマがラサに出発する翌大正二（一九一三）年一月まで、約三ヶ月をこのダライの行宮で過ごす。この間ダライ・ラマは青木に対して、幾つかの依頼をした。

その第一は、石炭についての調査である。ダライ・ラマはツァロンを通じて青木に、チュンコルヤンツェ付近の石炭鉱脈の調査を命じた。しかしこれは、青木の手にはおえなかった。ダライ・ラマは、青木とは別にネパール人にも同様の調査を命じたが、しかし発見されたのは劣等の褐炭その他であった。ダライ・ラマは青木に、石炭見本の取り寄せを指示、青木が手配して、約四ヶ月後に現物が到着した。これをもとに改めて、前出のネパール人に再調査させ、ついに発見に至るが、あまりに遠隔の地であるため開発は断念せざるをえなかった。ダライ・ラマは非常に失望した、と青木は述べている（『西蔵遊記』、一三二頁）。

次に、日本陸軍使用の各種操典類取り寄せと、チベット新制軍編成のための教官招聘を命じられ、青木は「其筋」（『西藏遊記』、一三二頁）に報告した。日本からの教官招聘は、結局実現しなかったが、操典類は、五ヶ月後に到着した。近代的な軍隊の整備はチベットの急務であって、チュンコルヤンツェでは実験的に軍事訓練が行われていた。青木はここで実弾射撃を参観、使用されている銃などについて観察を残している。

当時ここには法王の護衛兵として一個中隊のチベット兵が幕営しており、「新式の教練」を受けていた。ダライ・ラマはほぼ毎日、この訓練の場に足を運び、「兵を閲せられ」た（『西藏遊記』、一三三頁）。青木参観の日は、青木と「司令官」がデザインした軍旗が、初めて使用された日でもあった（『西藏遊記』、一三五頁）。この「司令官」は、前出のツァロンを指すと思われる。また、この軍旗については、一つの資料が民博青木アーカイブに残されている。「軍旗（又は国旗）」と題する図である（写真8）。これは「西藏全誌」のタイトル下にある草稿群の一つ「西藏全誌　附図」（アーカイブ番号三六六）に含まれる一枚である＊16。

またダライ・ラマは、一般国民教育に関する新制度を定めるにあたり、モデルとするため、日本の初等・中等教育の教科書及び関連書籍を取り寄せるよう青木に命じた。これについても青木は、「其筋」に交渉したが、成功しなかった。そこで彼は、当時カルカッタ滞在中の藤谷晃道に依頼し、五ヶ月後すべて到着した。これらを使用して、青木はラサ滞在中、「初等学制創設の任に当った」という（『西藏遊記』、一三八頁）。

他にも、青木はチュンコルヤンツェでの見聞として、郵便制度の設置計画と外国への留学生派遣をあげている。郵便事業計画の実際は、ラサとチュンコルヤンツェ間を、「三十余時間で一往復するもの」（『西藏遊

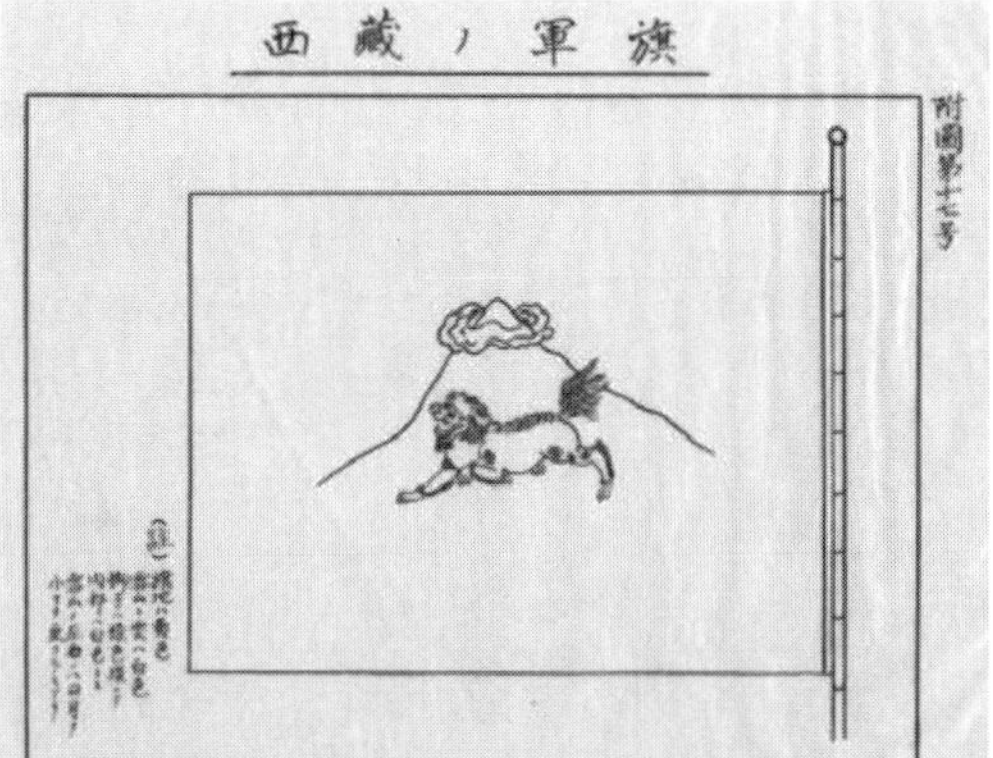

写真8　チベット軍旗図（国立民族学博物館蔵）

記』、一三六頁）で、運用開始は一九一二（大正元）年の一一月中旬となった。計画推進の主任には数年間インドに留学していた青年数名があたった、と青木は述べている（写真９）。

チュンコルヤンツェにおけるこれらの政策実施について、青木は「斯の如く法王は首都に於ける戦闘未だ終局を告げざる時に於ても、文武両局面に対し並々ならぬ苦心を払われた」（『西蔵遊記』、一三八頁）と述べている。しかしダライ・ラマのこのような近代化政策に対し、反発する勢力もまた多かったことも事実であった*17。

ラサへ

大正元年（一九一二）年一二月上旬、中華民国政府から一通の長文暗号電報が届く。袁世凱からダライ・ラマに宛てたもので、中華民国の成立を告げる内容であった。ダライ・ラマ政庁は中国人兵力全部の撤退を求め、内政不干渉と支蔵の友好を望む旨を返電した。一二月末には兵士から民間人まで漢民族は、「西蔵帰化人を除くの外は悉く」ラサを引き揚げることとなった。ダライ・ラマは「司令長官」を派遣し、この撤退の進捗状況を確認させた（『西蔵遊記』一三九頁）。

ラサ市内の秩序回復完了という「司令長官」の復命をまって、ダライ・ラマは、一九一三（大正二）年一月一二日に、ラサ帰還のためチュンコルヤンツェを発すると発表した。関係各国へも「右の趣を通牒」し、日本へはダライ・ラマ個人の資格で「本願寺法主宛に発信」した（以上『西蔵遊記』、一四〇頁）。

いよいよ出発当日、青木は朝明け切らぬうちに、先発した。ダライ・ラマの本隊は、青木の記述によれば、総勢一

写真９　チベットの切手（国立民族学博物館蔵）

万人近く、乗馬だけでも三〇〇〇頭に及ぶもので、行列は五キロほども続いたという（前同）。通常は人跡稀な荒野である場所も、この日ばかりは、「行人征馬路上を塞いで凄壮の気を認めない」（『西蔵遊記』、一四一頁）という盛観であった。青木は先発部隊とともに、途中のナムという駅に一泊した。翌日はやはり朝早く出発し、ネタンという村落で朝食後、彼は人々と別れてひとり、附近の仏堂を訪ねた。ここには、一一世紀、インドから招請されチベット仏教の復興に尽力した名僧アティーシャゆかりの建築物がいくつかあるからである。その後再び、青木はラサへの道をたどる。平野の向こうに、ピラミッドのように屹立する二つの丘、すなわち、右はチャクポリ、左はダライ・ラマの居城ポタラ宮が見えてきた時、青木は、「無量の感慨に打たれ暫し呆然として」（「西蔵の思ひ出」（六）、頁番号なし）立ち止まってしまった。ついにここまで来たという喜びの一方で、「今日の喜悦と満足とを語るに同胞の友なき一抹の寂しさ」があったと、彼は書いている（同前）。

この日は、ダライ・ラマの滞在予定先であるツァクリンカの離宮に入った＊18。ダライ・ラマはここに一〇日間留まり、この間青木を「屡々」引見した（『西蔵遊記』、一四九頁）。

一月二二日、いよいよラサへ入る日である。『西蔵遊記』の記述には詳しい時刻の明記がないが、例えば出発については、「玉輿の金蓋は旭日に輝き、錦獅の旌旗は朝風に翻り」（『西蔵遊記』、一五〇頁）とあるので、朝のうちであったと思われる。また、ダライ・ラマのポタラ宮殿到着は、「冬季流行する午後の一時的強風が俄然殺到」する中であったと青木は記している（『西蔵遊記』、一五一頁）。この時期、午後の強風は、おおよそ午後二時から四時までのあいだに吹きだすことが、青木の気象観測記録からわかる＊19。従ってダライ・ラマがポタラに入った時刻も、その前後であったと思われる。

続いて官吏らが参列する拝謁式があり、その後青木は滞在先に指定された家へ向かった。それはヤプシプンカンという、ダライ・ラマ一一世を出した家であった。青木は、「斯様な著名の屋敷が予の住居に定められてあろうとは夢にも想像しなかった」（『西蔵遊記』一五三頁）という。ここでも、非常に鄭重に迎えられた。青木は、三階の主人の部屋に案内され、主である「テイチ侯」、すなわち、タイジ・プンカン＊20に迎えられる。初対面の挨拶ののち、青木のこれからの居室となる「西殿」に案内された。一九一三（大正二）年一月二二日午後四時であった（『西蔵遊記』、一五四頁）。ここで青木は約三年を過ごすことになる。

＊1　民博アーカイブ中の「明治四十五年度旅行日誌」（アーカイブ番号三）である。これはすでに翻刻が出版されている（青木文教「チベット日誌」『国立民族学博物館研究報告』三四巻四号、二〇一〇年、七六七〜七六八頁）。同時期の資料としては、龍谷大学所蔵の青木の手帳及びメモ帳がある（白須浄真・服部等作・三谷真澄監修『大谷探検隊一〇〇周年記念シンポジウム「チベットの芸術と文化」学術資料展　青木文教資料　野村礼譲・能海寛資料　観水庵コレクション』龍谷大学学術情報センター、二〇〇二年、七頁）。

＊2　神戸からカリンポンまでの行程について、この「明治四十五年度旅行日誌」（以下「日誌」）と『西蔵遊記』（内外出版、一九二〇年）の間には、二点食い違いがある。①門司発が「日誌」では一月二五日、『西蔵遊記』では二四日となっていること、②カルカッタ発が「日誌」では二月一九日、『西蔵遊記』では一八日となっていること、である。同行した多田等観の年譜によると、カルカッタ「上陸」が一九日となっている（「等観年譜」多田明子・山口瑞鳳編『多田等観』春秋社、二〇〇五年、二二頁）。到着が一八日、船中泊して、すべての手続きが済んで港を離れたのが一九日だったとも推測される。『西蔵遊記』には、カルカッタ着の日時は明記されていないが、「この地には滞在せず、即日夕刻発の急行列車に投じて」とある。しかしこれも、上陸した一九日はカルカッタに宿泊しなかった、という事情を意味するものであるとも考えられる。これについての詳細は高本康子「附論・資料の特徴」（前掲青木文教「チベット日誌」、七九四〜八〇二頁）。

＊3　これは、第二章ですでに述べたダージリンの警察官「レーデンラ氏」と思われる。

＊4　この書類には二種あり、青木の記述によると、「入蔵認定書」と「旅券」である（『西蔵遊記』、二〇頁）。これに相当すると思われる資料が、民博アーカイブに残されている（アーカイブ番号一六、一七）。以下それぞれの全文を紹介する（原文はチベット文、翻訳は津曲真一氏による。〔　〕内は同氏による補足である）。

①アーカイブ番号一六

「日本国の民族である〔チベット名で〕トゥプテン・タシ〔という〕この者は、仏教を信仰し、〔現在その〕学習に励んでいるところなので、〔彼が〕どの国に行っても〔彼に対して〕有益な手助けをしてほしいので、外務局はこの旅券証書を発行した。〔ここに記した〕内容に従い、〔何人も彼の行く道を〕遮ることなく〔彼の〕手助けをしていただきたい〔という旨を記した〕旅券証書を〔ここに〕チベット行政府から〔発行する〕。〔チベット暦で〕壬子年六月十三日に。」

②アーカイブ番号一七

「世間〔における〕仏教全体の主〔にして〕チベットの王〔である〕救世主ダライ・ラマ猊下、〔この〕仏王〔にして〕遍智であり尊敬を集める〔御方の、〕最高の黄金の御言葉・御意見と一致知る政治・宗教の偉業の輪を転じる者の内〔にあるところ〕の大臣によって下された命において、太陽が昇る方角〔にあり〕仏教が大洋のように輝く王国〔である〕日本〔の〕真宗という法の主として名高い本派本願寺の和尚という人物によって、インド・チベットの教法の研究に励むために派遣されることが明かになった青木文教は、現在に至るまでインドにおいて教法を学ぶとともに、〔ダライ・ラマ〕猊下の臣民となり、近頃は法問に熟する〔ようになった〕者〔である。チベット名で〕トゥプテン・タシ〔という〕この者は、法の要義のみを学ぶことに努め、〔伝統的な〕流儀に背くことがない。〔それ故、この者であれば〕チベットに行っても良いという観点から、今のところ妨害や危害〔を加えること〕もなく平穏にさせている。これ〔＝この手紙〕を受け取った人も、政教法の枠を超え出ることがない規律正しい振舞いを知るべきである。外務局総督より。ラプチュン暦十五年壬子年五月八日に」

＊5　これがいつ頃のことであるのか、はっきりしない。『西蔵遊記』には日付が明示されて居らず、本文中で述べたように、ダライラマが「断然帰蔵することに決定せられた」際の出来事として、入蔵の勧告と入蔵許可証、チベット名の授与が「一侍従を通じて予等に伝達せられた」（『西蔵遊記』、一九〜二〇頁）とある。また、青木の別の記述には、「随従の者共を従へて出発せらるゝに際し私を呼んで」（「西蔵の思ひ出」（一）『亜細亜大観』亜細亜写真大観社、一九二七年、頁番号なし）とある。一方、多田の年譜には、四月一五日に多田が初めてダライ・ラマに会見した際、青木と共にチベット名を与えられたとある（前掲「等観年譜」、二二頁）。多田等観の遺品中には、彼ら二人の名を記した書類が残されている（秋田県立博物館所蔵、本文既掲写真2）。この資料はすでに、山口瑞鳳が『チベット』（上巻、東京大学出版会、一九八七年）の中でその写真とともに紹介している（二四六

〜二四七頁)。

＊6 多田の年譜には、六月二三日、二四日両日に謁見したとある(前掲「等観年譜」、二一頁)。

＊7 一九一〇(明治四三)年一月に、カルカッタで撮影されたと思われる写真に、大谷光瑞夫妻、青木などの大谷探検隊隊員とともに、河口慧海の姿が見えることから、少なくともこの時点で、青木と河口が顔を合わせていたことは確実であると考えられる。この写真は大谷記念館研究員加藤斗規氏が所蔵するもので、同氏の提供により、前掲白須浄真編『国際政治社会と大谷探検隊』の表紙に使用されている。

＊8 ダヴィッド＝ニールについては複数の伝記が書かれているが、日本語文でまとまったものとしては、ダヴィッド＝ニール『パリジェンヌのラサ旅行』(第一巻、第二巻、平凡社、一九九九年)に付された、訳者中谷真理による解説(第二巻、二二七〜二四六頁)がある。

青木はチベットを出て帰国する際、一九一六(大正五)年にシッキムの首都ガントクに立ち寄った。この時の記述には、ダヴィッド＝ニールがガントクにいなかったため「会スル機会ナキヲ恨ム」とある(前掲青木文教「チベット日誌」、七九〇頁)。このことから、青木はダヴィッド＝ニールとは旧知の仲であったことがわかる。

＊9 矢島の履歴については研究の成果がまだ蓄積されておらず、矢島の生誕一〇〇年を記念して編まれた矢島保治郎『入蔵日誌』(金井晃編、チベット文化研究所、一九八三年)の木村肥佐生「序文」(頁番号なし)と、浅田晃彦『世界無銭旅行者 矢島保治郎』(筑摩書房、一九八六年)を除けば、既に触れた山口瑞鳳『チベット』上巻(一九八七年、九八〜一〇三頁)、江本嘉伸『西蔵漂泊』下巻(山と渓谷社、一九九四年、八〜三六、六八〜七七頁)などが言及しているに過ぎない。本書ではその他、関勤、盛田武士氏の貴重なご教示を得た。

＊10 この写真は、チベット語学者故北村甫(一九二三〜二〇〇三)が保管していた多田等観関連資料に含まれるものである。北村は多田が東京大学でチベット語を教えた学生の一人であり、東京帝大卒業後も、多田と非常に近い関係にあった。現在は多田等観の三女多田明子氏所蔵。

＊11 第二次探検では、一九〇四年五月の隊員の帰国後同月中に、京都博物館で将来品が公開されている。また、大谷光瑞と旧知の間柄にある小川琢治や内藤湖南などの京都帝国大学の学者たちが、第二次隊の持ち帰った資料を紹介、研究した。以上、大谷探

検隊の隊員をめぐる動きについては、片山章雄「大谷探検隊の足跡」（『季刊文化遺産』一一号、二〇〇一年、三〇～三三頁）を参照した。第三次隊隊員として橘瑞超が帰国した際には、帰国した年一九一二年中に、『新疆探検記』、『中亜探検』と、二種の旅行記が出版されている。新聞・雑誌にも連載が載り、橘が行った講演についても頻繁に報道された。橘への注目度の高さは、少年雑誌にもその活動が取り上げられていることにうかがえよう（『冒険世界』第五巻第一〇号、一九一二年八月、八七～九〇頁）。

＊12 例えば白須浄真「大谷探検隊の北インド・ネパール調査―長野県飯山市真宗寺「大谷探検隊関係資料」調査報告―」（『近代アジア・日本関係における大谷光瑞の足跡資料の基礎的整理』、一九九九年、三五～四〇頁）、北村高「第二次大谷探検隊のモンゴルでの調査について」（『東洋史苑』第五〇・五一合併号、一九九八年、六七～八四頁）がある。

＊13 第二次隊の調査、特に橘瑞超の楼蘭の調査は、「李柏文書」の発見という華々しい成果を生むが、橘が楼蘭故地に到達できたのは、この時提供されたヘディンの情報によるところが大きいことが、指摘されている（金子民雄「解説」橘瑞超『中亜探検』中央公論社、一九八九年、二四二～二四九頁）。

＊14 例えば、戦後東京大学で青木に師事した山口瑞鳳は、青木の人柄について語るところが最も多かった一人であるが、「万事に自制するところがあって、露骨に自らを曝すことはせず」と、述べている（山口瑞鳳「解説・青木文教師」青木文教『西蔵』芙蓉書房、一九六九年、四三〇頁）。

＊15 ツァロン・ダサン・ダドゥルは、一九一四年から一九二九年まで大臣を務め、チベット軍の整備に尽力した人物である。インドとの貿易にも積極的で、チベットを訪れる外国人との交際が広かった。ツァロンについては、彼の妻の一人であったリンチェン・ドルマ・タリンの『チベットの娘』（三浦順子訳、中央公論社、一九九九年）に詳しい。

＊16「西蔵全誌」は、戦時中にまとめられ戦後まもなく出版される予定であったと思われる、青木のチベット研究における集大成ともいえる内容を持つ著作である。但し出版された形跡はない。民博アーカイブにはその全草稿が残されている（アーカイブ番号三二一～三七一）。「西蔵全誌」については第八章で詳述する。

＊17 例えば、ダライ・ラマが英国の援助によってギャンツェに解説した英語学校は、「僧院勢力」の強硬な反対によって三年で廃校となった（シャカッパ『チベット政治史』貞兼綾子監修、三浦順子訳、亜細亜大学アジア研究所、一九九二年、三二六頁）。

＊18 この離宮について青木は、「内門を入ると、右に便殿、左に寝殿、其傍の引込んだ所に奥殿があって、法王の御座所はその奥

殿の階上に設けられてある、而して其傍に司令長官の本部に充てらるる幕営があって、其隣に予の為に特に天幕が準備せられてあった」(『西蔵遊記』、一四九頁)と伝えている。

＊19 青木文教「西蔵調査報告」(高本康子、長野泰彦校訂『国立民族学博物館研究報告』三〇巻三号、二〇〇六年)、四一七頁。

＊20 タイジ・プンカン・タシー・ドルジェは、ダライ・ラマ一一世の甥にあたる(前掲シャカッパ『チベット政治史』、二八九頁)。山口瑞鳳によると、ヤプシ・プンカンというのは俗称で、正式には「プンツォク・カンサル」と言う。当主のタイジ・プンカンは、清軍に抵抗して十三世の帰還に貢献した人物で、一九三八年から一九四六年まで大臣を務めた(前掲多田明子、山口瑞鳳編『多田等観』、二六頁)。

第四章
ラサの日々

青木の『西蔵遊記』(内外出版、一九二〇年)は、チベットからの帰国後、彼が最初に出版した著書である。自身のチベット体験に関する青木の記述としては、一一点ほど挙げられるが＊1、『西蔵遊記』はその中で、最もまとまった記述であり、また入蔵から出蔵まで、彼のチベット体験の全体について述べたものである点であることに注目される。従って本章においては、この『西蔵遊記』のラサ滞在中の見聞に関する部分を中心的に、その他の遺稿や写真、チベットから持ち帰った書類等をも参照しつつ述べることとする。なお、『西蔵遊記』については、第六章「『西蔵遊記』」で改めて取り上げる。

第一節　留学生活

「観察」の日々

『西蔵遊記』において、彼が住んだチベットの首都ラサの概説となる第四章「拉薩観察記」冒頭は、以下のように始まる。

眼に触るゝもの、耳に聞くもの万事観察に価する　寓居に出て街上を行くと、不揃ひの切出石を以て屋壁を頑丈に高く積み上げ、小窓のある家屋が不規則に立ち列んで居る様、恰も古城の廓内に彷徨するの感がある、行き交ふ人々は、太く長い筒袖の着物の裾を膝の所まで短く着て、日本式に右前となし、兵児帯を締め、頭髪は一種の弁髪に結び、帽子を被つて居る者もあれば、被つて居ない者もある、足には革と毛織物とで製した長靴を穿ち、脛の上の方で紐を以て結び、球形鼓形の玉石を連ねた首飾や腕飾などを付けて居る、我国の太古を想像した歴史画が其儘活動して居る様である、深紅の法衣を纏い蛮力を衒ふ僧侶、海老茶色の衣服に白、赤、青、緑等夫々好みの色合の太袖襦袢を着けた不潔な男女、残飯や人糞を争い、乞食に吠つく野良犬の一団、積荷、空荷の区々な驢馬、偖は小馬や騾馬に乗つて行くもの、乗らずに曳いて行くもの、純白のバグリ帽を大きく頭部に巻きつけたカシミルのモハメダン商人、小さい黒帽を頭の上に載せ坊主頭で西蔵服を着て居る子ポール人―斯様に種々様々な人や家畜の群が狭くるしい街上に入り乱れて、行くのか、来るのか、判断のつかない聖地の町を分けて行くと、最も繁華な循環街に出る　　（『西蔵遊記』、一八七〜一八八頁）

これは、彼が住居としたヤプシプンカン邸から、ラサの繁華街パルコルへ向かって歩き出した際目にした情景であると思われる（写真1）。石づくりの建物が軒を連ねる狭い道に、様々な人間が行き交い、その間を縫うように行く青木の姿が彷彿とされる。「眼に触るゝもの、耳に聞くもの万事観察に価する」という言葉には、彼の興味の新鮮さが、改めて思われる。門を出て街の賑わいの中に入っていこうとする、彼の心臓の鼓動が聞こえるような記述である。

その青木の生き生きとした興味がなせる、彼のチベット体験のありようを、最も詳細にうかがい得るのが、この旅行記『西蔵遊記』である。『西蔵遊記』に対する評価は、出版当時においても、現代に至っても、信頼できるチベット事情の概説書、というものであり、たとえば佐藤長は、「全編を通して丁寧な、客観的記述の連続」（佐藤長「解説」『西蔵遊記』中央公論社、一九九〇年、三七六頁）と述べている。しかし、本章における同書への注目は、佐藤の言う、この「客観的記述の連続」の合間合間に、「チベット」ではなく、生き生きとした興味を持つ青木自身が、何度となく姿を見せる点にある。

例えば、チベットの五体投地礼に関する説明部分で青木は、チベット人がこの礼拝を一日に何百回となく繰り返すことをいい、続けて、一日二〇〇〇回に及ぶこともあると聞いて果たして自分にできるかどうか試みた顛末を述べる。

仮に一日中食事と休憩の時間を除いて約十時間を作礼に費すとせば二十秒間に一回の割合で此難礼を繰返さねばならぬ、予は自宅に於て之を試みたが、一日二千回は甚だ至難である、最初二時間ばかり続けると疲労を生じ、而も三十秒に一回の平均となり、更に続けると一分間に一回としなければ到底堪へられなくなる、初めて試みる者が一日に五百回以上を繰り返すことが出来れば成績のよい方であらう

（『西蔵遊記』、一九七〜一九八頁）

若い青木は、二〇〇〇という数字を聞いて、確認したくなったのだろう。チベット人たちに混じって寺院の前で礼拝するのではなく、「自宅で」という点が、興味は「一日二千回」にあって、とにかく「試み」た、ということを如実に表しているように思われる。自身書いているように、五〇〇回ほど続けて、ふらふらになったに違いない。息を切らした青木の様子が、目に見えるような記述である。

写真1　ヤプシプンカン邸から繁華街パルコルへ

「便利な秘密国」

青木は、前述のように、ダライ・ラマ一一世の実家であるヤプシプンカンを、住居としてダライ・ラマに指定され、一九一三（大正二）年一月二二日からここに住んだ。ヤプシプンカンは、青木がラサ入りをする直前、中国軍との交戦時、チベット軍「総司令官」の「本営」に充てられた邸であった。外壁の厚みは基礎部分で三フィート、三階の上部で二フィートあり、この戦闘の際、四〇〇ｍの距離から中国軍の砲弾を浴びたが、弾痕が外壁に残ったのみで、壁の厚さも半分を破壊したにとどまったという（『西蔵遊記』、三三〇頁）。従って、ラサ市中でも広壮な建物の一つであったことが推測される。

では、この邸で、彼はどのように暮らしていたのだろうか。青木はラサ時代の自分の生活について、『西蔵遊記』第二編「西蔵事情」末尾において言及している。それによると、日課は以下のようであった。

朝は午前七時前後に起床、約一時間散歩したのち、八時前後に「和洋折衷」の簡単な朝食を摂る。その後少し時間をおいて、午前九時から正午まで三時間ほどを、勉強に充てる。教師による授業があったのは、この時間帯であったと思われる。これについては後述する。

その後、午後一時頃、昼食のかわりに「茶菓を喫し」た。当時のチベット社会を活写する好著であるリンチェン・ドルマ・タリンの『チベットの娘』には、成人の食事は一日二回、朝九時と夕方五時であったとされているので（R・D・タリン『チベットの娘』三浦順子訳、中央公論社、一九九一年、九二頁）、日本流の昼食がないことは、ヤプシプンカン邸の通常のペースであったと思われる。

その後は午後六時過ぎの夕食まで、社交と運動の時間となった。運動は乗馬と「郊外散歩」であった。次節で取り上げるが、彼はラサの写真を多く残している。これらの写真は、この社交と「郊外散歩」の際に撮影されたものと推測される。夕食は中国・チベットの「折衷料理」で、時々は「日本風の自炊」もしたらしい。その後一一時過ぎまで再び、勉強の時間となった。これは、「所要の事務と学科の補習」とあるので、自室での作業であったと思われる（以上「　」内引用は『西蔵遊記』、三七〇～三七一頁）。

「和洋折衷」、「日本風の自炊」という記述は、「和洋折衷」なり「日本風」なりと青木が思える程度の日本食品が、折々は手に入っていたということを示している。また彼は、「我国の諸新聞は公私共に裨益する所が少くなかった」とも書いている。つまり、日本の新聞が、彼の手元に届けられていたことになる。彼は、このような状態について、「西蔵の如き異郷にあつて、絶えず故国との連絡を保ち、常に文明の日用品を使用するは一快心事たるを失はない」と書いている。現代の我々のおかれた環境とは、もちろん比較にはならないが、少なくとも当時の青木の感覚で、取り寄せた物品が「常に」手元にあり、連絡も「絶えず」入る、と感じられる、頻繁なやりとりが、日本との間にあったと言えるだろう。彼は、あまりに「便利過ぎて」、「禁制国」にいるという「感興」が薄らぐこともあった、という。そして現在のチベットを「便利な秘密国」と表現した（以上『西蔵遊記』、三七三頁）。

では、これらの物品は、どのように青木の手元に届けられていたのだろうか。彼はどのように、チベット外と連絡をとっていたのだろうか。青木の遺品を見る限り、少なくとも日本との連絡は、中国経由ではなく、インド経由であった。多田等観がまだ入蔵せずに、ヒマラヤ山麓で機会をうかがっていた一九一三（大正二）年八月までは、当然多田が、日本との連絡の重要な中継点となっていたと思われる。事実多田の日記には、「青木文教より来信」といった記述がたびたび見られる（一九一三年六月一五日、二六日、七月三日、一八日記述分。以上「等観年譜」多田明子・山口瑞鳳編『多田等観』春秋社、二〇〇五年、二四頁）。その後はカルカッタの別所商会の秋山貞吉の協力があった（『西蔵遊記』、三七三頁）。

このインドとの連絡は、チベット第三の都市ギャンツェが一つの重要な基地となっていた。ここには英領インド政庁が置いた通商代表部（トレード・エージェント）のオフィスと、それを保護する人員が駐留する軍営があった。この軍営の中に、インド国境と同地を結ぶ電信、電話、郵便の施設が設けられていた。青木によれば、これは一九〇四年に敷設されたもので、これは、「元来軍用のもの」であったが、「一般公衆の便宜」にも応じていたという（『西蔵遊記』、三九五～三九六頁）。これを使用すると、郵便はカリンポンまで四日、ダージリンまで五日（『西蔵遊記』、三〇三、四〇〇頁)、カルカッタへは一〇日で到着した。日本へは最速便で片道四五日間、電報の返電は一〇日以内で到着した(以上、『西蔵遊記』、三七三頁)。

民博アーカイブには、ラサ時代の青木宛の書簡がいくつか残されているが、そのうちの一つに、ギャンツェから送られたものがある。内容は、青木にことづかった品を先方に無事渡したこと、また「インド経由の郵便」で送るべき手紙を、確実に発送したことを知らせるものである*2。この手紙の差出人「管財人テーションパ」がどのような人物であるかは不明であるが、ギャンツェには、チベット政府派遣の「印蔵商事監督官」があり、「商務の交渉」を行っていたこと(『西蔵遊記』、四〇〇頁)、また、ラサでの青木の滞在先ヤプシプンカン邸の「別荘」(『西蔵遊記』、三九四頁)である「チャンロ邸」がここにあり、同邸の管理人は、「本家の財務主任」(前同)であったことを考えると、この書簡の差出人は、このどちらかの関係者であると推測される。

修学と「義務」

青木のラサ滞在三年間のうち、第一年目はラサ語の習得に費やされた。一人の「僧官」がダライ・ラマのもとから派遣され、彼の教師となった。最初の半年はラサ語の読み書き、特に前半三ヶ月は「習字」が課せられた。続く半年では、口語体の作文、発音の矯正、「辞礼の使ひ方」(『西蔵遊記』、三六五頁)が徹底的に指導された。作文では、練習としては邦字紙からのニュース翻訳、「試験」としては英字紙の翻訳が課せられた*3。この答案はダライ・ラマ政庁で採点されたという。教師の授業は毎日二時間程度、そしてその予習復習に四時間内外を費やした(以上、『西蔵遊記』、三六五〜三六六頁)。ラサ語は官庁や寺院で使われる標準語で、ダライ・ラマが青木に、このラサ語をまず覚えよと言ったのは当然であった。青木のチベット語については、後年彼にチベット語を学んだ佐藤長や中根千枝が、その正確さと流暢さに感嘆することになる*4。

第二年目は、「訳読」、「作文」、「翻訳」の三科目となった。「訳読」の内容は、まずチベットの「修身的説話」、次にチベット大蔵経中の「極楽荘厳経」の翻訳、最後に「大乗無量寿荘厳経」の講義を聞いてそれを訳する、というものであった。三番目については、大谷光瑞の命令であったらしい。

その他の二科目、「作文」と「翻訳」は、特に課題を指定されることはなく、青木の選択に任されていた。しかし翻訳には、英字紙の外交ニュース、という指示が出された。ダライ・ラマによるものと思われる。この第二年目は、日本に留学したツァワ・ティトゥルが、青木の教師となった。しかし彼は、ダライ・ラマの側近として非常に多忙であったため、授業時間は一時間ほどに限られた。それでも、その予習復習には「数時間」を要したという（以上『西蔵遊記』、三六七頁）。本書第一章冒頭に引用したのは、その授業の様子を追想した多田等観の記述である（「ラッサ時代の青木文教さん」『日本西蔵学会々報』一九五七年一〇月、四号、二頁）。

第三年目は、「文法」、「史学」の二科目と、前年の「訳読」の仕上げが課題となった。しかし前者二科目については、ツァワ・ティトゥルでは教師が務まらず、青木は適任者を探すのに苦労したらしい。やはり多田等観が、追悼文の中で以下のように触れている。

ラッサでは文典に造詣のある学者は稀れで、緻密にものを考える青木さんはその良師を索めるためにかなり苦労された。ソォンツェン・ガンポ王の正統の家柄ハゲルリ Lha-rgyal-rigs 家（ラッサ政府の最高貴族）という南部チベットの衛（Dbus）地方に広大な荘園を持っている豪族の主人公がたまたまラッサに来ていたのを好機として彼の指導を受けたが、間もなく彼は他界したので、その後はカム・デルゲからラッサにきていた貴族出のラマに就いて学んだ　（前掲「ラッサ時代の青木文教さん」、二頁）

ここで注目すべきであるのは、青木には個人的に教師がつけられたことである。多田等観も当初、寺院での修学ではなく、青木と同様、個人教師を望んだが、ダライ・ラマに一蹴されている（多田等観『チベット滞在記』白水社、一九八四年、三七〜三八頁）。しかしそれは、多田の扱いが青木のそれより軽かったということではない。多田の受け入れにあたっては、当初、各寺院の反対があり、それをダライ・ラマが説得したというエピソードが残されている（前同、三八〜四〇頁）。また、一部の高僧にしか許されない、ダライ・ラマ自身が講ずる「菩提道次第論」の講義の聴講を、慣例を破って多田に許可した（前同、七六〜七七頁）。一〇年という長期間のチベット滞在だったこともあって、多田に対するダライ・ラマの好意を示すエピソードは枚挙にいとまがない。家庭教師についてのダライ・ラマの態度の違いからは、多田には仏教、青木にはそれ以外のもの、というように完全に対応がわけられていたことがわかる。それぞれが置かれた場所にふさわしい方法で、ダライ・ラマは彼らを、手厚く保護していたと言えるだろう。

更に青木は、ダライ・ラマから「手当」を支給されていた（青木文教「西蔵の思ひ出」（六）『亜細亜大観』亜細亜写真大観社、一九二七年、頁番号なし）。この「手当」については、やはり民博アーカイブ中に、関連する資料（アーカイブ番号一二）が残されており、青木に翻訳料の名目で、チベット政府宗務局（イクツァン）から、月々銀二〇サンが支払われていたことがわかる*5。支払いは二ヶ月もしくは三ヶ月ごとにまとめて行われた。青木は一九一七（大正六）年当時のレートを、一サン＝一円六銭としている（『西蔵遊記』、二九四頁）。したがって、月二〇サンは二〇円強、年間では二四〇円余ということになる*6。

青木の同僚多田等観の場合、収入としては、チベット政府からの支給、所属する寺で受け取る布施などの他に、秋田の彼の実家から送られる「学資」があったことが、残されている書簡類等からわかる（「父義観の等観宛書簡、一九二二（大正一一）年二月九日付、前掲多田明子・山口瑞鳳編『多田等観』、一三四頁所収）。例えば一九二一（大正一〇）年分としては、六〇〇円が送金されている。寺院で修学生活を送っている多田と、市中で貴族の交際社会に身を置いていた青木では、ひとしなみに考えることはできないが、それにしても、チベット政府給与の二四〇円余が、青木の生活を十全に支えるものであったとは考えにくい。従って青木にも、何らかの形で、日本からの送金があったと想定しなければならないだろう。しかしその詳細は不明である。

同胞たち

当時ラサには四人の日本人がいた。河口慧海、多田等観、矢島保治郎、そして青木である。河口慧海の寄寓先はヤプシプンカンと近く、そのため両人は、頻繁に行き来していたらしい。また多田等観も、この二人の部屋をしばしば訪ね、泊まり込むこともあったという。一方矢島は妻子とともにラサ郊外におり、あまり会う機会はなかったようだ。四人の日本人が揃ったのは、「一両回」しかなかったという(『西蔵遊記』、三七二頁)。

河口慧海は、青木の入蔵に先立つこと一〇年余の一九〇一(明治三四)年、初めてラサに入り、ラサの名刹セラに半年ほど滞在した。前述したように、日本人であることを隠しての入蔵であった。その体験を口述した『西蔵旅行記』(博文館、一九〇四年)は、日本人初のチベット旅行記として、当時はセンセーショナルな関心を呼んだ。しかし、彼が目的としていたチベット仏典の将来は十分果たせなかったため、彼は二回目の入蔵を志す。一九一四(大正三)年八月、彼は再びラサに入り、翌年一月まで滞在する。この時、最初は、大臣を務めたサルチュン・ツェテン・ワンチュクの邸に滞在し(山口瑞鳳『チベット』上巻、一九八七年、一〇六頁)、その後年末になってから、青木、多田とも親交があったツァロン家へ移った(等観宛慧海書簡、一九一四年一二月三〇日付、多田明子氏所蔵)。いずれもラサ中心部にある貴族の邸宅である。青木の寄寓先、ヤプシプンカンとは、前者はつい目と鼻の先、後者は徒歩一〇分ぐらいの距離であった。

矢島保治郎も、青木より少し前に、二度目の入蔵を果たしている。最初の入蔵は、一九一一(明治四四)年で、一ヶ月ほどラサに滞在した。二度目は一九一二(明治四五・大正元)年七月であり、この時チベットに入る前に、カリンポンの青木と多田のもとで一泊していることはすでに述べた。彼はラサ到着後、清軍とチベット軍との戦闘を目撃している。一九一六(大正五)年、チベット人女性と結婚し、ダライ・ラマの離宮ノルブリンカに、居住を許されたという(矢島保治郎『入蔵日誌』チベット文化研究所、一九八三年、八一頁)。実際には、ノルブリンカに隣接する兵営内に住んだということであるらしい（関勤「写真から見るラサの矢島保治郎」未定稿、一一頁）。当時彼は、ダライ・ラマに依頼されて、チベット軍の教官となっていた*7。この年夏、チベット軍の軍事演習が行われ、矢島が訓練した部隊も、高評価を得たという（『西蔵遊記』、三一四頁）。翌年には息子も生まれるが、一九一八（大正七）年、矢島はラサを去ることとなる。

従って、青木が入蔵した際には、すでにラサに矢島がいたことになる。ラサでの再会について、青木は何も書き残していないが、矢島の記述には以下のように言及がある。

一月二十一日午後三時半頃、私はラサ市街を散歩中、店内に蒙古服を着た青年ラマ僧を見た。下僕を従えて買物をしていたが背後から見るとカレンポンで別れた青木文教氏に似ているので店内に入って見ると果してそうであった。言葉をかけようと思った処、わざと私を見ないように横を向いてしまった。私は心中不快に感じ、『この怪僧よ！』と思ったが知らぬ顔をして買物が済むまで外でまっていた。店から出て来た青木氏に『青木君御無事で大成功、その後は御無沙汰』などカリンポン出発当時の礼を述べた。宿舎へ同行して種々の出来事、カルカッタ在留同胞の近況、青木氏の入蔵の状況等を聞いた　　（前掲矢島保治郎『入蔵日誌』、一三一頁）

この記述における青木は、いかにも高慢である。しかしこれは、青木と矢島の人柄、相性の問題であったのではないかと、筆者には思われる。戦後東京大学で青木に師事した山口瑞鳳が、「類を異にする人々には屡々いらだちを感じさせるような、一種の狎れにくさ」（山口瑞鳳「解説・青木文教師」青木文教『西蔵』芙蓉書房、一九六九年、四三〇頁）と書いているが、青木には、人に距離を感じさせるようなところがあったように思われる。また、彼は、店先で大声をあげて声を掛け合うなどということが、すぐにできるたちではなかったのではないだろうか。後に、帰国後の青木に師事した東洋史学者佐藤長が、青木の印象を「容姿端正で、身だしなみもよく、流石は光瑞の御弟子だけある」と評したが（佐藤長「解説」『西蔵遊記』中央公論社、一九九〇年、三八二頁）、そういうところが、世界一周無銭旅行を旗印にしてきた矢島とは、相容れない部分となった可能性があると、筆者は考える。その後も、多田等観がラサに到着した際、ヤプシプンカンで、青木、多田、矢島の三人が集まり、酒を飲むといったこともあったが（「等観年譜」多田明子・山口瑞鳳編『多田等観』春秋社、二〇〇五年、二五頁）、これについての青木の記述はない。

一方、ラサ時代の青木と多田については、興味深い資料がある。『西蔵遊記』三六六頁所載の写真（写真２）は、ラサ留学時代の青木のポートレートとして、しばしば引用されるものである。チベット服を着用した青木が、テーブル越しにこちらを見ている写真で、室内には額などが飾られ、青木の背後には書籍が並べられているのが見える。この部屋で同じように撮影されたと思われる写真が、多田の遺品中にある＊8（多田明子氏所蔵、写真３）。被写体はチベット人の少年であるが、テーブル越しにこちらを見ているポーズや、背後の品々などが、『西蔵遊記』の青木の写真と全く同じものであると言える。

写真２ ラサ留学中の青木文教

写真３ チベット人の少年（多田明子氏蔵）

この二枚の写真が撮影された場所が、ともに、ヤプシプンカンの青木の居室であったとするなら、多田が撮影したのではないだろうか。写真は、多田が撮影したのではないだろうか。二枚の写真は、同じ日に、続けて撮られたものではないだろうか。更に言えば、これらは、多田と青木が、代わる代わる撮影したものではないだろうか。このように考えると、カメラで写真の撮りあいをしている、二人の和やかなやりとりが想像される。

先に引用した青木の『西蔵遊記』中に

ある「一両回」しかなかった「四人が同時に会合するといふ機会」について、よく言及されるものの一つに、一九一五（大正四）年一月一日、河口のもとで四人が「新年会」を催したというものがある。これについては、河口関係の資料においてのみ言及されるもので、その他三人の記述に触れられていないこともあって、詳細は不明である。近代における日本人入蔵者について、最も広く読まれているものの一つである『西蔵漂泊』（上下、山と渓谷社、一九九三、四年）の著者江本嘉伸が言うように、この時の写真が残っていないのが惜しまれる（同書下巻、一二三、一二四頁）。しかし、一九一四年一二月三〇日付の多田宛河口書簡には、「新年の悦びに吾等集りて御話し申上度」、一月の一日か二日に河口の滞在先まで来てもらえないだろうか、もし都合さえよければ、明日三一日から来てもらってもかまわない、とある（多田明子氏所蔵）。この書簡も、「新年会」が実際に催されたという証拠にはならないが、二〇あまりも年上だった河口が、年下の青木や多田をいたわろうと、率先して音頭をとった様子は、十分見て取れると言えるだろう。

この後、後章で述べるが、帰国してのち、この三人の関係は、時に鋭く対立するものとなっていく。彼らの誰にとっても、それは致し方のない成り行きであった。とはいえ、同志・同僚との争いが、彼らの胸を蝕むものであったに違いない。そのような厳しい状況に至る前に、ラサにおいて彼らがおだやかな、温かい時間を共有していたことに、筆者は救われる思いがしている。

チベット人たち

日本人は四人とも、「法王庁からそれぞれ相当の厚遇を受け、一般社会からも意外の同情を被つた」という（『西蔵遊記』、三七二頁）。青木は『西蔵遊記』において、自身を「法王の賓客」で、「身分不相応な住所と手当を支給せられ」たと述べる（『西蔵遊記』、三五九頁）。「賓客」、「身分不相応」という表現に、それに対する感謝の心情を色濃く見て取ることができるだろう。チベット人一般に対しても、青木は、「崇仏心篤く、従順で、慈悲に富み」、「戦争を悪み平和を愛する」人々といったように、いわば好意的な見方を示している。特に彼が、チベット人についてしばしば指摘されていた、外国人に対する攻撃的な態度を、鎖国期の日本人が行った尊皇攘夷の行動に擬えていることは、それを象徴するものだと言えるだろう（以上『西蔵遊記』、三二九頁）。

しかし、チベットの人々に対する彼の心情は、時に複雑なものであったことが、民博アーカイブに残されている資料にうかがえる。青木の執筆による陸軍参謀本部宛の報告書「調査事項報告第壱号」、「調査報告第弐号」（以下「報告」）である。これは、一九一四年二月頃にラサで書かれたものと推測される。この報告書は、『西蔵遊記』と比較すると、いわば整理される前の、青木の生の印象や感情が、より多く含まれている。『西蔵遊記』の淡々とした記述とは異なる、いわば直接的な表現が、しばしば出現するのである。

例えば、青木は、チベット人の日本認識が、非常に貧弱なものであることを、繰り返し述べる。上流社会のうちのごく少数を除いては、一般的に日本という国家の存在自体、青木や多田などが入蔵して漸く知られるようになったというのが現状であるという。日清戦争における勝利によって、日本は清の宗主権下から脱出して独立したというのが一般の認識である、と青木は伝える（青木文教「西蔵調査報告」『国立民族学博物館研究報告』三〇巻三号、二〇〇六年、三七三〜三七四頁）。従って日本が「世界ニ於ケル一強国」（同、三七三頁）であるなどということは、上流社会のほんの一部を除けば、全く誰の認識にもないのだ、とする。当時のチベットの状況からすれば、当然とも言えることであっただろう。しかしそれゆえに、このような青木の記述には、彼の日本人としての自負が投影されていて興味深い。

チベット人の日本人観についても、青木は以下のように伝えている。すなわち、日本人に対して非常に良好な感情を持っているが、それは「真相」を彼等が知らないからで、誤解に基づく好感も少なくない。この好感として青木は、日本人は穏やかな性格で才知に富んでおり、勤勉で身辺を清潔にすることを好む、と思われていることを挙げる。また、マイナスの評価としては、チベットのために大事業を国家レベルで援助するということはなく、その行動は個人レベルに限定されていること、また、アドバイスには巧みであるが、実際に行動を起こして他人を利することはない人々である、と思われているという（三七四〜三七五頁）。これらはおそらく、青木がチベット人から受けたコメントの総合されたものであろう。青木はこれらチベット人の日本認識、日本人認識について、世界の状況に無知な「愚民」の評価であると、強い語調で述べている。

『西蔵遊記』と比較した際、「報告」に目立つのは、このように、チベットの人々に対して「愚民」等という否定的な意味合いの強い表現を使用する態度、すなわち、チベット側に対する不満ともいらだちともとれる態度である。以下引用する（傍線は筆者による）。

頼達《ママ》法王ノ一侍従曰ハク〃目下西蔵ハ百人ノ良好ナル Adviser ヲ得ルヨリモ一挺ノ兵銃ヲ要スル時代ナリ〃ト愚蒙ノ言亦愚言ナリト雖モ苟モ西蔵ヲ経営セントスル者ハ此言ヲ等閑ニスル能ハズト信ズ（前掲青木文教「西蔵調査報告」、三五七頁）

戦略及戦術ナル者ハ極メテ幼稚ニシテ殆ンド児戯ニ類スルガ上ニ愚昧ノ甚ダシキ〃戦略戦術〃何ノ為メニナルカト嘲弄スル者多シ（前掲「西蔵調査報告」、三六七頁）

彼は、ダライ・ラマやチベット政府の人々に、様々な進言をしていたと思われる。例えば普通教育の重要性について、「万民皆事理ヲ解スルニ至ラバ諸種ノ施説経営自カラ行ハルル」ことを、折りがある度に説いていたらしい（「西蔵調査報告」、三八三頁）。しかしチベットの人々の、彼の言葉に対する反応は、「助言は要らない、実質的援助を」、「戦略は要らない、武器の現物を」といったものであり、中には、上掲引用中にいうところの、「嘲弄」的態度を見せたものもあったのであろう。青木は、「吾人ノ言ハ必意〃驢耳黄金〃ノ西蔵ノ諺ニ葬ラルルヲ免ル能ハザリキ」（前同頁）と書いているが、これは彼の心情をよく反映したものと思われる。個人的には厚遇されていても、彼が歯がゆい思いをする場面が度々あっただろうことが、ここから推察される。

このような表現の背景には、ラサでの青木の立場、そしてそれをめぐる状況があったと思われる。青木はラサにおいていわば、日本とダライ・ラマを結ぶ役割を担っていた。大谷光瑞とダライ・ラマの間に、青木とツァワ・ティト

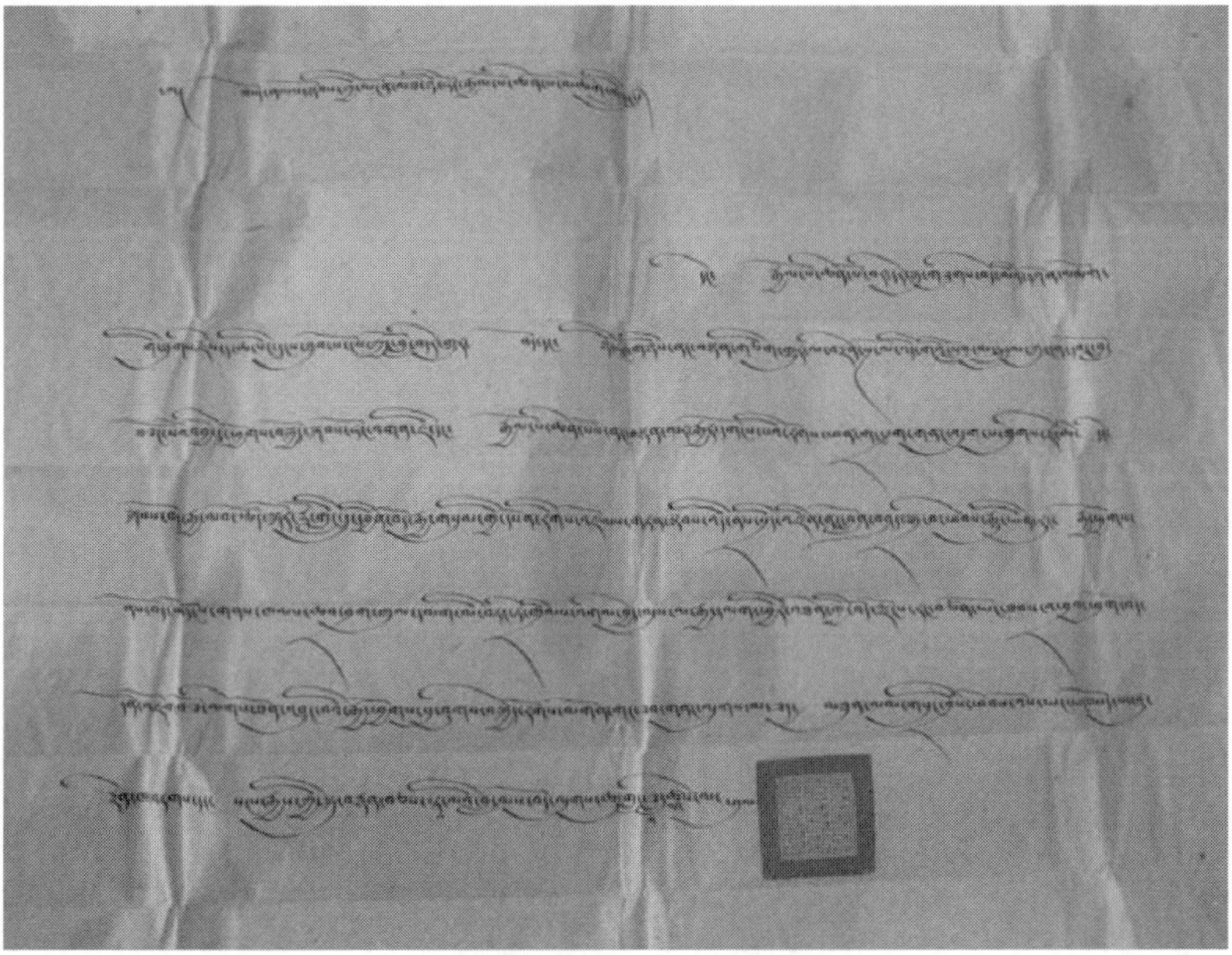

写真4 ダライラマの文書

ウルを介して連絡があったことはすでに述べたが、青木の入蔵直前からは更に、皇室とダライ・ラマの間にやりとりがあったことが、青木の記述からうかがわれる。『西蔵遊記』には、明治天皇の崩御に際し、一九一二年八月七日付でダライ・ラマが、大谷光瑞を通じて弔電を送り、皇室から返礼がなされたことが見える（『西蔵遊記』、二二頁）。更に、シムラ会議が開始される前に「チベットの立場の援助の懇願」を内容とする文書が、一九一三年七月、ダライ・ラマから大正天皇宛に送られたと、青木は述べている（「チベット問題」『西蔵問題』慧文社、二〇〇九年、六四頁）。この文書の実物とその写しは、民博アーカイブ中に残されている（アーカイブ番号二二、四九、写真4）＊9。

加えて、「報告」が陸軍参謀本部宛であることからも推測されるように、青木は軍にも情報を提供していた。『西蔵遊記』に、「予は或る期間或筋の秘密任務にも従事して居つた」（『西蔵遊記』、三七二頁）等と書かれているのが、それに相当すると思われる。現代日本において、軍に関係する「秘密任務」等といった、このような行動に、肯定的な印象を持たれるとは限らない。むしろ「スパイ」等という言葉を連想し、そこに後ろ暗い何かを感じる現代人が多いのではないか。しかし青木の挙措に、そのような、いわば陰りのようなものは全くない。使命を担う自負があるのみである。

第二節　青木の見たラサ

青木の写真

『西蔵遊記』をはじめとする青木の旅行記事、旅行記においては、写真が豊富に挿入されているのが、一つの特徴となっている*10。日本人撮影のチベット写真としては、青木以前に既に、成田安輝（一八六四〜一九一五）による四〇枚があり、うち二四枚が一九〇四年の『地学雑誌』に発表されている*11。しかし成田はラサに入る直前にカメラを紛失したため、当然のことながら、当時チベットに対する関心の主要な焦点であったラサの写真は持ち帰らなかった。また、ラサなどのチベット内地ではなく、インド国境のヒマラヤ地域では何人かの日本人が写真撮影をしており、一九二七〜一九二八年にインドからヒマラヤを旅した長谷川伝次郎（一八九四〜一九七六）*12が名高い。しかしヒマラヤ周辺におけるチベット写真ということであれば、その最初期のものとしては、一九一七（大正六）年、日本画家石崎光瑤（一八八四〜一九四七）*13が撮影したものが挙げられる。但しその写真が収められた旅行記『印度窟院精華』（便利堂、一九一九年）は私家版で、ごく限られた人にしか知られていなかった。

これに対し、青木の写真は、ヒマラヤ地域など、いわばチベットの周辺地域ではなく、当時の関心の中心であったチベットの首都ラサを、日本人として初めてカメラに収めてきたものである。加えて、彼の帰国後はそれが、新聞という、多数の人々にとって接触可能な情報媒体で公開され、更に、それを上回る点数が、単行本の旅行記に収められて出版された。つまり、石崎光瑤の場合等とは異なり、多くの人にアクセス可能な形態で公開されたことになるのである＊14。これらの写真の原版は戦災で失われたと推測され＊15、またネガ等も未だ発見されてはいない。

写真で繋がる人々

『西蔵遊記』所載写真一五一点中一二六点に、「著者原画」、「著者所蔵」、「外著複写」、「光瑤画伯寄贈」、「マクドナルド氏寄贈」、「ツァロン氏寄贈」、「ツェリン氏寄贈」といった付記がある。このうち最初の二つ、「著者原画」と「著者所蔵」の九六点は、青木自身の撮影、もしくは彼がネガを所有していたものと思われる。なお、「著者所蔵」が付された写真は、すべて被写体が彼の所蔵品（将来品）である。これ以外の三〇点、すなわち、「〇〇氏寄贈」等という付記があるものは、彼の撮影ではない、他の人々から贈られたと思われる写真である。

前述の石崎光瑤からのものと思われるのが、「光瑤画伯寄贈」の三点である。次章で述べるが、彼は、一九一七（大正六）年にヒマラヤに入った際、当時ダージリン滞在中の青木の助言を得、青木宅にも宿泊した（前掲『印度窟院精華』付記行、一八、二四頁）。青木の写真の中に、石崎のものが含まれているように、石崎の遺品の中に、青木のものと覚しき写真がある。すなわち、遺品として残されている未発表写真＊16中に、後に青木の『亜細亜大観』に発表されたものが一点含まれているのである＊17。

チベット人から贈られたと思われるものもある。「ツァロン氏寄贈」三点と「ツェリン氏寄贈」の一点である。この「ツァロン」は、前章ですでに触れたが、ラサの貴族ツァロン家の、ツァロン・ダサン・ダドゥルであると思われる。彼の妻の一人リンチェン・ドルマ・タリンによれば、彼は写真を趣味の一つとしており、自宅には暗室も設けられていたという（前掲R・D・タリン『チベットの娘』、一五八頁）。『西蔵遊記』、および出蔵時に書かれたと思われる手記「出蔵記」には、ツァロンとの応接に触れる記述がある（『西蔵遊記』一二六〜一二八、三七七〜三七八頁、「出蔵記」一月二六日付部分、青木文教「チベット日誌」『国立民族学博物館研究報告』三四巻四号、二〇一〇年、七七七頁、「出蔵記」については次章で述べる)。「ツェリン」については現在のところ、『西蔵遊記』その他青木の記述に、この人物についての情報は見あたらず、特定には至っていない。しかしあるいは「出蔵記」二月七日部分に言及される「旧友 Dorji Tsering」とも推測される(前掲「チベット日誌」、七九二頁)。

更に、チベットと英領インドとの国境地帯を管掌とする英国人官吏たちとの交流によるものと思われる写真が何点かある。その第一が、「マクドナルド氏寄贈」の七点である。この「マクドナルド」は、一九〇五年から二〇年間、チベット国境において「英国通商事務官」(シャカッパ『チベット政治史』貞兼綾子監修、三浦順子訳、亜細亜大学アジア研究所、一九九二年、三〇三頁)を務めたデヴィッド・マクドナルド(David Macdonald, 1870-1962)であると思われる。彼は、*The Land of Lama*(London,1929)、*Twenty Years in Tibet*(London,1932)等の著書で知られる。次章で述べるが、『西蔵遊記』や「出蔵記」には、マクドナルドとの写真交換や、当時英国の対チベット外交の現地責任者であったチャールズ・ベル(Sir Charles Bell, 1870-1945)＊18の招待等に触れる記述がみられる。

マクドナルド、ベル、この両人とも、その職務から得た豊富な見聞を材料として生かしたチベット研究を行ったことで名高い。特にベルの諸著作は、英国人のチベット見聞記の蓄積において、一つの大成を見ることができるものと言える。一九一〇年以降の、英国との関係がかつてないほど良好になった時代のチベットを、最もよく知る人物とされたのがこのベルであり、このことについては、当時から現代に至るまでチベット研究者たちの見解の一致するところである＊19。『西蔵遊記』その他青木の記述において、ベルとの写真交換に言及する箇所はないが、英国ピット・リバー博物館所蔵のチャールズ・ベル・コレクションの中に、『西蔵遊記』一七七頁所載「宮城附近より拉薩の市街を望む」＊20(「著者原画」の付記あり)と同一と思われる写真がある＊21。

加えて注目されるものに、「外著複写」の一五点がある。この「外著」の典拠は、『西蔵遊記』には明記されていない。しかしすべて、チベットに接するインドの国境地帯、ダージリンでチベット研究を行った英国人ウォデル

(Laurence Austine Waddell, 1854-1938) の、『ラサとその神秘』*Lhasa and Its Mysteries* (London, 1905) から引用(複写) されたものと思われる*22。この著作は、一九〇三〜四年に行われたヤングハズバンド・ミッション (英印軍ラサ派遣) 時の記録であり、優れた報告書として、現代に至るまで高い評価を得ている*23。

そもそも英国には、ヒマラヤ周辺地域での滞在経験を生かしてチベットに関する調査研究を行った人々の一群があった。その多くは、軍人または英領インド政庁の官吏であった。その中でもまず挙げられるのが、このウォデルである。彼はこの遠征参加以前から、チベットに接するインドの国境地帯でチベット研究を行い、現在においてもチベット仏教研究の古典とされる『チベットの仏教』(*The Buddhism of Tibet,* 1895) を書いた。

すでに第二章で述べたが、一九一一 (明治四四) 年、スヴェン・ヘディンの来日時に、京都帝国大学においてヘディンが講演した際、チベットに関する参考書が紹介された。その諸文献の中に、この『ラサとその神秘』が含まれている。このことには、明治大正期の日本においても、同書が高く評価されていたことの一例を見ることができよう*24。また青木も、この著作を参考書として重要視しており、度々引用している*25。『西蔵遊記』に先行する文献の中では最も写真掲載数が多い著作でもあり、その意味でも、青木がこの著作の写真を引用したことは不自然とはいえない。

その他、キャプション等は付されているが、出典に言及がないものが二五点ある。この中には、『西蔵遊記』三六二頁の「現在の達頼喇嘛法王」のように、マクドナルドの著作と共通の写真も含まれる (前掲 *The Land of Lama,* 巻頭)。マクドナルドと交換あるいは彼に貸与した写真の一例かとも考えられる。

写真の中の「チベット」

青木撮影の写真に目立つのは、現地の人々の生活の様子を被写体としたものが多いことである。例えば、大谷探検隊の他の隊員の記録・旅行記と比較すると、それは明瞭な特徴となる。大谷探検隊の包括的な行動記録としては、唯一のものであると言えるのが、『新西域記』(有光社、一九三九年)であるが、同書の各報告に収録された写真を見ると、このような写真、つまり人々の生活を撮影対象とした写真が占める割合は、青木のものが最も大きい*26。これは、ラサにおける彼の活動のありようを示すものでもあると言える。

青木は留学生活を振り返って、以下のように言っている(現代文訳は筆者による)。

日課として午前に三時間、夜四時間の学習時間を設け、その通りに三年間毎日続けられたならば、実際には現状より数倍の知識を得ることができたと思う。しかし、ラサ社交社会で頻繁に行われる様々な行事に、チベット人とともに参加していたために、そのような勉強は望めなかった。社交行事の開催は、実に一年の三分の一を占めていた。その他にも、月に一、二回は貴族の各家を訪問し、これに半日、一日と費やさざるをえなかった。しかしこれも、無駄な時間ではなく、ラサの活きた社会を実地で学ぶことができた、貴重な体験であったと思う。

(『西藏遊記』、三七〇～三七一頁)

このような、ラサ上流社会に身を置き、チベット人たちの社交に、いわば最初から最後まで密着したという経験は、僧侶として寺院生活を送った多田や河口、また兵営で生活した矢島には、得難いものであったと思われる。その経験が存分に活かされた結果が、彼の多数のチベット写真、ラサの人々の日常生活を撮影した写真であったと考えられるのである。

例えば、ラサの繁華街パルコルを俯瞰した写真がある(『西藏遊記』、一八八頁、写真5)。遠景に山並みの見える、二、三階建ての建物が立ち並ぶ円周のように湾曲した街路を、人々が思い思いに歩いているのが小さ

写真5 ラサの繁華街パルコル
(『西藏遊記』所載)

く見える。建物には窓が並び、街路に面した場所には上に布製とおぼしき屋根を張った露店が幾つも見え、ラサ市民の平和な買物風景がそこに写しとられている。また、「支那風の応接室」でお茶を飲む二人の男性の写真がある（『西蔵遊記』、三二七頁）。室内の装飾は豪華で、卓上には花が飾られている。談笑している二人の服装も立派である。ラサの上流階級の生活のひとこまを撮影した写真と思われる。ダライ・ラマ一三世のポートレートもいくつかあるが、特に注目されるのは、「私服を着けたる達頼法王」と題された、簡素な椅子にくつろいだ表情で腰掛け、微笑んでこちらを見ているダライ・ラマ一三世の写真である（『西蔵遊記』、三七六頁）。

このダライ・ラマの写真のように、青木写真の最大の特徴は、チベットの人々の肖像写真にあると思われる。これらの肖像写真は、被写体が衣紋を整えポーズをとった形で撮影されている。ベルやウォデルの写真のチベット人たちに、時に緊張した、敵意さえ感じられる硬い表情があるのに比べ、青木の写真の中の彼らは、日本人が肖像写真を撮られる際と同様に、微笑みさえ浮かべた、晴れがましい表情でこちらを見ている。また、幼児、児童の写真が七枚あるが、いずれも、路傍の群衆の中に子供が写り込んでいるといった、いわば偶然ともいえる機会に乗じて撮影されたものではない。特に、ラサで撮影されたものは、服装から見て上流社会に属すると判断される子供が被写体である。これは、海外を含め、青木以前の旅行記にも、また青木と同時期のチベットを見聞したベルやマクドナルドの旅行記にも見られないものである。

『西蔵遊記』には、肖像写真として撮影されたと推測される写真が、チベット事情を紹介する記述の各所に挿入されている。例えば、室内装飾に触れる際に挿入された、貴婦人三人が被写体である写真は、「室内の一部（柱に大斗の彫刻彩色を施せるを見よ）」（『西蔵遊記』、三三五頁）とキャプションをつけられ、建物内部の解説箇所に添付されている。肖像写真のこのような使われ方は、その点数の多さと、被写体となった人物、撮影場所のバラエティの幅広さを如実に示すものであると言えよう。同時に、「無料撮影の写真師として忙殺された」（『西蔵遊記』、三七一頁）という青木の記述や、多田の、「写真技師として上流社会で大歓迎を受けた」（「ラッサ時代の青木文教さん」『日本西蔵学会々報』第四号、一九五七年、二頁）という記述を裏付け、当時ラサの上流社会で、青木による肖像写真撮影が流行したことを示すひとつの証拠であると考えられる。

青木写真が、チベット情報をきめ細かく視覚化するものであり、当時のチベット社会を知る上で貴重な価値をもつことはいうまでもない。そのような意味での写真資料には、大きいものとしては二つの資料群がある。すなわち、一九〇三～四年のヤングハズバンド・ミッションの際撮影されたものと、一九二〇年代以降、ベルを初めとするチベット駐在の英国官吏によって撮影されたものである。青木写真はちょうどこの二つの資料群の、間の時期を埋めるものであり得る。

加えて、青木写真はその後、チベット情報として、非常に広い範囲に引用されることになった。例えば、戦時期日本におけるアジア関係の画像資料の集成として、最大のものの一つであったと推測される『朝日新聞』の「富士倉庫資料」がある。同資料は、戦時中に撮影・収集された七万枚余の写真資料である＊27。同紙記者の撮影によるものの他、通信社から配信されたもの、他の出版物から引用されたもの等を大量に含む。つまり、当時において、日本を中心としたアジア世界、すなわち「大東亜」に関する情報ソースとして、アジア各地の画像情報が蓄積されていったものの一つだと考えられるのである。

注目すべきは、その中に、チベット本土の資料として、青木の写真、正確には、『亜細亜大観』所載の写真が四一点含まれていることである。同資料のうち半数以上の写真裏面には、撮影者および記事の編集者等によると思われる書き込みがあり、被写体・撮影場所・日時等はここから一部推測することができる。しかし青木写真と覚しき写真資料には、撮影者である青木の名前、もしくは『亜細亜大観』という書名への言及は一切見あたらない。

また国外においては、例えば、中国国内で民国期に大量に出版された雑誌の中に、青木写真が引用されている。巻頭グラビアともいう位置に、チベット本土事情を紹介する写真として掲載されているのである。例えば『蒙蔵月報』第一巻第二期、同第三期（いずれも一九三四年、注頁数なし）がある。これにも、撮影者青木の名前等の記載はない。

しかし、画像の出典が明示されないというのは、当時としては、ごく当然のなりゆきであったとも言える。しかし彼の写真の、このような利用のされよう、つまり、彼のチベット経験の最善の成果、彼にして初めてなし得た成果であるこれらの写真が、その情報としての価値を認められ続けながら、しかしそれが彼の撮影であること、「青木文教」の成果であることには顧慮されずに、様々な媒体、国内に限らず海外にも引用されていったことには、その後の青木が歩くことになる道が重なっているように思えてならない。

青木のチベット体験の最大の特徴は、人々との「交流」であったと言えるだろう。青木自身が振り返っていたように、これをしないで「修学」に時間を充てていれば、帰国後の彼の進路は、あるいは違ったものとなったかもしれない。「修学」によるまとまった知識の獲得は、彼が故国に持ち帰る、いわゆる「将来品」の内容をも、大きく変えた可能性があるからである。多田等観や河口慧海がチベット大蔵経を持ち帰った場合のように、知識に裏打ちされた、より集約され系統だった、その意味で充実したものとなった可能性があるからである。

しかし、そうはならなかった。彼は、そのような意味の専門知識も、「将来品」も持ち帰らなかった。彼が持ち帰ったのは、物品としてはラサにおいて彼の身辺にあった品々、チベット人の生活雑貨などに限られた。それは、当時の学界から見れば、例えば、佐々木高明がすでに指摘しているように、「分量も少なく、且つきわめて雑多で、仏教研究という点からみれば一級品に属するようなものは何もなかった」と評価されざるを得ない内容であった（「青木文教師とそのチベット将来資料」『国立民族学博物館蔵　青木文教師将来チベット民族資料目録』国立民族学博物館研究報告別冊一号、一九八三年、一八一頁）。

彼が将来したものは、まさしく現地の人々との交流経験であった。そしてそれが、その後の彼の行動の軸になったと、筆者は考える。すなわち、人々と接触面を持つチベット研究、「チベット学」である。大学等研究機関での専門的訓練を受けなかったために、彼が研究者として立とうとするなら、進むべき方向はこれしか考えられなかった、とも言える。しかし、これは彼の積極的な選択であったように、筆者には思われる。文献ではなく、人々について考察する、それゆえに、である。その原点は、ヤプシプンカンの門を出て路上を行き交う人々を目にする時の、心臓の鼓動であったのではないだろうか。

＊1 この一一点の詳細は以下である。但し、再版もしくは再収録と見なしうるものを除く。出版されたものには、①「西藏視察談」（『地学雑誌』三四四号、七〜一五頁、同三四六号、二〇〜二八頁、同三四七号、二二〜二七頁、一九一七年）、②「現今の西藏」（『六條学報』一八九号、六三〜七一頁、一九一七年）、③『西藏遊記』（内外出版、一九二〇年）、④「西藏の思ひ出」（一）〜（六）『亜細亜大観―秘密国西藏』大連：亜細亜写真大観社、一九二七年、頁番号なし）、⑤「西藏入国記」（『新西域記』所収、有光社、一九三九年）、⑥『Nazo no Kuni Tibetto』（ローマ字教育会、一九五〇年）がある。手稿としては、⑦「調査事項報告第壱号」、⑧「調査報告第貳号」（アーカイブ番号五五、五六、翻刻は、青木文教「西藏調査報告」『国立民族学博物館研究報告』三〇巻三号、長野泰彦、高本康子校訂、二〇〇六年、三四九〜四一九頁）、⑨「明治四十五年度旅行日誌」、⑩「駐藏所感」、⑪「出藏記」（アーカイブ番号三、六〇、いずれも翻刻は、青木文教「チベット日誌」（長野泰彦、高本康子校訂、『国立民族学博物館研究報告』三四巻四号、二〇一〇年、七六五〜八〇二頁）、すべて民博アーカイブ所属資料である。

＊2 例えば以下のような書簡がある。全文を引用する。いずれも原文はチベット語、日本語訳は津曲真一氏による。〔　〕内は同氏による補足である。

①アーカイブ番号九「ラサ〔にある、ダライ・ラマの〕ご両親のお宅に〔いらっしゃる〕、トゥプテン・タシ様へ差し上げる。〔この手紙は〕ギャンツェより財務管理人テーションが十月五日に呈上した」。

②アーカイブ番号一〇「殊勝なる博識の御方、トゥプテン・タシ・リンポチェ様へ。手短に申し上げます。先日お会いして頼まれた件ですが、差し上げた外国〔の通貨で〕三コル五カルのチケットは喜んでお受け取りになり、〔また、〕ガントクのベル政務官は現在ギャンツェにいらっしゃるのでお手紙を確実に差し上げ、〔更に〕インドの郵便を通じて差し上げるべきお手紙も確実にお送りいたしました〔ので、これらの〕ことなど〔について〕ご留意下さい。贈り物に吉兆なる言葉の飾りを添えて。〔この手紙は〕ギャンツェより小生〔即ち〕管財人〔である〕テーションパが七月一日吉日に呈上した」。

＊3 民博アーカイブには、青木宛のチベット語文書簡で、差出人は不明であるが、同送した新聞をダライ・ラマに届けるように依頼するものが残されている。これは、青木の言う「翻訳」にかかわるものだと思われる。以下全文を引用する。いずれも原文はチベット語、日本語訳は津曲真一氏による。〔　〕内は同氏による補足である。アーカイブ番号六「親愛なるリンポチェへ　用件は以下の通りです。卵を少しばかり差し上げたこと、喜んでいただけで嬉しいです。差し上げた二部の新聞は、明後日、〔ダライ・ラマ〕猊下に差し上げる必要がありますので、確実に差し上げてくださるよう、お願いいたします。〔この手紙は〕只今、呈上した」。

＊4 例えば、佐藤長は以下のように述べている。「発音もまた驚くほど綺麗であった。それはラサの上流階級の発音だったのである」（佐藤長「解説」青木文教『西蔵遊記』中央公論社、一九九〇年、三八一頁）。また中根千枝も以下のように述べている。「先生の発音はラッサの貴族の家で習得されたものだけあつて、世界のチベット学者の中でも一番よい部類に入ると思う。それは青木先生にチベット語を習つた私が、後、インドとチベット国境のカリンポンという町で、チベット学の研究をした際、ラッサ出のラマ僧やチベットの貴族達とお話する様になつても、少しも困らなかつたことである」（中根千枝「青木文教先生の御逝去を悼む」『日本西蔵学会々報』第四号、一九五七年、三頁）。

＊5 以下全文を引用する（原文はチベット語、日本語訳は津曲真一氏による。〔　〕内は同氏による補足）。アーカイブ番号一一「癸丑年一月一日から賃金の区切りを設けた。外国〔語の〕翻訳〔をしている〕トゥプテン・タシに謝礼の意味〔を込めて〕月給を銀貨を二十サンずつ〔支払い、それが〕宗務局からきちんと支払われた〔という〕証明書〔をここに発行する〕。収支計算書と支払い書名も〔必要であれば〕申し出て、取りに来てください」。

＊6 青木に支給されたこの月々の手当二〇サンは、米価をもとにして現代の円に換算すると、五〇〇〇〇円余りとなると推測される（『明治大正国勢総覧』（東洋経済新報社、一九七五年）所収「（大蔵省調）東京物価品別高低累年表」参照）。

＊7 矢島が行った訓練について、矢島以外の記述では、多田等観『チベット』（岩波新書、一九四二年）に詳しい（一一六頁）。一九一四（大正三）年二月、ラサ滞在中の青木が書いたと思われる報告書「調査事項報告第壱号」には、チベット軍の概要を述べる際に、「支那式」、「露国式」の「新式兵」には言及するが、矢島には触れられない（前掲「西藏調査報告」、三六六頁）。従って、矢島が教官となって訓練が実際に始められたのは、少なくともこの一九一四年二月以降のことであったと考えられる。

＊8　本文中に述べたように、このチベット人少年を被写体とする写真は、『西蔵遊記』に収められていない。しかし青木没後、『西蔵遊記』および一九四〇年の著作『西蔵文化の新研究』を合わせて出版された『西蔵』（芙蓉書房、一九六九年）には収録されている（一六九頁）。しかし同書収録の写真には、青木撮影以外のものも多く含まれており、この写真が青木によるものと確定するには至らなかった。

＊9　民博アーカイブ番号二二は印がなく、同四九は印がある。内容が同じであるので、番号二二は同四九の写しであると考えられる。以下全文を引用する。原文はチベット語、日本語訳は津曲真一氏による。〔　〕内は同氏の補足。「徳の力が極大なる日本国大王〔※天皇〕様へ。近頃、大王はお身体の調子がよろしくない〔ということでしたが〕、三宝の慈悲によって、ここのところは体調も良くなられたようで、私も安心いたしました。〔また〕チベットと日本の両国は同じ仏教〔国であること〕により、昨年、当方の弟子であるトゥルク・ガワンロサン・プージョがそちらに伺った際、本願寺と大王が仏教に忠誠を尽くされ、できる限りの手助けをして下さったことに感謝いたします。現在〔起きている〕中国とチベットの論争に関しましては、ダージリンでイギリス・チベット・中国〔という〕三国の高官が集まることが決まりましたので、こちらからは大臣のシェダワが行くことになっています。しかし、中国側はチベットの真の領土〔である〕カムのチャブダ地方に軍隊を派遣し、〔依然として〕法に違反し続けています。中国軍が撤退して、チベットに自由独立がもたらされるために、現在と未来のちべっとのために良い結果が出ますように、中国側に力を尽くしてくださるよう、どうか出来る限りの手助けをお願いいたします。そればかりでなく、友好のお手紙が繰り返しいただけますよう、宜しくお願い申し上げます。カターと仏陀のお写真を添えて。〔この手紙は〕ダライ・ラマがチベット〔の暦〕の流儀で癸牛の年の五月二十二日に呈上した」。なお、同四九が収められていた封筒（民博同アーカイブ番号四八）には、「宮内省御貸下」と表書きにあるので、同四九は一度宮内庁に送られたものが戻され、青木の手元で保管されていた可能性がある。

＊10　『西蔵遊記』所載写真は一五一点である。これに対し、河口慧海『西蔵旅行記』、『第二回チベット旅行記』（講談社、一九八一年）、多田等観『チベット』（岩波書店、一九四二年）は〇点、多田『チベット滞在記』（白水社、一九八四年）は八点である。更に、海外のものではWaddellの *Lhasa and Its Mysteries* (London, 1905) が八六点、Bellの *Tibet, Past and Present* (London, 1924) が四〇点となる。

＊11　いずれも「成田安輝氏拉薩旅行写真集」と題し、短い説明文を付して掲載された（『地学雑誌』一八三〜一八六、一九一、一九二号、いずれも一九〇四年）。また、掲載初回『地学雑誌』第一八三号には、小川琢治による解説がある（小川琢治「成田安輝氏拉薩府旅行」、一九三〜一九四頁）。

＊12　長谷川伝次郎は一九二五年インドに渡り、ベンガル州のサンティニケタン大学に留学、古美術を研究した。このヒマラヤ旅行で撮影された写真は旅行記『ヒマラヤの旅』（中央公論社、一九三二年）に収められており、日本で最初のヒマラヤブームが起こるきっかけとなったと言われる（深田久弥『ヒマラヤ登攀史』岩波書店、一九六九年、二〇四頁）。

＊13　石崎光瑤はこの一九一七（大正六）年のインド・ヒマラヤ旅行での取材により「熱國妍春」を完成し、文展特選を受賞した。また日本山岳会の最初期の会員でもあり、一九〇九（明治四二）年民間人としては初めて剱岳に登頂している（富山県［立山博物館］編『石崎光瑤の山』同館、二〇〇〇年、五〇頁）。

＊14　なお、写真を多数掲載した青木の著作としては他に、六〇枚が収められた『亜細亜大観』（亜細亜写真大観社、一九二七年）、三七枚が収められた「西藏入国記」（『新西域記』所収、有光社、一九三九年）がある。

＊15　民博アーカイブには、戦災で失われた写真資料のリストと思われる資料が二点含まれる（「写真内容」アーカイブ番号三二二、「戦災欠失分補欠写真目録」アーカイブ番号二六一）。

＊16　石崎が残した写真資料としては、「幻灯用彩色硝子板」七一点、「第一回印度行」と題する「密着印画」五四点がある（富山県［立山博物館］所蔵）。前者は「印度窟院精華」と大部分が一致するものであり、同館編『石崎光瑤幻灯用彩色硝子板作品（印度行記）』（同館、二〇〇〇年）として出版されているが、後者は未発表である。『西藏遊記』中の「光瑤画伯寄贈」三点の写真は、『印度窟院精華』（便利堂、一九一九年）にはなく、従って、この未発表の写真の中に含まれるものであると思われる。但し、石崎は帰国後、何回かこのヒマラヤ旅行について講演をしているので、その際に何らかの形で披露された可能性はある（この石崎の講演については、日本山岳会機関誌『山岳』、第一一年第三号、一九一七年九月、二五五頁、第一二年第一号、一九一八年一月、一九二、一九八〜一九九頁、第一二年第二・三号、一九一八年七月、二五〇、二五七、二五七、二五八頁）。

＊17　この写真は前掲富山県［立山博物館］編『石崎光瑤幻灯用彩色硝子板作品（印度行記）』一八頁掲載のものである。青木文教『亜細亜大観』第四輯第三回所載、「十、ダーヂリン（四）」と題されるものと同一であると思われる。

＊18　一八七〇年カルカッタに生まれ、英領インド政庁に入ったのち、一九〇四年には、ヤングハズバンド・ミッションに参加した。一九〇六〜一九〇七年には、シッキム政務官クロード・ホワイトの代理を務め、一九〇八〜一九一八年の一〇年間は、シッキム政務官を務めた。一九二〇〜一九二一年には、ダライ・ラマに招かれ、外交使節団の代表としてラサに滞在した（D・スネルグローヴ、H・リチャードソン『チベット文化史』奥山直司訳、春秋社、一九九八年、四一九頁）。

＊19　例えばベルの著作について、前掲スネルグローブ、リチャードソン『チベット文化史』は、「チベット事情とチベットの人々に関する、実体験に基づく報告として、すべてのうちで最も重要なもの」という評価を与えている（三一六頁）。また、少々時代を遡った一九三七年にも、「多年にわたりチベット政府と接触を死、一九二〇〜二一年にほぼ一年間、ラサに滞在するという幸運をもったチャールズ・ベル卿」（F・デ・フィリッピ「編者序文」I・デシデリ『チベットの報告』一、一九九一年、一六頁）という記述がみられる。

＊20　なお、『西蔵遊記』においては、写真タイトルについて、目次の表記と各頁掲載の表記が若干異なる場合がある。本稿では後者をとった。

＊21　英国のピット・リバー博物館と、大英博物館は、所蔵する膨大な点数のチベット関連写真を、一九二〇年から一九五〇年までのものについて整理し、インターネット上で公開している（**The Tibet Album: British Photography in Central Tibet 1920-1950**）。ピット・リバー博物館所蔵分としては、ベル、チャップマン、スターントン、リチャードソン、ネピアン、大英博物館所蔵分としてはホプキンソン、リチャードソンのコレクションがある。当該写真はこのうちベル・コレクションに含まれるもので、ウェブ上で公開されているデータでは、撮影者、撮影年月日が確定されていない（番号 1998.285.2821）。

＊22　『西蔵遊記』の「外著複写」写真の出典について以下、同書所載頁を「〜頁」、前掲 ***Lhasa and Its Mysteries*** 所載頁を「p.〜」で示す。五七頁:p.112、八三頁:p.234、一一五頁:p.290、一七一頁:p.152、二二一頁:p.392、二八五頁:p.176、三〇六頁:p.168、三八一頁:p.308、三八三頁:p.314、三八六頁:p.306、三九三頁:p.280、四一三頁:p.122、四一六頁:p.96、四一七頁:p.92、四四五頁:p.66。

＊23　例えば、前掲『チベット文化史』は、この書を、「自らの見聞を述べた優れた報告書」と評価している（三一六頁）。

＊24　『地学雑誌』第二四六号（一九〇九年）八〜一二頁にその資料リストが掲載されている。

＊25 例えば、彼が戦時期においてまとめ、戦後出版される予定であった草稿「西蔵全誌」がある（アーカイブ番号三二一～三七一）。これは、彼のチベット研究における集大成ともいうべき内容であるが、この著作にも青木は、ウォデルのデータを使用している。「西蔵全誌」については第八章で詳述する。

＊26『新西域記』中掲載写真数最多の報告二編と比較すると、該当する写真数は以下である。青木文教「西蔵入国記」は三七枚中二四枚に対し、吉川小一郎「支那紀行」は二四六枚中三二枚、渡辺哲信「西域旅行日誌」は一四九枚中三七枚。

＊27 同資料に関しては、すでに二〇〇六年、『朝日新聞』紙上において、「写真が語る戦争　歴史と向き合う」と題する連載記事が組まれ、二〇〇六年七月～二〇〇九年三月に全三三回にわたって掲載された。これは『朝日新聞の秘蔵写真が語る戦争』（朝日新聞社）としてまとめられ、二〇〇九年に出版された。なお、同資料のうち一万枚については、「朝日新聞歴史写真アーカイブ」と題しやはり二〇〇九年より、朝日新聞提供による図書館・学校向け記事データベース「聞蔵Ⅱビジュアル」のオプション・サービスとして利用が可能になった。

第五章

「神地」との別れ

第一節　出発まで

青木の記述によれば、ラサでの滞在三年目、すなわち一九一五（大正四）年が終わろうとする時に、「最早三年の留学期も充ちたれば直に出蔵せよ」という「帰朝の命令」を受けたという（青木文教『西蔵遊記』内外出版、一九二〇年、三六八～三六九頁）。これは、同年末に急遽決まったものではなく、実際の出蔵準備は、半年以上前から進められていた形跡がある。例えば、民博アーカイブ中には、ヤプシプンカンの青木宛、キャンプ・ギャンツェのチャールズ・ベルからの、以下のような手紙が残されている（アーカイブ番号一〇四、一九一五年八月三一日付、原文は英文、日本語訳は筆者による）。

私は一九一五年八月四日の、チュンビ、ガントク経由ダージリンまでの旅についての許可を申請する貴下のお手紙に対して、光栄にもお答えするものであります。本官が貴下にお目にかかる際に、ご依頼のパスポートを認めることができることを、うれしく思います。私は上記の場所に、三週間は少なくとも滞在する予定です。パスポートに関しては、貴下が個人的に私に申し出てくださるのであれば、何等問題はないと存じます。

この書簡は、青木が出蔵にあたって、ベルに、チベット・インドの国境地帯通行の了承を求めた、その返事であると思われる。文中に見るように、ベルはそれを快諾し、従って青木の出蔵は、英領インド政庁当局をはばかり不自由な秘密行動をとらざるをえなかった入蔵時とは、全く異なる状況となった。

青木の出蔵にあたっては、西本願寺から「帰朝費」が「七百円」支出されたことが、多田等観の父義観が等観に宛てた書簡中に見える（多田明子、山口瑞鳳編『多田等観』春秋社、二〇〇五年、一三五頁）。しかしこれは、チベットから日本への、単なる帰国費用ではなかったと考えるべきである。

それは、出蔵途上のシガツェから、徳富蘇峰宛に発信された青木書簡（一九一六年二月一六日付）にうかがえる。この書簡で青木は、大谷光瑞から日本とチベットの貿易を始めるように指示があったことに触れ、しかし「大体ノ御指令ノ外ハ多ク小生独立ノ行動ニ委セラ《マ》レコト《マ》ヲ懇願致シ最近ノ御命令ハ主ニ小生ノ独断ニ御任セアルヤウニ思ハレ申シ候」と述べている。そのため、当分は、「流浪ノ身ノママ気楽ナ旅行ヲ続ケ万事成リ行キニ任スト云フ方針」をとる、と青木は書いている。

更にここに、ダライ・ラマの依頼が加わる。ダライ・ラマは今回の青木の出蔵に合わせ、インドに特使を派遣し、①英国政府から武器を購入し、②貨幣・郵便制度について調査すること、を考えていた。①について、英国が応じない場合は、英国の同意を得て日本政府と交渉することが、計画されていたようだ。青木には、特使の活動全般に対する支援が依頼された。前掲の徳富蘇峰宛書簡では、英国当局の了承を得られるならば、特使を伴って帰国する可能性がある、と青木は述べている。従って、前述した西本願寺からの「帰朝費七百円」は、以上のような、インドでの当面の活動費用を含んだものと考えなければならないだろう。

前章でも触れたが、青木の出蔵時については、「出蔵記」と題する青木の手記が、民博アーカイブに残されている（アーカイブ番号六〇）＊1。当時日記として書かれたと思われるこの「出蔵記」は、帰国後資料を整理した上で執筆された『西蔵遊記』と比較すると、その道々に書かれているだけに、『西蔵遊記』にはあまり見られない、青木の個人的な感慨に属するものが各所に見られる。

更に、出蔵の際彼が通ったラサ―カリンポン間については、太平洋戦争期に彼自身が作成した詳細なルートマップ「「カリンポン」「ラッサ」間」が、民博アーカイブに残されている（アーカイブ番号三六六、写真1）。これは、「西蔵全誌」のタイトル下にある草稿群に含まれるもので、沿線の情報が要地ごとに整理されており、当時の道路状況を詳しく伝えるものである（「西蔵全誌」については第八章で詳述する）。

従って以下、『西蔵遊記』の記述を主軸にしつつ、その時々のより具体的な状況を、青木自身の行動については「出蔵記」で、またその土地の状況など外部的な情報については「「カリンポン」「ラッサ」間」を参照し述べることとする。

まず、一九一六（大正五）年一月二二日、『西蔵遊記』によれば「謁見式」があった。ここで青木はダライに、「サンビリクト」の「学位」を賜与されることとなった（『西蔵遊記』、三七〇頁）。その旨を記した文書を彼はこの時、ダライに授与されている。その写真は、『西蔵遊記』三六九頁に掲載されており、または証書実物は、国立民族学博物館青木文教師アーカイブに残されている（アーカイブ番号九九）。

この「謁見式」と同一のものかは不明であるが、この日「出蔵記」によれば、ダライ・ラマの「公式ノ特別室謁見」があった（青木文教「チベット日誌」長野泰彦、高本康子校訂『国立民族学博物館研究報告』三四巻四号、二〇一〇年、七七七頁）。ここで彼は上述のように、「特使カシャ議院書記生」、すなわちインドへのダライ特使の、「事務を指導」することを、ダライに依頼される（『西蔵遊記』、三七五頁）。

翌日、ノルブリンカにおいて、「最後の私謁」があった。「近侍の者を悉く避けて」（『西蔵遊記』、三七五頁）、三〇分に及んだ（「チベット日誌」、七七七頁）。ここでは、上記特使派遣の他、青木個人に対して、日本の植物の種子の郵送が依頼されたという。そしてダライは青木に、「再入蔵を期せよ、健在なれ」という言葉を贈った（『西蔵遊記』、三七七

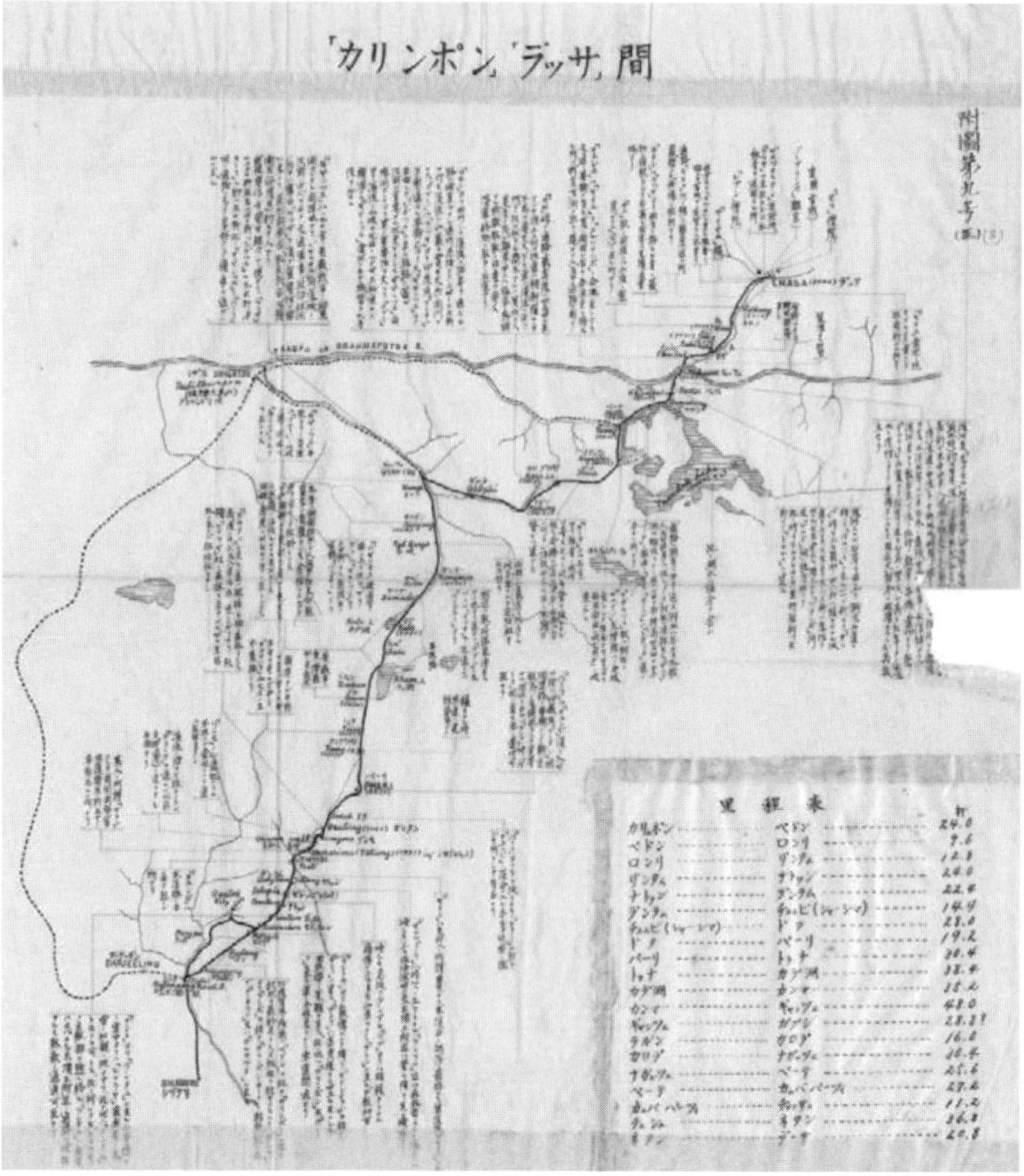

写真1　カリンポン・ラッサ間の地図(『西蔵全誌』)

頁)。「出蔵記」によれば、この日、ラサ出発が五日後に決定されたという(「チベット日誌」、七七七頁)。その後二日間、青木は帰国の挨拶に追われた。

第二節　ラサを出て

ラサ ― ギャンツェ

一月二六日　ラサ出発当日である。午前中は早朝から、やはり別れの挨拶に訪れる人々との応接で忙しく、正午ごろに食事をとったのち、ようやく出発準備が完了した。荷物の一隊を先行させ、本隊は六騎、それに見送り人一〇騎が付き添ったという(『西蔵遊記』、三七七頁)。ヤプシプンカンの前は、見物の群衆が集まっており、そこをかき分けるようにして、一行は出発した。

当時のラサには、送迎の習慣として「茶酒を用意して送別の小宴」(『西蔵遊記』、三七七頁)が催されていたらしい。これは青木によれば、「拉薩人の最も重んずる風習」であり、ラサから三マイルほどの地点の、ケーツェルテンという「祠堂」に「送迎館」が設けられていた。ここで青木のために、ツァロン特派の家従一行が準備を整えていた(『西蔵遊記』、三七七頁)。更にその先、デプン寺を過ぎ、ラサから五マイルほどのシンドルカルの「送迎所」(『西蔵遊記』、三七八頁)でも、再度歓送のもてなしがあり、そこでいよいよラサの人々と袂を分かつこととなった。ティサムを渡って、青木はラサの方角を振り返り、夕靄の中に見えなくなっていく「聖都」を見ていたようだ(「チベット日誌」、七七七頁)。この時の青木の胸中を測るものに、この日の「出蔵記」の記述がある。以下現代文にして引用する。

振り返れば、私が入蔵したのは、大正元年一〇月であった。ラサに到着したのは、大正二年一月である。壮麗なポタラ宮殿、森厳な空気に包まれたトゥルナンの寺院、神の地であるこの聖なる都市で過ごした三年が、夢のように思い出される。チベット入りはインドに来た時からの宿望であったが、周囲の人には、そんなことは夢物語だと笑われたものだ。しかし私の、いわばその空想は、着々と事実になった。入蔵したのち、ラサでの三年においてもやはり、空想の半分は現実となった。半分は夢と消えたとはいえ、今回の出蔵も、また空想と運命との試験的行動に過ぎない＊2。

この記述は、ラサの三年間が、青木にとっていかに充実した、幸福なものであったか、それをありありと物語るものであると言えるだろう。

この日はネタン泊まりとなった。従卒ツェリン・ゴンポの自宅に宿泊したという（『西蔵遊記』、三七八頁）。このツェリン・ゴンポは、入蔵した際チュンコルヤンツェでツァロンから提供された使用人と同一人物であると思われる。

一月二七日　この記述は『西蔵遊記』にはない。「出蔵記」によると、旅行準備を万全にするため、ネタンに滞在していたことがわかる。チベット仏教の高僧アティーシャゆかりのドルマラカンなど、各所を訪問してもいる（「チベット日誌」、七七八頁）。

一月二八日　ネタンを発し、チュシュへ向かった。「出蔵記」には、ガンという場所まで、悪路が続いたことが記述されている。『西蔵遊記』には、ここで「矢文《ダイク》」に関する説明が挿入されている。これは「特別の飛脚」によって、沿道の各駅に通達されるもので、「何日頃某々一行が其地を通過すべし所要の準備に遺漏なき事を要す」という旨が記されており、各駅の「宿主」にはこれによって、所定の準備と、該当の旅行者を郊外まで出迎えるという義務が課されるというものである（『西蔵遊記』、三七九頁）。青木一行のためにも、この「矢文」が飛ばされており、彼等が夕方到着すると、迎えの人々が出ていた。

チュシュは旅行者には評判の悪いところだったようで、青木も『西蔵遊記』に、「聞く所によればチユシウ駅は古来人情浮薄陰険にして旅者が常に盗難の災厄を被るのみならず馬匹の駅換等も決して満足に行はれない所」（前同）と書いている。しかし実際には、彼自身すこぶる満足のいく対応であったようだ。「出蔵記」には、「凡テカ希望通リニ進行シ荷馬乗馬遺憾ナキマテ優等ノモノ耳ナリ」（「チベット日誌」、七七八頁）とある。

一月二九日　チュシュを出発し、チャクサムの寺院近くの、ヤルツァンポ渡河点に到達した。青木はこの渡河に非常に興味を持っていたようで、『西蔵遊記』にも詳細な記述があり、また写真も撮影している（写真２）。「出蔵記」には、渡し場全体の、手書きの見取り図も残されており（写真３）、一九〇四年、ヤングハズバンド・ミッションの渡河も、一例として引用されている。

写真２ チャクサムの渡し

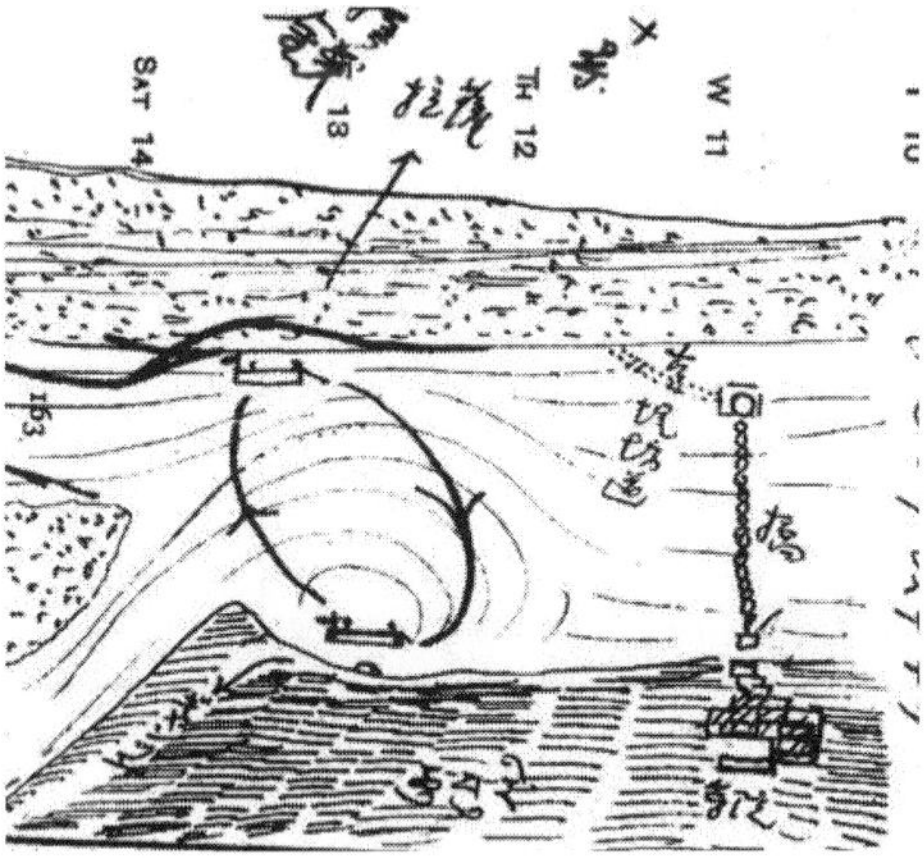

写真３ 渡し場全体の、手書きの見取り図

青木の記述によれば、この地点でのヤルツァンポ川の川幅は「約三町」（およそ三三〇m）、この距離を三〇分ほどかけて、川の流れが旋回している部分を利用し、船で渡るものであった。渡し船は、全長が「凡そ五間半」（約一〇m）、幅が「二間余り」（約三・六m）、深さが「約三呎位」（約九〇㎝）の「箱形」で、積載は人間なら八〇人、チベット馬なら二〇頭が可能であった。両岸に一隻ずつ備えられており、船賃は「一カルマガ（凡そ五銭）」、馬には一頭「一ショカン（約十銭）」で、増水時には割り増し料金となり、しかし旅券（ラムイク）所持者は無料であったとされる（『西蔵遊記』、三八一頁）。

渡河後、対岸に、かつて三ヶ月ほどを過ごしたチュンコルヤンツェの寺院を見る。「出蔵記」には、「既往ノ感亦夢ノ如シ」（「チベット日誌」、七

記述(地点間に関するもの)
「キチュ」盆地ノ坦々タル良道ニシテ此ノ間約二一粁ナリ
原野ヲナシ耕田・部落多シ
(ツァブナン―チュシュ)荒涼タル砂原
渡河スレバ右岸ヲ西ニ上リ漸次山道ニ移リ「パルツィ」ニ至ル11.2粁ヨリ「カンバ」峠ヲ上ル。最初ノ4.8粁ハ緩ヤカナル坂道ヲ609.6米上リ次ノ1.6粁ハ急坂ヲ609.6米余上ル。頂上ヨリ「ツァンポ」河及「ヤムド」湖ノ眺望佳ナリ。此ノ峠ヲ下ルコト3231米行程約1.6粁ニテ「トマルン」ニ達ス
道路ハ湖岸ニ沿テ通ズ。湖水ハ冬季氷結、人畜往来ス。但シ「ペーテ」付近ハ凍結セズ。「ヤムド」湖ハ蠍形ヲナシ周240粁標高4542米「ペーテ」ノ南西ノ「ヤーシ(ヤンシ)「シガツェ」道ノ分ルヽ所ナリ
「カロ」峠ノ通路ノ最高度ハ4542米ニシテ頂上ニ向フ坂道ハ傾斜緩ニシテ下馬ヲ要セズ。下リ道ハ渓流ニ沿フ。所々ニ杦ニ似タル喬木アルハ異例トス。夏季ニ茂ル雑草中ニハ猛毒ノ鳥頭アル。騎獣駄獣ニ注意ヲ要ス。渓道ノ終端ニ数戸ノ石室アリ

表5 ルートマップ「カリンポン」「ラッサ」間の記述①

地名	記述(各地点に関するもの)
ラッサ	—
セラ僧院	—
達頼宮城	—
ノーブリンカ離宮	—
ケエツェルテン	送迎所「ラッサ」ニ来往スル公私ノ旅者ヲ送迎スル所
レプン僧院	—
ティサム橋	—
—	南方ヨリ「ラッサ」ニ来ル旅者ノ始メテ宮城ヲ遠望スル地点ナリ
—	通路「キチュ」河ニ瀕シ懸崖迫ル所巌壁ニ大仏像アリ
ネタン	「ラッサ」ヨリ南方ニ旅スル者ノ最初ノ宿駅トシテ名高シ。付近ニハ史蹟及霊場アリ
ナム	「ナム」駅ノ前後ニハ山陵ノ懸崖「キチュ」(河)ニ迫ル所アリ
ジャン	—
ツァブナン	—
チュシュ	「キチュ」ト「エルツァンポ」ノ合流点ニアリ交通ノ要衝ニ当ル。其ノ南西ニ当リ合流点ニ接スル所ニ断崖深淵ニ迫リ纔ニ人畜ノ通路ヲ開ク
チャクサム	渡河点「チャクサム」左岸ハ砂原、右岸ハ山麓、川巾1粁内外、水巾冬季(減水時)約三百米。渡河所要時間木舟ニテ約30分(木舟ノ最大ナルモノ)長10米巾4米人間ノミナラ約80人西蔵小馬ナラバ20頭ヲ搭載。中流ニテ10粁内外両岸ニ近ヅクニ従ヒ緩慢ナル旋回流ヲナス水深左岸ハ一米内外ノ遠浅中流ノ右岸ノ水深詳ナラズ。渡河点ヨリ数百米下流ニ往時ノ鉄索ノ吊橋ノ遺物アリ。右岸ノ「チエラリ」山麓ヨリ左岸ニ近キ小島ニ架ス。小島ト左岸トノ流水漉式ノ堤防ニヨリテ連接セシムルモ現在大部分ハ破壊セラレ小島孤立セリ
パルツィ	—
カムバラ	—
ヤムド湖	此ノ湖水ハ塩分ヲ含ム
トマルン	—
ペーテ	—
ナガルツェ	「ナガルツェ」駅ハ付近ノ「サムテン」尼僧院ヘノ分岐点トシテ有名ナリ。是ヨリ南及南西ニ向ヒ「カロ」ノ峡道ニ入ル
ザーラ	「ザーラ」ニハ石室アリ。旅者ノ利用ニ委ス。之ヨリ狭キ登リ坂トナル。但シ奇勝ニ富ム。渓谷ノ右側(上方ニ向ツテ)海抜4367米ノ氷嶺聳ヘ連ナル
カロラ	—
ラルン	—
ガプシ	「ラルン」ヨリ西行シテ渓流ノ沿岸ヲ通ズル。路ハ懸崖ヲナシ通行危険ナリ24-26粁ヲ行キ渓流ハ山巌ヲ貫キ天然関門ヲナス。「ゴプシ」ハ「ラッサ」ヨリ印度及「ブータン」方面ニ通ズル要衝ニ当リ又「ギャンツェ」ヲ経由シテ「シガツェ」ニ至ル旅路ニ当ル。以前ハ重要ナル地点ナリシモ「ギャンツェ」商埠開カレテヨリ其ノ重要性ヲ失ヘリ。「ゴプシ」ヨリ渓流ノ山峡ヲ北西ニ24、5粁進メバ広闊ナル「ギャンツェ」盆地ニ出デ城砦ト大寺院ヲ望ム

七九頁）とある。この日は、カンバ・ラ峠の麓、パルツィ泊まりとなった。カンバ・ラは標高五〇〇〇m余り、青木によれば、「印蔵通商路中稍困難なる峠の一つ」（『西蔵遊記』、三八五頁）である。

一月三〇日　いよいよカンバ・ラ越えとなった。「出蔵記」によると、未明にパルツィの宿を出立し、午前九時に峠の頂上に達した。峠を下って正午ごろ、トマルンという駅で食事をとり、そこからはヤムドク湖に沿って進んだ。この日は寒く、湖は氷結しており、その上を人馬が往来しているのが見えた。またラサ出発以来初めて、頭痛も出たようだ。到着したペーテの宿では、やはり準備が整えられ迎えが出ていた。

興味深いのは、当時書かれた「出蔵記」にはないが、帰国後書かれた『西蔵遊記』に、カンバ・ラからラサ市街が見えないことが、詳細に書かれていることである。

日本人初のチベット旅行記であり、出版当時も話題を呼んだ河口の『西蔵旅行記』（博文館、一九〇四年）には、帰国途上の河口が、このカンバ・ラからラサを遠望して名残りを惜しむ場面がある。青木は『西蔵遊記』において、河口の名前こそ出さないが、「或人の紀行文には此頂上より拉薩を望見し得ると書いてあるが」（三八七頁）とし、ラサはここからは見えないと、たたみかけるようにその理由を列挙する。すなわち、①ここから青木自身、望遠鏡を使ってラサ方面を遠望したが、全く見えなかったこと。②ヤングハズバンド・ミッションに同行した英国軍人の記録にも、ラサは見えないと書いてあること。③ラサの「俗謡」に、「カンバ峠の高嶺より、拉薩を眺め得るならば「妙」の女神の御姿を、此の峰上に拝むらん」というものがあり、これはラサが見えないことを嘆く歌である。つまりラサの人々もここからは街が見えないとしていること。④ここを往復する地元の人々も、ラサは見えないと言っていること、である（『西蔵遊記』、三八六～三八七頁）。

このような記述は、後述するが、河口慧海との争いである「大正の玉手箱事件」の影響かと思われる。『西蔵遊記』が出版されたのは、この事件以後であり、原稿を整理している段階で、河口に対する青木の心情が反映された一つの例が、このカンバ・ラに関する記述なのではないかと思われる。

一月三一日　「出蔵記」によれば、ペーテを出発し、女性の転生ラマを戴くことで名高い名刹サムディンを遠望しつつ、午後二時過ぎ、宿泊地であるナガルツェに到着した（「チベット日誌」、七八〇頁）。

二月一日　未明に荷物部隊を先発させ、一行は日の出とともにナガルツェを出た。この日は、やはり標高五〇〇〇mほどに達するカロ峠を越える旅程であった。「出蔵記」には、「寒烈甚タシ」、「天気晴朗ナレトモ烈風肌ヲ裂クガ如シ」（「チベット日誌」、七八〇頁）等とあり、非常に寒気が厳しかったようだ。峠道を上っていく途中に、「ザアラの石室」（『西蔵遊記』、三八九頁）があり、旅行者の休憩地点であった。正午ごろに青木が到着した時も、数組のキャラバンが昼食中であった。ここで青木は偶然、ツァワ・ティトゥルの従者の一人と邂逅する。彼はインドからの帰途であった。彼がカルカッタで大谷光瑞に会見したことを、青木は聞いた（『西蔵遊記』、三八九頁）。ここで食事をとり、更に峠越えに向かう。途中には、ヤングハズバンド・ミッションの際、激戦地となった場所があり、青木は写真撮影をしている（『西蔵遊記』、三九〇頁所載）。峠からの下りには、氷結した渓流に沿う箇所があり、馬が足を滑らせて転倒する場面がしばしばあった（『西蔵遊記』、三九一頁）。この日はラルン駅泊まりとなった。

二月二日　ゴプシ駅に午後一時過ぎに到着した。少々時間が早かったが、目指すギャンツェまではまだ三〇キロ弱を残すということで、この駅泊まりとなった。

ギャンツェ ― シガツェ ― ギャンツェ

二月三日　日の出とともにゴプシを出、午後二時頃にはギャンツェに到着した。青木はギャンツェの町から「約十町」、つまり一㎞ほどの郊外にあるヤプシプンカンの別邸、チャンロ邸に向かい、ギャンツェ滞在中はここを宿所とした。チャンロ邸は、ヤングハズバンド・ミッションの際、指揮官ヤングハズバンドの宿舎となった場所であり、同地において指折りの屋敷であったと言えるだろう。ギャンツェ到着のこの二月三日は、チベット暦の一二月三〇日であり、この年の大晦日にあたっていた（『西蔵遊記』、三九四頁）。そのため、年末の取り込みを考慮して、青木はギャンツェ県城に直行、知事を訪問した。更に、「出蔵記」によれば、この日夕方、アフタヌーン・ティーの時間に、英国のトレード・エージェントを訪問している（「チベット日誌」、七八一頁）。当時商務官は更迭されており、チュンビ駐在のデイヴィッド・マクドナルドがこれを兼務していた。マクドナルドはちょうどギャンツェ滞在中で、青木は非常に歓迎されたようである。「出蔵記」によると、マクドナルドは彼に、出蔵の理由を尋ね、青木はダライの依頼内容も含めて、簡単に説明した（前同）。この日青木はこのトレード・エージェントの郵便局で自分宛の書簡一通を受け取り、また多田等観宛に新聞などが届いていたことを「出蔵記」に書いている（前同）。

二月四日　チベットの元日であり、宿所チャンロ邸で過ごした。ギャンツェの正月行事は、ラサとの違いが目についたようで、「出蔵記」には「大ニ田舎臭ヲ帯ビ」（前同）等という記述も見られる。午後からはトレード・エージェントの午餐会に招かれて出かけている。軍営内を案内され、午後一時に正餐が始まった。『西蔵遊記』には、「四年振に文明の洋食卓に就く事を得」（三九六頁）とある。英国の雑誌やインドの新聞をここで借り、チャンロ邸に引き上げた。「出蔵記」によれば、この時、軍営内の郵便局で、インドからの書留と六〇〇ルピーの電報為替を受け取った。マクドナルドの口添えがなければ、この受け取りは難しかったに違いないと青木は書いている（「チベット日誌」、七八一頁）。

書留郵便の中身は、故国日本からの通信であった。伯父青木達門、両親、弟、太田信海、佐竹源造、柱本瑞俊からの手紙と、大正天皇の即位記念の絵はがきや切手などが同封されていたという（前同）。これらを開いて見て、郷愁を強く感じたのだろう。青木は「出蔵記」に、「西蔵ノ正月ハ又小生一人ノ正月ナリキ」と書いている。更に「伯父（佐竹）逝去ノ悲報ヲ詳細ニ聞キシハ最大ノ悲意ナリキ」という記述が続くことから、青木はこの時、母方の伯父佐竹作太郎の逝去を詳しく知ることとなったと思われる（前同）。この日の記述は、「悲喜交々至ルモ是亦人生ノ旅路ナリ―夕暮疾塵風―」と結ばれている。

二月五日　朝からマクドナルトが来訪した。青木によると、マクドナルドはチベットと中国の古美術に興味を持っており、この日は、ラサで青木が収集した骨董品や絵画を見たいと言ったようである。更に青木は、ラサで撮影した写真を収めた手製のアルバムをマクドナルドに見せた。マクドナルドが、これらの写真を所望したため、青木は十数枚を贈った（『西蔵遊記』、三九七頁）。

「出蔵記」にはこの日、カメラを持ってギャンツェ見物に出かけたとある（「チベット日誌」、七八二頁）。青木は入蔵時、ギャンツェを通過していないので、ラサ滞在中に機会がなかったのであれば、これが初めてのギャンツェ訪問であったと思われる。従って、青木写真中、ギャンツェに関係するもの、例えば『西蔵遊記』三九九頁所載のパンコルチュエデ寺院の写真は、この時撮影された一枚である可能性がある。

二月六日　シガツェへ向かうこととなった。入蔵途上、ツァワ・ティトゥルの実家に滞在して以来の再遊であった。荷物は従僕二人を付けてチャンロ邸に残し、一行は青木と三名の従僕が、六頭の馬で出かけた。但し、「出蔵記」によれば、馬の調達が遅れたために、出発は予定時間より遅くなったという（「チベット日誌」、七八二頁）。途中ドンツェという村で食事をとり、更に進んだが、不案内な道で手間取り、途中で日没となった。しかも暗くなってから渡河しなければならなくなった。寒気が厳しい上に、河水は馬の腹に達し、急流であったため、従僕の一人が深みにはまって溺れそうになるなど、非常に危険な状況であったらしい。この日の宿であるペナは、この渡河点から一マイルほどの場所であった。到着してすぐ、人も馬もたき火で暖をとり、濡れたものを乾かした。漸く食事をとることができた時は、すでに夜半であったという（『西蔵遊記』、四〇三頁）。

二月七日　未明に馬を取り替えて出発し、シガツェが視界に入ってきた一村で食事をとった。シガツェ郊外のサムパ・シャルすなわち「東橋」には、「シガツェ総知事」派遣の使者が青木を迎えに出ていた（『西蔵遊記』、四〇四頁）。この「総知事」と青木は、ラサで旧知の間柄であった。「出蔵記」には、「親戚ノ如ク交際セシ Governor ヲ始メ兄弟姉妹ノ如クニ親シキ令息令女ハ皆無事ナルコトヲ聞キ異郷人ト思ハヌ程ニ嬉シカリキ」とある（「チベット日誌」、七八二頁)。よほど嬉しかったのだろう。ギャンツェでの「小生一人ノ正月」とは打って変わって、以下のような記述が続く。「首都拉薩ヲ始メ日喀則ノ知人何レモ皆余ヲ厚遇スルコト恰モ一家族ノ如ク誠実ヲ以テス未開ノ異域ニ在ッテ尚故郷ニアルガ如キ思アリ」(前同)。

「出蔵記」によれば、正月中の取り込みから、青木はこの「総知事」夫人の親戚の家に宿泊することとなった*3。多少「粗末」な家であったようだが、シガツェの県庁からは夕食が送られてくるなど、炊事や馬匹、人夫の世話などについても非常に細かな配慮があったようで、青木は「待遇極テ良ク」、「行キ届キタルコト申スマテモナシ」と記している(前同)。

二月八日　朝、「総知事」の息子が青木を訪ねてきた。「出蔵記」によれば、大量の食料と馬を青木に届けたようである。そのまま話が弾み、「交接数時」ののち、同行してシガツェ県庁の新年会に出席、昼食、そして夕食をここでとった。知事家族にも面会し、「出蔵記」には、知事令嬢が「我妹ノ如ク嬉ブ」と書かれている。「歓楽ノ尽クルヲ知ラズ」とあるので、よほど楽しかったのであろう(前同)。宿に戻ったのは日没後であった。

二月九日　この日に関する記述は、『西蔵遊記』にはないが、「出蔵記」には、朝夕の散歩以外は特に行動せず、ギャンツェで受け取った手紙の返事を書いて一日を過ごしたとある(「チベット日誌」、七八三頁)。

二月一〇日　パンチェンラマに謁見する。「出蔵記」によると、午前一〇時にタシルンポ寺に行き、正午に謁見があった。控室に通され、「四位以上」の席に着くことを許された。これは「破格」の扱いであると、青木は書いている(前同)。ここで三〇分ほど待つと、大臣や官僚が控室に集まりはじめ、その中から最初に青木が呼ばれて、パンチェンラマの「私室」へと導かれた。三回の五体投地ののち、「チャクワンの冥福力」を授かるという形式は、ダライ・ラマの場合と変わらない、と青木は述べている(『西蔵遊記』、四〇五頁)。「出蔵記」によれば、この時青木はカタおよび、献上品に五円を添えて差し出している。これも、「達頼法王謁見ノ時ノ如シ」(「チベット日誌」、七八三頁)とあるので、それまでダライ・ラマに拝謁していた際にも、このような習慣があった可能性がある。ここでも、座布団の上への着座を許されるという「礼遇」であったことが、『西蔵遊記』にも述べられている（四〇五頁）。パンチェンラマは青木に、三年間の留学の概要や、ダライ・ラマとの関係に始まり、日本事情や第一次世界大戦の状況に至る質問をし、拝謁は五〇分に及んだ。謁見中には茶菓と「祝飯」（『西蔵遊記』、四〇六頁）が供せられ、パンチェンラマからは、無量寿仏像、西蔵線香、西蔵羅紗、カタなど、様々な下賜品があった（「チベット日誌」、七八三頁）。青木はこの謁見について、「実ニ異常ノ厚遇ト云フヘシ」（前同）と感想を述べている。

この日の夕方、青木は、かつて入蔵直後の彼を温かく迎えてくれたツァワ・ティトゥルの実家、テレラプテンを訪ねた。ツァワ・ティトゥルの父はこの前年、世を去っていたが、母は健在で、青木が顔を見せたことを非常に喜び、出蔵する青木との名残を惜しんだという（前同）。

二月一一日　『西蔵遊記』では青木は再びパンチェンラマに謁見したとなっている。この、二度目の拝謁については、『西蔵遊記』と「出蔵記」で、日付が食い違う。「出蔵記」では、この日は「総知事」一家と一日を過ごしたとある。

二月一二日　「出蔵記」では「総知事」の息子が青木を訪ね、その午後パンチェンラマを再度訪ねたことになっている。

どちらの場合においても、パンチェンラマから呼び出しがあり、英文の翻訳を依頼されたことは共通している。この英文は、『西蔵遊記』では「某国の一協会の名義を以て札什喇嘛法王と親交の関係を結び西蔵開発の労を取らんといふ意味を認めた手紙」（四〇六頁）であり、「出蔵記」には、「英国ノ一仏教研究団ヨリ大乗教ニ関スル疑問及援助ヲ仰ケル書信」となっている（「チベット日誌」、七八三頁）。青木はこの書簡を見、戦時のヨーロッパにおいてなお、遠いチベットまでこのような申し入れをする「篤志家」が英国にあることに驚いている（前同）。そして「出蔵記」では、この二度目の拝謁があった日の夕方、再びテレラプテンに招かれ、晩餐の饗応を受けている。そして夜には、ギャンツェ滞在中のダライ・ラマ特使から、早く戻るようにという書信が到着した（前同）。

前出の徳富蘇峰宛てシガツェ発青木書簡は、日付は二月一三日となっているが、「明日ハ此地ヲ発シ Gyantse ニ引キ還シ例ノ書記ト共ニ印度ニ向フベク」となっているので、書かれたのはこの日の夜ではないかと思われる。「本日当地ニ於テ故国東都ヨリノ雁行ニ接シ信中屡々閣下ノ芳名ヲ拝シ旁々茲ニ本信ヲ認メ Gyantse 経由ニテ郵送仕リ候」とあるので、やはり出発前日のこの日に、日本からの書信を受け取り、その日のうちにこの書簡を認め、それをギャンツェ到着後郵送した、と推測される*4。

二月一三日　青木はシガツェを発し、ギャンツェへ向かった。午後三時、パナムの宿駅に到着、一泊した。小さな駅であったが、非常に対応がよかったようで、「何等ノ不都合ノミナラズ且能ク約束ノ諸件ヲ実行シ」と、「出蔵記」にはある（『チベット日誌』、七八四頁）。

二月一四日　日の出とともにパナムの宿駅を出発した。午後二時ごろより雪が降り出したが、五時には無事ギャンツェに到着した。

二月一五日　英国トレード・エージェントを訪問し、マクドナルドと会見して、インド国境までの道筋に設けられた英国バンガローのバンガロー・パスと、その無料使用許可を得た。「出蔵記」によると、少なくとも前者については前々から頼んであったもののようで、「前約ニ従ヒ Bangalow pass ヲ下付セラル」とある（『チベット日誌』、七八四頁、写真4）。

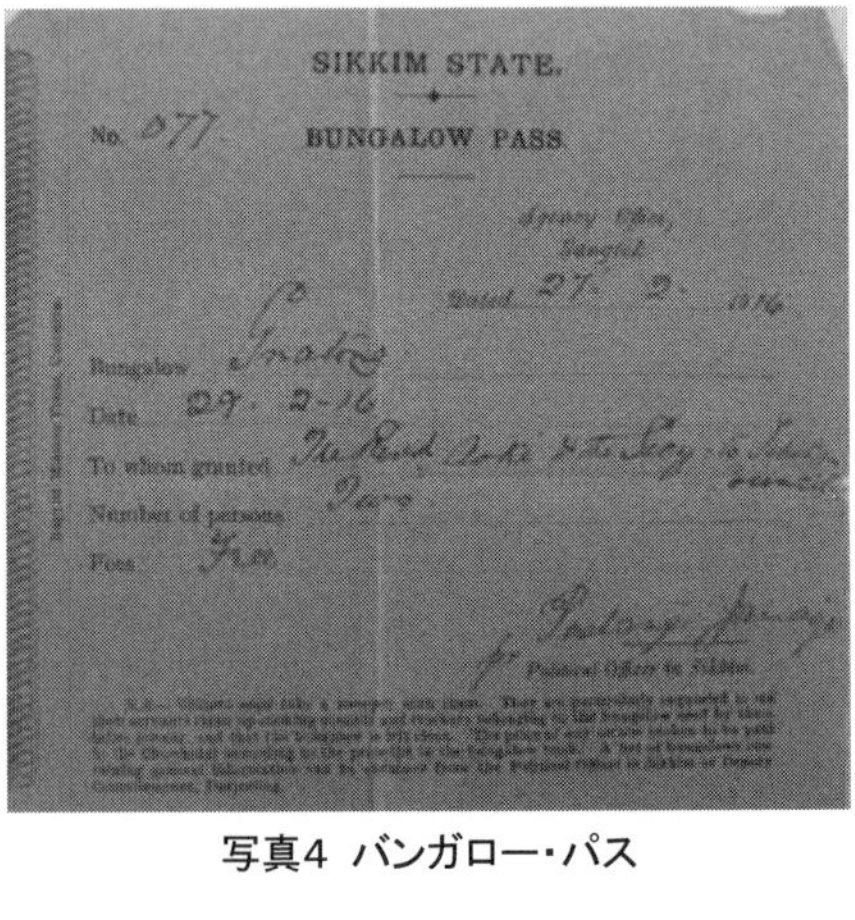

写真4 バンガロー・パス

後者の「無料使用許可」が何か不明であるが、あるいは、民博アーカイブに残されている、以下の資料がこれに相当するのではないかと思われる（アーカイブ番号一一五）。以下全文を示す（原文は英文、日本語訳は筆者による）。

二月一五日　マクドナルド、ギャンツェ発

青木師はサフガン、カンマ、サマダ、カラ、ドチェン、トゥナ、パリ、ギャンツェ、ヤトンのダック・バンガローの無料使用を許されている。

マクドナルト　ブリティッシュ・トレード・エージェント　ギャンツェ、チベット

この日の午後には内閣秘書官（カドゥン）の来訪があり、大臣クンサンツェから青木への贈品が渡された。青木が喜んでいる様子が、「出蔵記」の、「西蔵人トシテハ稀ナル心懸ヲ有スル人物ト知ル」という記述にうかがえる（「チベット日誌」、七八四頁）。更にこの日、ラサの多田等観と、日本の秋田氏（不詳）からの手紙を受け取っている。

ギャンツェ ー チェマ

二月一六日「出蔵記」によれば午前八時、青木はギャンツェを発った。チュンビへ戻るマクドナルドもこの日同様に出発した。「出蔵記」には、「英商務官ノ一行ト共ニ大ナル旅隊ナセリ」とあるので、あるいは出発から行を共にしたとも考えられる。ここからインド国境までの旅程は、チベットとインドを結ぶメイン・ルートをたどるものであり、青木の記述によれば、「現今西蔵に於ける唯だ一条の車道」（『西蔵遊記』、四〇九頁）であって、「西蔵唯一ノ良道」（「チベット日誌」、七八四頁）であった。

この日、ギャンツェから一五マイルほどのサフガンで、午後一時すぎ、青木はバンガローに入った。少々時刻は早かったが、ここで宿泊することとなった。『西蔵遊記』によると、マクドナルドらは先を急いでおり、短い休憩ののち、次の宿駅へと進んだという（四〇九頁）。

バンガローは英国が旅行者のために設けた官設の施設で、青木はすでに、インドでの大谷探検隊の活動において、

これらについての知識があったようだ。『西蔵遊記』には、「舎内の設備は印度内地にて見る所と同じく、必要な家具一式と食器類が完全に備はり若干の書籍までも書棚に陳列しストーブには石炭の代りに犂糞と少量の割木が用意してある」(『西蔵遊記』、四〇九頁)とある。青木はこのサフガンのバンガローについて、「身ハ既ニ印度ニアル思ヒアリ」(「チベット日誌」、七八四頁)と書いている。トレード・エージェントでの洋食と同様に、久しぶりに触れた「文明」に対する感慨であると言えるだろう。

二月一七日　サフガンを発し、カンマーで昼食、午後四時過ぎにサマダのバンガローに到着した。この日は強風と降雪で寒さが厳しく、青木は「初メテ西蔵内地ノ旅情ヲ覚ル」(「チベット日誌」、七八五頁)と書いている。サマダでは、氷点下二五度まで下がり、青木がチベットで体験した最低温度となった(『西蔵遊記』、四一一頁)。

二月一八日　日の出とともにサマダを発し、積雪の中を正午過ぎ、カラのバンガローへ到着した*5。午後からの天候悪化を恐れて、この日はカラで宿泊することとなった。「出蔵記」には、バンガローで「河口君ノ逃亡セシ□ノ話」を聞いたとある(「チベット日誌」、七八五頁)。河口慧海の最初のラサ滞在からの帰国時(一九〇二年)を指すかと推測される。カラ・バンガローでも寒気が厳しく、「出蔵記」によれば、器具で正確に測定できないほど温度が下がったという(前同)。

二月一九日　日の出前にカラのバンガローを出発し、カラ湖沿いに進んで、ドンチェで食事をとったのち、午後四時前、トゥナのバンガローに到着した。この日も寒気が厳しかったようだが、道中、麗峰チョモラリの展望を楽しんだ(『西蔵遊記』、四一二～四一三頁)。

二月二〇日　早朝は濃霧であった。そのためか、「出蔵記」では、トゥナ発は朝食後となっている。タン・ラの峠を越え、パリの街に到着したのは午後二時であった。パリ城下のバンガローに行ってみると、先行したはずのマクドナルド一行が滞在中であった。彼らはここ数日の吹雪で、停滞を余儀なくされていたらしい。バンガローに空きがないので、「出蔵記」によると、青木は「土人ノ公宿所」に泊まることとなった(「チベット日誌」、七八五頁)。しかしインドに近いので、設備は悪くなかったようだ。青木はヤングハズバンド・ミッションの際に作られたものではないかと推測している（前同）。

二月二一日　一日パリに滞在した。馬その他の交換のためである。この日、マクドナルドが出発し、そのためバンガローに空きができた。青木は宿を変えることも考えたようだが、荷物の運搬など、煩わしいことが増えるので、結局とどまった。パリには英国が設置した「郵便電信局」があり、この電話を使用して青木は、まだ確保していないチュンビ・バンガローの宿泊について問い合わせをしたようである（『チベット日誌』、七八五頁）。

二月二二日　馬の準備が遅れ、出発は午前九時を過ぎた＊6。パリはインド方面とチベット内地を結ぶ交通の要衝であるため、もともと駅替は混雑しがちで、その引き継ぎは他の駅ほど円滑ではなかった。青木は、「此の駅は通運上常に過大の負担を課せられ馬匹は著しく払底し多くの旅者に満足を与ふることが困難である」（『西蔵遊記』、四一五頁）と述べている。従って青木が、一日の滞在と、翌日多少準備が遅れる程度で出発できたというのは、幸運な方に属する可能性もある。

パリを出て、チュンビ谷に入るまでは積雪があり、このあたりで何年か前に、十数人の人夫と数十の牛馬が凍死したということを、青木は耳にしている（『チベット日誌』、七八六頁）。しかしチュンビ谷に入ると、打って変わって、森林の中を行く道となり、高度が下がるにしたがって気温も上がっていった。緑の中に木造の民家が点在する景色に、青木は「山景頗る我が母国を偲ばしめる」（『西蔵遊記』、四一九頁）という感想をもらしている。

午後一時過ぎにはガウのバンガローに到着、食事をとった。更に進んで、ガリンカという小村に達した時に日が暮れたため、この日の旅程はここまでとなった。バンガローはないので、「蔵人の宿舎」（『西蔵遊記』、四一九頁）に宿泊した。この宿舎もチベット内地の建物とは違い、「土木造」であった。青木はその中でも「最モ善良ナル一室」に入った（『チベット日誌』、七八六頁）。ここでも「国ヲ偲ハレ又蔵域ニアルヲ忘セシム」と青木は書いている（前同）。何もかも四年ぶりに目にする思いであったことが、ここからうかがえる。

二月二三日　ガリンカからシャシマへ行き、ここで商務官官舎にマクドナルドを訪ねた*7。「出蔵記」によると、マクドナルドは非常に青木を歓迎し、「待遇恰モ十年ノ知己ノ如シ」であったという。青木は、マクドナルドの「骨董品」コレクションを見物したようだ。更に青木は、写真のネガをマクドナルドに貸した（前同）。その後青木一行は、チュンビを経由しピビタンに到着、ここにある「西蔵政府のチュンビ総督」ヘデンを、その官舎に訪ねた。この日の泊まりは、その先のチェマという村であった。このチェマは、青木が持つチベット政府発行の旅券が有効である最後の場所であった（『西蔵遊記』、四二一頁）。チェマは、松林の緑に囲まれた、渓流のせせらぎの音が聞こえる美しい村で、青木はまた、「故国ヲ偲ハシム」と書いている（「チベット日誌」、七八七頁）。

二月二四日　ヤトンのマクドナルドに午餐会に招待され、青木と、同行してきたダライ・ラマ特使、更にチュンビ総督のヘディンの三人で、マクドナルドの官舎を訪ねた。ここで、新任のギャンツェ駐在商務官キャンベルにも紹介され、この五名で、英国からの武器購入というダライ・ラマの希望について話し合った。青木は「出蔵記」に、マクドナルドがこの集まりを、「三国小会議」などと呼んだというエピソードを伝えている（前同）。ここで、まずチャールズ・ベルに直接相談するのが第一ということになり、早速打電して彼の所在を問い合わせることから始めることに決まったという（前同）。

二月二五日　この日に関する記述は『西蔵遊記』にはない。「出蔵記」によれば、マクドナルドがキャンベルを案内してヘデンのもとを訪れ、青木一行も招待され、チベット式のもてなしとなった。席上では、キャンベルのギャンツェへの出発、青木一行の出発それぞれ、いつがいいかという話題から、チベット暦に話が及び、「話ガ花咲キテ大ニ吉日選定ニ時間ガ費ヘタ」という。しかし実際の出発は、この先の旅程における馬匹の確保がままならず、「出発ガ覚束ナイ」状況にあった（前同）。

二月二六日　終日、出発準備に追われた。「出蔵記」によると、マクドナルドが、ヘデン総督と青木、ダライ特使を正餐に招待し、前出のキャンベルも同席した。キャンベルは北京駐在が長く、中国だけではなく、日本事情にも通じていたと、青木は伝えている。この時、青木はマクドナルドに、「数葉ノ手製写真」を贈られ、青木自身の「手製写真」をマクドナルドに与えることを約束した。更にこの先の旅程、シッキムの首都ガントクまでのバンガローの使用と無料宿泊を「内許」された（以上、前同）。『西蔵遊記』では、マクドナルドが「スイキムの内地旅行に必要なる旅券に代ふべき証明書を下付」したとあるので、「内許」とはこのことであったと思われる（『西蔵遊記』、四二三頁）。この「証明書」と思われるものが、民博アーカイブ中に残されている（アーカイブ番号一一三）。以下全文を引用する（原文は英文、日本語訳は筆者による）。

一九一六年二月二六日

二六日付の貴下のお手紙にお答えして、本官が、二九日のナトン、セドンチェン、三月一日のセドンチェン、二日のロンリ、三日のパキョン、四日から六日のガントクの使用許可をすでに申請いたしましたことをご報告いたします。

青木はこれら、英印政庁側の対応について、「英官ハ吾等一行ヲ能ク厚遇セリ」と記述している（「チベット日誌」、七八七頁）。入蔵時に比較して、ひとしおの感慨であったことと思われる。

チェマ ― カリンポン

二月二七日　いよいよシッキムへ向かって、チェマを出発した。しかしやはり、荷物や馬その他の手配に齟齬があり、「出蔵記」で青木は、この原因をヘデン総督の力不足に帰して、彼を非難している。しびれを切らした青木は自ら「強硬ナル談判」をして、荷物は「一駄」一〇ルピーでカリンポンまで、乗馬一頭を一二ルピーでガントクまで確保し＊8、すぐさま出発を決めた。この日はリンチェンガン経由で、日没前後にラン・ラの「公宿舎」に入った。この施設は清朝時代に設けられ、現在はチベット政府の所有となっていると、青木は伝えている（『西蔵遊記』、四二八頁)。

二月二八日　この日はインド・チベットの国境であるゼレップ・ラ(ゼレップ峠)越えの旅程であった。この峠は難所の一つであり、青木も、「此の峠の険悪なる事は蓋し印蔵通商路中第一」(『西蔵遊記』、四二九頁)と述べている。「出蔵記」によると、ゼレップ・ラ頂上には正午前後に到着し、青木は写真撮影している(「チベット日誌」、七八八頁)。『西蔵遊記』四三二頁所載の写真は、この時のものと思われる。

峠を下ってクプという小村で休憩をとり、ナトンのバンガローに入った。ナトンには電報・電話があり、この日夜八時、シャシマのマクドナルドから青木に電話がかかった。この先の旅程におけるバンガロー利用に関して、「ベル氏より使者を走せて途中予等を待受けてパスを交付する筈なれば安心して旅行を続けよ」(『西蔵遊記』、四三〇〜四三一頁)という連絡であった。

二月二九日　ナトンを出、雲の中をじりじりと、リントー峠の頂上へ向かって進んだ。ここで、三年半ぶりにカンチェンジェンガの姿を再び目にすることとなった。朝夕ダージリンから遠望し、入蔵時には、身分を秘してこの山を西に迂回していったこと、そして今は堂々と、チベット政府に依頼された任務を負っていることが次々に思い出されたようで、「出蔵記」には、「此雪嶺ニ対シ何ゾ感想ノ多種ニシテ無限ナル」(「チベット日誌」、七八八頁)という記述が見える。峠を越えてからは、下るにつれ青い田畑と草花の咲く光景が広がり、「山奥ヨリ匍ヒ出テタル」青木の目を楽しませた(「チベット日誌」、七八九頁)。

午後三時、セドンチェンのバンガローに入った。彼等の到着とほぼ同時に、ベルからの使者が訪ねてきて、ベルの書簡と、バンガローの無料宿泊許可証を届けた。ベルのこの心づかいを、青木は非常に喜び、「異域ニアリテ此種ノ親切ヲ受クル程愉快ナルモノハナシ」と記している(「チベット日誌」、七八九頁)。

この時届けられたベルの書簡とおぼしきものが、国立民族学博物館青木文教師アーカイブに残されている(アーカイブ番号一〇八)。二月二六日付、シッキム発の書簡である。以下全文を引用する(原文は英文、日本語訳は筆者による)。

青木様

二一日付書簡ありがとうございました。今日当地に到着いたしました。私は貴下にガントクでお目にかかれるのを非常に楽しみにしております。テキストは三月一日に到着するでしょう。私は貴下にガントクのバンガローをはじめとするシッキム領内のバンガローを無料で使用していただけるように手配中です。パリ経由の旅は旅中さぞお寒い思いをなさったと思いますが、お元気でいらっしゃることと思います。

この書簡に添えられていたのが、以下やはり民博アーカイブの二件の資料である。いずれも一九一六年二月二七日付で発行されており、青木と同行の内閣書記官に、無料宿泊を許可するものである（アーカイブ番号一〇九、一一〇）。

三月一日　セドンチェン出発後は、急な下り、しかも道路の敷石に泥がついた悪路となった。そのため馬に乗れず、しばらく徒歩となった。気温はますます上がり、周囲にも亜熱帯性の植物が増え、また畑の麦が既に黄色く熟している様子を、青木は見ている（『チベット日誌』、七八九頁）。午後二時頃に、ロンリのバンガローに到着した。バンガローの庭は花盛りで、「印度ヲ偲ブ」と青木は書いている（『チベット日誌』、七八八頁）。

三月二日　午前一〇時にロンリのバンガローを出発した。荷物の大半は、従僕を二人つけてカリンポンへ直送することとし、青木は別の二人を連れて、必要なものだけを馬二頭につけ、シッキムの首都ガントクへと向うこととなった。渓流に沿って下る道で、気温はやや暑く感じるほど上がっていた。ロンリから一〇マイルほどの距離にあるパキョンに到着すると、泊まるつもりだったバンガローは、ベルが滞在中でふさがっていた。そのため、青木一行は、更に一〇マイルの距離にあるガントクまで、この日のうちに行ってしまうこととなった。

パキョンを出て五マイルほどのところで日没となり、ガントクに到着した後は、暗闇の中をバンガローを探して回ることとなったらしい。ようやく宿に入ったのは、午後八時を過ぎていた。このガントクのバンガローは、非常に施設がよかったようで、青木は「当地方中最上ナルモノ Rangpo ニ次ク」と述べている（『チベット日誌』、七八九頁）。この夜、青木はホタルが飛ぶのを見、虫が鳴くのを聞いて、「故国ノ夏ノ夕ノ如シ」と書いた（前同）。

三月三日　「出蔵記」によると、朝、「二　Babu」が青木を訪ねてきた。「バブー」は、現地人吏員であると思われるが、詳細は不明である。彼は、青木の便宜をはかるよう、ベルに言いつかってきたらしい。「出蔵記」には、このベルの配慮に感謝する記述がある（「チベット日誌」、七九〇頁）。この日ベルもガントクに帰着した＊9。

青木は「出蔵記」のこの部分で、シッキムの前国王「Sikyon Tser ku」に、「我知人ナル此人」として触れている（前同）。この故シッキム前国王は、既述のように、一九〇八（明治四一）年九月に西本願寺を訪問した「シツキム国王子マハラジヤ、クマル殿下」（「印度太子の来山」『教海一瀾』第四三四号、一九〇八年、二二～二三頁）であり、リンチェン・ドルマ・タリンの自伝に「スィーキョン・トゥルク」（R・D・タリン『チベットの娘』三浦順子訳、中央公論社、一九九一年、一六八頁）として言及される人物だと思われる。青木はすでに、一九〇八年の西本願寺訪問の際知遇を得ており、その後もインドで何回か会見した。ガントクへもぜひ、と招かれていたらしい（「チベット日誌」、七九〇頁）。ずっと機会に恵まれず、ようやくガントク訪問が実現した今では、すでに故人となってしまっていることを、青木は、「世此上モナキ不幸ナリキ」と書いている（前同）。また、フランスの女性探検家アレキサンドラ・ダヴィッド＝ネールについても、去年までガントクにいたと聞いて、会う機会のないことを嘆いている（前同）。青木はこの日、ガントクのバザールを見物し、桃の花を見て日本を改めて思い出している。

三月四日　『西蔵遊記』ではこの日、ダライ・ラマから依頼された、英国よりの武器購入等の件について、青木一行はベルと会見し、「首尾よく打ち合わせを遂げた」（四五四頁）とある。しかし「出蔵記」の記述はこれと異なっている。まず、青木とダライ・ラマ特使は、別々にベルを訪ねているようである。青木はアフタヌーン・ティーの時間に、ベルの住居に招かれているし、ダライ特使のベル訪問は、それより早い時間であったと青木は書いている（「チベット日誌」、七九〇頁）。ベルは青木に、武器購入が可能かどうか即答は難しいので、二、三日の猶予が欲しいと返事をした（前同）。

アフタヌーン・ティーでは、ベル夫人や、シッキム王の顧問であるという英国人などと同席し、チベットの話に花が咲いたようだ。ベルは青木に、チベット旅行記や、チベットの歴史、文典についての著作を出す予定があるか、と尋ね、青木がそのつもりであると返事をすると、ぜひ英訳も出版してほしい、そして自分にも一冊送ってくれるようにと、熱心に言ったという（前同）。

三月五日　青木はシッキム現国王を訪問したが、不在であった（『西蔵遊記』、四五七頁）。この日はガントク見物に出掛け、日曜市の値段の高さに驚いている（「チベット日誌」、七九一頁）。

三月六日　青木はカリンポンへ向かいガントクを出発した。カリンポンに別送した荷物の始末をするためである。「出蔵記」には、「此上滞在ノ必要ナケレバ」（前同）とある。従って、武器購入をめぐる交渉は、少なくともガントクにおいてはその進捗に区切りがついた状況であったと考えられる。『西蔵遊記』によれば、日没後、ランポのバンガローに入った（四五八頁）。非常に暑く、日本の盛夏のような一日であったと、青木は書いている（「チベット日誌」、七九一頁）。

三月七日　早朝、ランポを発った。ランポのバザールも一見したらしく、チャリティで建設した病院があることに、青木は触れている（前同）。鉄の吊り橋があり、それを渡るとインドである。国境であるため、橋のたもとに関所があり、旅券が検査された。『西蔵遊記』には何も触れていないが、「出蔵記」には、ここで少々引き留められたことが記述されている。それによると、「パス」がなくてはここは通過できないと、国境官吏らが青木らを止めた。若干尊大な態度でもあったらしい。それならと青木が、すでにインドに出る許可を得ている旨をその場で一筆書いて渡したところ、手のひらを返したように通過が認められた、という（前同）。強面で「国境規定」を示したにもかかわらず、青木の説明で簡単に前言を翻し、「サラーム」と彼に敬礼するその態度の豹変を、おかしがっている青木の様子がうかがえる記述である。この日、一行はカリンポンに到着した。

記述(地点間に関するもの)
「ギャンツェ」平原ヨリノ良道ハ「ナニー」ノ山峡ニ続ク。此ノ地ハ「ネンニン」ト云フヲ正シトス
平坦路
嶮シキ急坂ヲ少シ下ル。「リプ」ヨリハ稍緩カトナル。嶺伝ヒ上下多キ山道ヲナシ「ナトン」ニ至ル。戸数約百
「リントウ」ヨリ山脈伝ヘニテ降リ「セドンチェン」ヲ経テ「ロンリ」ニ達ス。「ロンリ」ハ高度僅カニ457米ニシテ亜熱帯ノ景観ヲ呈ス。此ノ地ハ「カリンポン」及「ガントク」ニ至ル道ノ分岐点ヲナシ車道開通セリ
印蔵貿易隊商ハ「ペドン」ヲ経テ「カリンポン」ニ至リ該地ヲ最終点トス。又旅程ヲ短カクスルニハ「ロンリ」ヨリ「ランポ」ヲ経テ「カリンポン・ロード」ノ軽鉄駅ニ出デ「ダーヂリン」又ハ「カルカッタ」ニ至ル

表5 ルートマップ「カリンポン」「ラッサ」間の記述②

地名	記述(各地点に関するもの)
ギャンツェ	「ギャンツェ」ハ190年英蔵戦争ノ結果開カレタル商埠地ナリ。「ニャンチュ」河流域ノ沃野ノ中心ヲ占メ、交通、軍事、政治、経済ニ於テハ寧ロ「ラッサ」ヲ凌グ重要性ヲ帯ビ来レリ。英国商務官、駐在武官、及護衛兵(印度兵)約70人アリ。郵便、電信、無電中継(?)ノ便アリ。「ラッサ」ニ230粁乃至240粁、「シガツェ」へ96粁、パーリへ約160粁、此ノ「ギャンツェ」—「パーリ」間ノ通路ハ凡テ良好ニシテ優ニ車ヲ通ゼシムルニ足ル
ネニン	—
サヲガン	「ニャンチュ」峡道ヲ南ニ上リ進ム。「サヲガン」ハ「ギャンツェ」ヨリ24粁トス。英国の官設「バンガロー」アリ
赤峡(Red Gorge)	両側ニ巌高ク屹立セル。峡谷道ナルモ通路概ネ良好ナリ
カンマー	付近ニ数ヶ所温泉湧出ス。コノ地ヨリ直チニ「ゴプシ」に出ヅレバ「ラッサ」ヘノ近道トナル。「バンガロー」アリ
サマダ	—
カラ湖 チャル ラム湖	冬季ハ湖面結氷シ人畜ノ往来可能。夏季ハ魚獲アレ共食糧トスルコト少ク主トシテ肥料トナス。「ラム」湖畔ヨリ東南方遙ニ連亘セル氷嶺ハ海抜7000米以上トス。湖畔ノ高度ハ4672米ニ近シトナス
ドチェン	—
グル	英蔵事変ノ際最初ノ交戦地
トゥナ	広漠タル平野ヲナス。一望16粁平方ヲ占ムルガ如シ。「チョモハリ」山7315米ノ麓裾ナリ
タンラ	緩カナル峠車道ノ建設容易ナリ
パーリ	「パーリ」ハ「チュンビ」渓ノ入口ヲ扼シ、印蔵及「ブータン」国間連絡ノ要衝ニシテ輸送駄馬ノ交換地トシテ重要ナル地位ヲ占ム。「タンラ」峠「パーリ」間ノ道モ車ノ運行可能ナリ
ドタ	「パーリ」ヨリ下リ坂トナリ「ドタク」ニ於テ「チュンビ」ノ渓谷ニ入ル。冬季吹雪ノ激シキ所トシテ有名ナリ
ガウタン	「ガウタン」ニ至ル道ハ樅、樺、石楠ノ森林ヲナス。高度ハ3658米内外、更ニ谷ヲ下リ、枞檜「ヒマラヤ」杦ノ森林ヲ経テ2740米内外ニ至レバ松柏林多シ
リンモ	「リンモ」ノ小盆地ニ下ル。平坦ナル盆地ニシテ道ハ屈曲多シ
支那人築壁(Chinese Wall)	渓流ニ沿フテ段々ニ下ル。「ガリンカ」ヲ過レバ以前支那(清)ノ造リタル石柵アリ
シャーシマ(ヤトゥン)	英人ノ所謂「ヤトン」ニシテ英国商務官及護衛兵約50名ノ駐屯スル所ナリ
チュムビ	「チュンビ」ハ本渓谷ノ名ニ由テ起ル所ナリ
ヤトゥン	「ヤトン」ハ支那人ノ所謂亜東ナリ。本渓谷ノ部落ノ最終ナリ。道ハ渓流「アモチュ」ト分ル
ランラム ゼレップラ	「ゼレップラ」(峠)へ上リトナル「ランラム」迄ハ森林帯ヲ上ル。頂上ヘハ嶮シキ上リ坂海抜4358米。頂上付近ハ登リ降リ共ニ嶮岨ナリ。
ナトゥン	—
リンタム	「ナトン」ヨリ「リンタム」ニ至ル山背伝ヒノ道中ヨリハ「ヒマラヤ」最高峯ノ永雪ノ壮観ノ眺メアリ。此ノ地ハ「リンタム」ト云フヲ可トス。此ノ峠ニテ大ヒマラヤノ主脈部ヲ越ヘ終ル。「リンタム」ノ高度3839米頂上付近ノ通路ハ嶮岨ナルモ駄獣ノ通過可能ナリ
セドンチェン	—
ロンリ	—
ペドン	—
カリンポン	—

第三節 「第二の故郷」へ

カリンポン以後

カリンポンも四年ぶりであった。カリンポンは春の花盛りで、遠い日本が思い出されると同時に、往時の記憶もよみがえってきて、青木は感無量であったようだ。かつて住んでいた場所の前を通りかかって、青木は「無限ノ感アリ」（「チベット日誌」、七九一頁）と書いている。今回彼がカリンポンで宿舎としたのは、あるチベット人の家であったが、これは、カリンポンにダライ・ラマ一三世が駐錫していた時、ロンチェン・ショカン大臣が住居としていた家であると知って、青木は少し驚いたようだ（前同）。

この後、三月八日から二四日の行動に関する記述は、『西蔵遊記』には非常に少ない。しかし、「此地に於て西蔵旅行の結末をつける為め休養を兼ねて半月余を費やし」（『西蔵遊記』、四六〇頁）とあるので、この間はカリンポン滞在であったと思われる。「出蔵記」の記述も、このあたりから減っていく。

三月八日　「出蔵記」によれば、ダージリン警察の「頭」である「Achoong Sriy」という現地人吏員が訪ねてきた。これは、多田等観、矢島保治郎、讃井潤爾の動静について詳細に質問されるという、青木の表現によれば「調査的」な訪問であったらしい（「チベット日誌」、七九二頁）。かつて滞在したことのある地であるだけに、青木の到着を聞きつけて、知人から問い合わせも相次いでいたようで、「出蔵記」には、ラーデンラ＊10やタシ・ワンドゥ＊11の名が見える。また、前回のカリンポン滞在では、宣教師のマケージという人物と親しくしていたようで、この人物がすでにカリンポンを去っていることを「遺憾」とする記述がある（前同）。

三月九日　この日に関する記述は、「出蔵記」にもない。

三月一〇日　チベット政府よりの文書（「カシャク・ダンウィク」）がガントクより来着した（前同）。

三月一一日　ダライ・ラマの依頼について、英領インド政庁から何らかの反応があったようで、「英印政府ノ通告ハ英本国ノ回答ヲ待ツマデ定マラズトノ事ナリ」という記述がある（前同）。この日、「旧友」ドルジェ・ツェリンなる人物が来訪している。「出蔵記」は実質的には、ここまでで終わっている。これ以降は日付のみの記載で、具体的な記述は全くない。

以降の青木についての資料は、非常に少ない。『西蔵遊記』以外のもので、このカリンポン滞在中についての資料としては、正福寺に残されているカリンポン発三月一九日付の青木書簡がある（資料番号一四）。宛名は「御伯父上様」であるが、これは青木達門を指すものではないかと思われる＊12。

ここには、カリンポンに無事到着し日本からの手紙を受け取ったこと、また、数日中にはカルカッタへ向かう予定であること等という近況報告に加え、「西蔵政庁ヨリ特別任務ヲ委セラレタルニツキ此ノ任務終了スルマデハ是非トモ印度ニ止マル必要アル」という記述がある。従って、ダライ・ラマから依頼された武器購入の件が、この時点でまだ決着していないことがうかがえる。

三月二五日　『西蔵遊記』の記述によれば青木は、この日午前一〇時過ぎ、カルカッタへ向けてカリンポンを発った。カリンポン・ロード駅から軽便鉄道を利用し、シリグーリ駅でカルカッタ行きに乗り換える、というルートである。

三月二六日　この日午前一一時、カルカッタ「シアルダ駅」に到着した。この日は、日本領事館、別所商会、三井物産を訪問している（『西蔵遊記』四六二頁）。

このカルカッタ滞留中の青木に関する資料としては、民博アーカイブ中に、一九一六年三月一□日付＊13 青木宛ベル書簡がある（アーカイブ番号一〇六、原文は英文、日本語訳は筆者による）。以下に引用する。

拝啓

八日付の迅速なお返事と三冊の書籍、本当にありがとうございました。無事到着いたしました。本はさぞや興味深いものであろうと、非常に楽しみにしております。シトゥスムタクは、チベット人の文法学者の中でも非常に評価の高いものであり、トンミ・サンボータの著作の多くが失われてしまったのは、返す返すも残念でなりません。

インドでのご旅行が快適なものであること、また、チベットの寒さの後でのインドの暑気が、あまりお体に障らないですむことを願ってやみません。

ここからは、カルカッタにおいてもベルと連絡があり、青木からベルに、チベット語資料が贈られていたらしいことが読み取れる。更にこの書簡の送り先は、「Bunkio Awoki Esq., Ⅲ, Radha Bazar Street, Calcutta. c/o Besshi《(ママ)》 of Co.」となっており、前出の別所商会が、カルカッタにおける青木の連絡先となっていたことがわかる。

しかし青木は、カルカッタに一〇日ほどしかいなかったらしい。『西蔵遊記』によれば、カルカッタ滞在中に青木は光瑞から、同地にとどまるよう指示を受けた。しかし、カルカッタの酷暑に不安を感じた青木はそれに従わず、ダージリンへ引き返す（四六二頁）。すでに紹介した、出蔵途上、シガツェから青木が発信した徳富蘇峰宛書簡（一九一六年二月一六日付）に、「大体ノ御指令ノ外ハ多ク小生独立ノ行動ニ委セラレコ《ママ》トヲ懇願致シ最近ノ御命令ハ主ニ小生ノ独断ニ御任セアルヤウニ思ハレ申シ候」とあった通り、光瑞は、青木の行動について、青木の意志を尊重する態度をとり続けていたのだろう。

三月二七日〜四月四日　この期間についての記述は、『西蔵遊記』にはない。

四月五日　この日付の記述が、「思ひ出多き金剛宝土〔筆者注、ダージリン〕の春は尚ほ長閑な気分に満ちて居た」（『西蔵遊記』、四六二頁）と始まることから、この日にはすでにダージリンに到着していたと考えて差し支えはないと思われる。青木は前出の知人ラーデンラの紹介で、ダージリン郊外に「格好の居所」を得ることとなる（『西蔵遊記』、四六三頁）。

この「居所」での青木の生活に関しては、『西蔵遊記』にも記述がない。青木の様子がうかがえるものとしては、わずかに、前章で触れた日本画家石崎光瑤が、一九一七（大正六）年取材旅行のためインドを訪れ、ダージリンにも立ち寄った際、その旅行記で青木に言及するものがあるばかりである。この時石崎は、青木宅にも宿泊した＊14。彼が帰国後私家版として出版した旅行記『印度窟院精華』（便利堂、一九一九年）には、「小生の這般の旅行に、最も甚深なる御垂訓と、密接なる御指導を忝うせる、大谷光瑞猊下、高楠順次郎博士、竹内栖鳳先生等」（「付行記」巻頭「緒言」、頁番号なし）とあり、青木に加え大谷光瑞の協力があったことは明らかである。

青木の日本への帰国は、翌年、一九一七（大正六）年四月二九日である。それまでずっと、ダージリンに滞在していたとすれば、一年ほどこの地で過ごしたことになる。既に述べたように、この間に関する資料は現在、ほとんど見つかっていないが、しかし、彼が自らのチベット体験を文字で整理する期間であったことは、ほぼ確実であると思われる。それを示す資料としては、二点挙げられる。うち一件は、『西蔵遊記』の結び部分であり、ダージリンで書かれた体裁になっているからである＊15。

もう一件は、ダージリンに落ち着いてまもなく、英字紙 The Times of India, Illustrated Weekly に掲載された、青木のチベット旅行記“Lhasa, Place of Heaven”（Bombay, 1916.6.14 付、写真5）である。冒頭、「仏陀の在ます地ラサにおける人々の生活を親しく観察することは、私の最大の望みであった」から始まる。また、その内容は、入蔵の動機、ラサ市の地理的位置と自然環境、同市の歴史・産業・住民、衣食住、宗教（仏教・ボン教）、風俗（冠婚葬祭）、外国との関係、という諸項目に分けられ、写真七枚が添えられている。この冒頭の記述と構成は、そのまま『西蔵遊記』のひな形とも言い得るものである。二頁のみの記事ではあるが、青木自身、この文章が気に入っていたようで、後にこれを日本語訳し、チベット旅行について語る講演会の配付資料などに用いた（第九章で後述）。

彼はダージリンを「第二の故郷」と呼んでいる（『西蔵遊記』、四六二頁）。この「第二の故郷」で過ごした一年間、彼にはどのような心情があったのだろうか。ダージリンに対する彼の好感は、この土地が英国風の文明に浴すること

写真5 青木のチベット旅行記“Lhasa, Place of Heaven”(*The Times of India, Illustrated Weekly*)

のできる場所であることも、その一因をなすと思われる。しかし、最大の理由は、ここが、チベットの気配をうかがいうる、チベットとつながりをもった土地であったことにあるのではないだろうか。

インド・チベット国境のゼレップ峠の頂上、ここを一歩出ればチベットを離れることになる、というそのような場所において、彼は、「北東拉薩の空を顧み」(『西蔵遊記』、四二九頁)、またインド側に出てきてからは、チベット側からかかってきた電話を切るのが「名残惜しく」(『西蔵遊記』四三一頁)感じた、と書いている。青木は、ダージリンの一年間、このような心情を持ち続けていたのではないだろうか。

かつて彼は、ここダージリンにおいて、まだ見ぬチベットを遥かに望み、そしてまた、離れてきてもなお、ここからチベットを振り返っている。彼にはラサがその後ずっと、空の向こうの地でありつづけることを思う時、彼にとってこのダージリン滞在の一年間がいかに貴重な時間であったか、この「第二の故郷」という言葉の切実さが、筆者の胸に迫ってやまない。

＊1 この「出蔵記」は、青木文教「チベット日誌」(長野泰彦、高本康子校訂、『国立民族学博物館研究報告』三四巻四号、二〇一

〇年、七六五〜八〇二頁）として翻刻、出版されている。

同資料は、市販の手帳「THR WELCOME PHOTOGRAPHIC EXPOSURE RECORD AND DIARY」の一部と思われる紙に手書きされたもので、この手帳は、ロンドンのバローズ・ウェルカム商会（Burroughs, Wellcome & Co.）が出している。露出計算尺、天候チャートなど、写真撮影用のツールの他、撮影データを記録するための一年分の日記ページ、メモ、記録用の鉛筆などが、手軽に携帯できるように一冊に収められている。毎年更新され、また、南半球用、北半球用、アメリカ合衆国用など、いくつかの種類が販売されていたようである。これについては、本書第九章でも改めて述べる。

＊2　原文は以下。「回顧スレバ予ガ入蔵シタノハ大正元年十月デ首都拉薩ニ着シタハ大正二年一月デアル曩ニ **Potala** 宮城ノ壮麗ヲ嘆賞シタニ **Tulnang** 聖舎ノ神厳ヲ拝シツツ **Hlanden** ノ聖処ニ三有余年ノ星霜ヲ夢中ニ暮シタ。最初予ノ入蔵ハ印度ニ来タ時カラノ宿望デハアツタガ少シク目的ガ奇異ナル為メ殆ンド夢想ダトテ笑ハレタ処ガ空想シタ事ハ着々事実トナツテ入蔵ガ意外ニモ極メテ容易ニ成功シタ。駐拉三年余ノ月日モ又多クハ空想シツツ暮ス半バ現実シ半バ夢ト消エタ今回ノ出蔵モ亦運命ト空想トノ試験的行動ニ過キナイ」（前掲「チベット日誌」、七七七頁）。

＊3　この点、『西蔵遊記』には、「知事は自分の私宅を以て予の旅舎に充てゝ呉れた」（四〇四頁）とある。

＊4　この書簡の文中には、「英国ノ駐在諸官ヨリモ種々ノ援助ヲ与エラレ分ケテ小生ハ同盟国ノ一旅行者トシテ歓迎セラ申候　秘密ニ入蔵セシ四年前ノ経験ヲモ回顧セラレ　今日ノ境遇ト思ヒ比ベ趨勢変遷ノ著シキニ驚キ申候」等という記述がある。これは、シガツェ再遊の最後の夜の追想として、ごく自然な感懐と思われる。これも一二日夜に書かれたことの一端を示すものだと思われる。

＊5『西蔵遊記』には、午後二時とある（四一一頁）。

＊6『西蔵遊記』では、「午前十時過ぎ」（四一七頁）。

＊7「出蔵記」ではチュンビとなっている（「チベット日誌」、七八六頁）。

＊8『西蔵遊記』では、距離七〇マイル、通常四日行程のカリンポンまでの運賃について、「駄馬一頭につき二十貫乃至三十貫の荷物を搭載して七円五十銭平均を要し乗馬は十円内外の相場である」と述べている。但し青木の滞在は、「羊毛の輸出期」であったため、運賃その他が最も高騰する時期であり、他の時期には「遙に低落する」ことも、彼は付け加えている（四二四頁）。

＊9『西蔵遊記』では、ベルのガントク帰着は翌四日となっており、この日、ベルを迎えて、ダライ・ラマから委任された件について相談した、とある（四五四頁）。一方、「出蔵記」には、三日、ベルがガントクに到着し、翌四日、ベルの住居を訪問したとある（「チベット日誌」、七九〇頁）。

＊10 これは、すでに第二章で述べた、『西蔵遊記』に「レーデンラ氏」（四六二頁）とされる人物、すなわち、サルダル・バハードゥル・ソナム・W・ラデンラ（一八七六～一九三六）であると思われる。

＊11 これは、あるいは一九一〇（明治四三）年一月、青木が接触していたダライ・ラマ随員「テー、ワンディ」と同一人物ではないかと推測される（白須浄真「大谷光瑞がダライ・ラマ一三世に宛てた一九一〇年二月七日付け英文書簡―外務省外交記録から見るチベット問題と大谷光瑞と大谷探検隊―」（『広島東洋史学報』第一四号、二〇〇九年、一五～一六、二〇、二九頁）。

＊12 この手紙については、すでに『京都新聞』「〝重要な立場〟裏付ける手紙」（二〇〇三年一〇月一一日付）に報じられている。同記事においては、この「伯父」は、母方の伯父佐竹作太郎と推定されているが、すでに本文で述べたように、青木は、この一ヶ月余り前の二月四日、出蔵途上のギャンツェで作太郎の逝去を知らされている。従って、この書簡は佐竹作太郎宛ではないと思われる。

＊13 この書簡が収められていた封筒には、カルカッタ一九一六年三月一七日の消印がある（民博アーカイブ、アーカイブ番号一〇五）。

＊14 これは石崎光瑤『印度窟院精華』（便利堂、一九一九年）付「印度行記」二四頁にある記述である。これについては、前掲富山県［立山博物館］編『石崎光瑤の山』所収「「印度行記」にみるインドにおける石崎光瑤の足跡」において日付が確定されている（五〇頁）。

＊15 原文は以下。「今や既に入蔵の志願満足して、又復金剛宝土《ダージリン》の故郷に還り、学舎に再び雪蔵《ヒマラヤ》の壮美を眺むる境遇となり転た追懐の情に堪えない。徐に神を「雪国《カンチヨン》」の天原に馳せつつこの記を草し畢る」（『西蔵遊記』、四六三頁）。

第六章

『西蔵遊記』

第一節　『西蔵遊記』出版まで

「大正の玉手箱事件」

『西蔵遊記』出版の一九二〇（大正九）年一〇月までには、青木にとって生涯忘れ難かったであろうと推測される出来事が続く。「大正の玉手箱事件」として後に知られることになる河口慧海との争いと、最初の結婚、そしてその妻の産褥での死である。

帰国後の扱われかたという点においては、青木と、そして彼の同僚多田等観は、それ以前に行われた中央アジア探検の隊員たちとは対照的な結果となった。第一次隊、第二次隊、そして第三次隊のうち先に帰国した橘瑞超までは、いずれの場合も日本への帰還後、将来品の展覧、旅行記等の新聞・雑誌記事連載、出版が矢継ぎ早に続いた（片山章雄「大谷探検隊の足跡」『文化遺産』一一号、二〇〇一年、三〇～三三頁）。特に橘瑞超の帰国当時は、大谷探検隊の成果と、将来における活躍への期待が、最も華々しく喧伝された時期であったと言えるだろう。

しかし、一九一四（大正三）年になって、事態は急転した。二月、西本願寺の財政にかかわる疑獄事件が起き、五月には光瑞が門主から退いた。これ以降帰国した隊員の扱いが、それ以前のものとは大幅に異なったことの背景には、この事件の影響があったと考えざるを得ない。特に、この光瑞引退直後にあたる、第三次隊の吉川小一郎の帰国時には、大量の資料の将来にもかかわらず、同じ第三次隊の橘の場合のような様々な発表などの動きは見られなかった＊1。青木と多田のチベット調査に関しても、講演などがわずかに行われてはいるが、持ち帰った資料についての展覧会開催など確認するに至っていない＊2。しかし、チベットに対する当時の関心のありようを見ると、この取り扱われ方の差は、単に疑獄事件だけが原因だとは考えにくい。

アジアに対する仏教者の関心の変遷は、例えば、宗派を越えて読まれた仏教系新聞『中外日報』紙上に見ることができる。同紙のアジア関係記事については、槻木瑞生によって、目録「『中外日報』紙のアジア関係記事目録」（『同朋大学仏教文化研究所紀要』第一七号、一九九七年、一～三七五頁）に、そのタイトルが網羅され、詳細な解題が付せられている。

この目録に収録された記事タイトルを検索すると、チベットに対する関心の有りようが、明らかに変化していることが観察される。「チベット」、もしくは「西蔵」、「蔵」がタイトルに含まれる記事のうち、チベット事情に関する記事は、一九一二（明治四五／大正元）年以降現れていない。それまで「チベット」が語られる場合、いわば主人公であった入蔵者らは、一転して、添え物のようなトピックとしてしか登場しなくなる。

更に、当時のチベットへの関心の変化を象徴するような出来事が、『中外日報』紙上に報じられている。その一つが前述の「大正の玉手箱事件」であり、もう一つが寺本婉雅が出版した『西蔵語文法』をめぐる河口と寺本婉雅、大谷大学の論争である。

「大正の玉手箱事件」は、紙上では「西蔵大蔵経問題」と呼ばれた。文字通り、チベット将来の大蔵経をめぐるトラブルであった。当事者の一方となった河口慧海は、事件の二年前の一九一五（大正四）年九月、宿願であったチベット仏典の入手を果たし、二度目のチベット旅行から帰国、野口英世と並ぶ日本人の快挙だとマスコミに騒がれた（「邦人の二大事業」『東京朝日新聞』一九一五年九月八日付）。一九一七（大正六）年四月に青木が帰国してのち、二ヶ月半ほど経過した一九一七（大正六）年七月一五日、『中外日報』紙上に、「西蔵将来大蔵経の疑義」と題する記事が掲載された。論争は、この記事から始まったのである。

ダライ・ラマ一三世の下賜品として河口が持ち帰った経典の帰属をめぐって、河口と青木が対立した。河口が持ち帰った経典のうちの一部は、大谷光瑞宛にダライ・ラマが託したものである、と青木が主張し、それに対し、光瑞宛ての品物は書状をおさめた小さな木箱一つのみである、と河口が反論した（「西蔵将来大蔵経の疑義」一九一七年七月一五日付）。青木はその旨が明記されたダライ・ラマの親書を、京都帝国大学教授榊亮三郎の翻訳を付して公開したが（「西蔵大蔵経問題の真相」一九一七年八月一日付）、河口はそれを偽作と決めつける（「青木氏の発表せる法王の親書に就いて」一九一七年八月七日付）。両者の対立は決着がつかないまま膠着状態に陥った。年が明けて一九一八（大正七）年二月、青木は事件の決着を見ないまま、大谷光瑞の命によって東南アジアに派遣されることになった。結局、「大谷光瑞宛」とされるものは、経典にしろ木箱にしろ、河口から本願寺へ引き渡されることはなかった。この事件が「大正の玉手箱事件」と呼ばれるのは、この木箱を河口が「玉手箱」に擬えたことによる。

現在、この一連の争い事に関する最も詳細な分析は、奥山直司「青木文教と河口慧海―「西蔵大蔵経問題」―」（白須浄真編『大谷光瑞と国際政治社会』勉誠出版、二〇一一年、一二九～一五九頁）である。奥山が指摘するように、青木と河口、どちらかの言い分が全く真実でどちらかが全く虚偽なのではなく、「両者の意見の対立は、同時期に青木と河口という二人の日本人から別個にチベット大蔵経の寄贈を依頼されたチベット政府首脳のこれに対する対処の仕方に基因する」（同、一三一～一三二頁）と考えられる。

民博アーカイブには、奥山のこの推測を裏付け、その後の事情を一部ながら明らかにする資料が複数、含まれている。まず、この年、戊午年一月一八日付（一九一八年二月二八日付）の、本願寺法主宛ダライ・ラマ一三世の印爾付書簡と、やはり同日付の河口慧海宛ダライ・ラマ一三世書簡の写しがある。いずれもシッキムのチャールズ・ベルの手を経て、一九二〇（大正九）年五月五日に、西本願寺に到着した。本願寺法主宛書簡の内容は、法主宛の写本カンギュルおよび仏像、書簡を、河口に托してあること、それを速やかに本願寺に届けるように、ダライ・ラマから河口に書簡を出したこと、その書簡の写しを同送すること、である＊3。河口宛のものは、写本カンギュル、仏像、書簡をすぐに本願寺に届けるように、指示したものである＊4。この前年、すなわち一九一九（大正八）年一〇月には、外遊から帰国した大谷光瑞に、河口が会見を拒否されており（「大正の玉手箱問題」『読売新聞』一九一九年一〇月一九日付）、青木が東南アジアに去った後も、事件はまだ静かに推移していたと言えるだろう。

民博アーカイブには、もう一点、一九二二（大正一一）年二月二三日付の、ダライ・ラマ一三世宛本願寺法主書簡の控えが残されている。やはり河口が上記三点の品物、すなわち写本カンギュル、仏像、書簡を所持したままであるので、いたしかたなく本願寺は裁判を起こすことにすること、そのために、事件について書いたダライ・ラマ一三世の書簡を、英文翻訳を付して改めて送ってほしいこと、が述べられたものである。山口瑞鳳が青木から直接聞いた、「裁判によって解決する用意をしていた」というのは、このことを指すのではないかと思われる＊5。その後のことはやはり不明である。問題の経典は、紆余曲折ののち東洋文庫におさめられた（江本嘉伸『西蔵漂泊』下巻、山と渓谷社、一九九四年、一六七頁）。

青木に関する先行の記述には、この事件の結果、いわば河口慧海の主張に屈した形になった結果が、青木の進路に非常に深刻な影響を与えた、という見解を持つものが多い。例えば、佐々木高明は、「一九一七年四月、帰国した青木をまちうけていたのは手厳しい争い事であり、彼はそのことから手痛い打撃をうけたようである」（佐々木高明「青木文教師とそのチベット将来資料」長野泰彦編『国立民族学博物館蔵青木文教師将来チベット民族資料目録』国立民族学博物館研究報告別冊一号、一九八三年、一七九頁）と書いている。

しかし筆者には、青木が受けた本当の打撃は、仏教界および、一般社会におけるチベットへの関心の変化、既に述べたような、チベット現地に対する関心の退潮によるものであったと思われる。奥山はこの一連の争い事の結末について、「結局、この問題は有耶無耶になり、時折蒸し返されながらも、真相不明のまま立ち消えてゆく」（同、一三一頁）と書いている。筆者が注目するのは、まさしくこの点である。ここから筆者は、大谷光瑞をはじめとする青木の周囲に、この件で河口と張り合うという手間暇をかけるだけの価値を、「チベット」について認めない、そのような雰囲気があったのではないかと推測する。奥山はこの論争における青木の態度を、「あやふやで腰が定まっていない印象」（同、一四〇頁）、「煮え切らない態度」（同、一四二頁）と書いているが、これはつまり、周囲のそのような雰囲気に、青木が拘泥せざるを得なかった結果ではないのだろうか。大谷光瑞は、事件が膠着し始めたまさにその時に、青木を東南アジアに派遣する。山口瑞鳳はこれを、光瑞が青木を「争いの場から外し」た、と表現しているが（山口瑞鳳「解説・青木文教師」青木文教『西蔵』芙蓉書房、一九六九年、四三二頁）、そうであるなら、青木はいよいよ腰を据えて戦おうとしていたのだろう。青木がそれまでの「煮え切らない態度」をきっぱり捨てようとしたからこそ、光瑞は、もうよろしい、と、彼を引き離したのだと思われる。

このような態度、雰囲気は、大谷光瑞、もしくは西本願寺に限って見られるものではなかった。真宗大谷派の側にも、寺本婉雅の『西蔵語文法』をめぐる河口との論争*6において、同様の態度が見られる。「玉手箱事件」から、六年後のことである。この論争は、寺本婉雅が一九二二（大正一一）年に出版した『西蔵語文法』について、同年の『中外日報』紙上において、河口慧海がその内容のずさんさを糾弾し、絶版を求めたものである。一連の記事は、「著者寺本婉雅氏に『西蔵語文法』の絶版を要求す（一）」（『中外日報』一九二二年一一月三〇日付）から始まった。以後、一二月三日まで、計四回、この「著者寺本婉雅氏に『西蔵語文法』の絶版を要求す」という題を冠した記事が連載された*7。

河口の非難は痛烈である。河口は、チベット語の発音も知らず会話もできない、チベット語に関しては素人も同然の寺本が文法書を編むなど、「めくらの垣のぞき」に等しいと言い切った。最後は、一年くらい自分の所に来てその間違いだらけのチベット語を学び直したらどうか、という言葉で締めくくられている（『中外日報』一九二二年一二月三日付）。

この河口の挑発を、寺本側が受けて立つことはなかった。寺本が属する大谷大学のコメントとして、「度量を見せた谷大側」（『中外日報』一九二二年一二月二日付）、「西蔵語文法の批評の批評会　答弁の価値なしで結論」（『中外日報』一九二二年一二月九日付）が載るだけである。タイトルからも充分推察されるように、寺本自身は、河口の記事を単なる人身攻撃だとして、取り合わなかった。大谷大学も、この著作についての判断は、以後学界の研究者各位の判断にゆだねたい、とするのみであった。

寺本や大谷大学のこのような態度は、上述の大谷光瑞のそれと共通するものがある。つまりそれがまさしく、仏教界におけるチベットへの関心の退潮を示すものだと言えよう。そしてこの関心の退潮は、多田等観が前代未聞の数量と質を誇るチベット仏典とともに帰国した時に、よりはっきりと示された。

多田は一〇年という長い年月を、チベットでもトップクラスの寺院で修行に励み、チュンゼーという、チベット仏教の修行階梯における正式な学位を、日本人で初めて得た人物である。また、彼とダライ・ラマ一三世との親交は、チャールズ・ベルとダライ・ラマとのそれにも比肩しうるほど密接なものであった。更に彼が日本に将来したチベット仏典は、点数が多かっただけではなく、印刷が鮮明で欠落が少ない良質のもので、その中には西蔵から初めて持ち出される貴重な文献も含まれていた（山口瑞鳳『チベット』上巻、東京大学出版会、一九八七年、一〇五頁）。

チベットでの経験とその成果、将来した仏典、この三点のどれをとっても、多田以前の日本人が達成したものをはるかに越えるものであった*8。ところが、多田の帰国当時、彼を派遣した当人である大谷光瑞にも、西本願寺にも、迎え入れの態勢を整えた様子は見られない。それどころか、「非常に冷たく扱われた」と多田自身が語っていたのを、東京大学において彼の教え子であったチベット語学者北村甫が聞いている（多田等観『チベット滞在記』白水社、一九八四年、二二六頁）。

多田の場合も、それから青木の場合も、この両人をチベットに派遣した当人である大谷光瑞においては、「チベット」のみならず、「仏典」にさえも、いわば執着を示していない様子であることに注目される。青木の場合、「玉手箱事件」発生直後の光瑞の言葉として、『中外日報』紙上に、大蔵経入手を「すっかり断念」したと伝えられている（「西蔵大蔵経問題」、一九一七年七月一九日付）。また、多田の帰国時、光瑞は、チベット仏典を献上したいという多田の申し入れに対して、「いや、自分はもらっても読むわけじゃないから、受け取ったことにするけど、おまえが使いたければ持っていってよろしい」と答えたという（前掲多田等観『チベット滞在記』、二二六頁）。これは光瑞が、争いを好まず、鷹揚な人柄であったことに由来する言葉であったとも考え得る。しかしかつて、ロンドンで自らサンスクリット仏典を読み解こうとした、そのような積極的な挙措をこの時の光瑞に見て取ることは難しい。

大谷光瑞の構想においては当初、青木と多田のチベット派遣が、大谷探検隊事業の更なる発展段階と想定されていたと言える。いわば生え抜きの大谷探検隊隊員である青木に、チベット語のできる新参の多田等観をつけて派遣したことは、大谷探検隊の次の目標の一つとして、チベットに照準が合わせられつつあったことを示唆している。

チベットへ青木と多田、どちらか一人ではなく、二人が派遣されたことにも、このことがうかがえる。本書第二章においてすでに触れたように、チベット入りの目的として、能海寛や河口慧海など、「入蔵熱」以後の仏教者が掲げたのは、チベット文経典の調査と入手、研究である。そのような認識において、光瑞も例外ではない。しかし、彼のチベットへの関心が、三章に述べたように「仏教と社会」、すなわち、「チベットの正確な現状」と「仏教の宗教的変容」に、より重きをおいてあったのだとすれば、経典の入手だけではなく、教義、教史についての深い理解と、チベット仏教と密接な関係を持つチベット社会の現状についての幅広い調査が必要となる。光瑞は、青木には寺院外での研究をさせ、多田には寺院内において学僧としての研鑽を積ませた。つまり一人ではなく二人を派遣したのは、この二つの目的をより完全に達成するためであったと考えられる。

しかし、彼らがチベット滞在を終えて帰国した当時の日本では、一般の人々も、研究者や仏教者も、そして当の大谷光瑞においてさえ、すでにチベット本土への興味が失われてしまった後だった。多田が、チベットの僧院で本格的な修行を一〇年積むという希有な経験を持っていたにもかかわらず、彼の滞在記に相当するものは結局、帰国後六一年もたたなければ出版されなかったのである。ここにチベットへの関心の退潮は、より明瞭に示されていると言えるだろう。

青木にとってこれは、「不遇」（前掲佐々木高明「青木文教師とそのチベット将来資料」、一七九頁）と「孤立」（佐藤長「解説」『西蔵遊記』、中央公論社、一九九〇年、三八一頁）とも形容される、長い時代の始まりであった。「関心を持たれない」という逆風は、この後外務省嘱託となる一九四一年まで、二四年間吹き続けることとなる。河口慧海との一件は、その最初の一閃であったと言える。

結婚

青木と立石スミとの結婚は、一九一七（大正六）年一二月二六日、この「玉手箱事件」の最中であった（正福寺資料、資料番号二二）。立石家はもともと佐賀県西松浦郡の出身であったが、スミとの結婚当時は、大連に移っていた。青木はこの結婚に先立ち、九月には大連を訪問しており（「青木文教大連に向ふ」『中外日報』一九一七年九月六日付）、また正福寺には「文教縁談書類」と書かれた一一月六日付の封筒が残されている（整理番号一五）ので、九月前後から縁談が具体化し、両家が準備を進めていたものと思われる。青木正信によれば、結婚式は大連であった（青木正信「青木文教の生涯をしのんで」『ふるさと伝記まんがシリーズ三　青木文教』滋賀県安曇川町、一九九四年、一〇一頁）。

すでに述べたように、先行の諸記述では、青木が一九一八（大正七）年二月、大谷光瑞によって東南アジアへ派遣された、とされている。しかしこの日付の典拠は明らかではない。徳富蘇峰記念館には、同年六月三日付ジャワのスラバヤ発の青木のはがきが残されており、それは、現在スラバヤ港で当地を見物中、セレベスのメナド着は一〇日後である、と知らせるものである。従ってあるいは、日本出発は二月であっても、途中の旅程が長く、何カ所かに立ち寄ったのち、メナドに到着し落ち着いたのは六月、ということである可能性も考えられる。

大谷光瑞が早くから「南洋」に関心を持っていたことは、すでに加藤斗規「大谷光瑞と南洋」(『大谷光瑞とアジア』勉誠出版、二〇一〇年)に指摘されている。同氏によれば、青木がまだラサ滞在中の一九一五(大正四)年、光瑞は側近の柱本瑞俊に南洋での事業地を調査させていた可能性がある(前掲加藤斗規「大谷光瑞と南洋」、二四九頁)。この年、マレー半島とシンガポール島のゴム園を買い取って栽培事業を開始している。しかし、青木が帰国する一九一七(大正六)年には、これらを売却、事業拠点をオランダ領セレベス島に移し、更にオランダ領ジャワ島スラバヤに「蘭領印度農林工業株式会社」を設立した。同社は光瑞のオランダ領インドネシアにおける農園事業の核となっていく組織である(前掲加藤斗規「大谷光瑞と南洋」二四九〜二五三頁)。

これらの農園には、柱本や青木、広瀬了乗といった光瑞の側近が経営者として配置され、その下にいわゆる「大谷学生」が派遣されて、管理にあたっていた。「大谷学生」とは、大谷光瑞膝下で教育されていた日本の少年たちを指す。彼等は小学校卒業後、上海や旅順で教育され、その後上述の農園事業その他の実務にあたっていた(前掲加藤斗規「大谷光瑞と南洋」、二五九頁)。加藤氏はこれら光瑞の南洋事業展開初期の構想がうかがえるメモ「南洋事業経営方針」*9を紹介されており、それによれば、光瑞を総裁に、以下調査部その他の各部がおかれることになっている(前掲加藤斗規「大谷光瑞と南洋」、二五三〜二五四頁)。青木は工業部の主任とされている。また、一九二二(大正一一)年発行の雑誌『大乗』に、青木が執筆した「蘭領印度の農園経営に就て」(二月号、一〇一〜一一七頁)では、青木は「蘭領印度農林工業株式会社専務取締役」となっている(一〇一頁)。以上のことから、光瑞の南洋事業において、青木が主軸となる人材の一人であったことは明らかであると思われる。

スミとの新婚生活は、結局、長くは続かなかった。正福寺に残された医師の死亡診断書の訳文によると（整理番号三〇）、スミは出産後の産褥熱がもとで、一九一八（大正七）年一二月一一日、メナドで死亡する。生まれたばかりの娘と二人、残された青木の心中は察するにあまりある（写真1）。

写真1　青木と長女文子（正福寺蔵）

小さな娘は、文子と名付けられた。妻を失ってのち、青木はこの文子を手元におくことが、やはりできなかったようである。正福寺には、「大連で文子が世話になっている所」として、スミの親族の名が複数挙げられた、青木の書簡が残されている（正福寺資料、整理番号二五）。つまり大連でスミの親族が、文子を養育していたと思われる。

そののち、一九二〇（大正九）年一一月二四日に文子は、大連から一時帰国する。現在正福寺に残されている書き付け類からは、文子がスミの姉矢田辺君子に付き添われていたこと、また、文教の弟正音が迎えに神戸まで出たことがわかる。神戸についたのは午前九時過ぎで、それから京都へ向かい、青木家の親族である京都の西教寺に午後六時頃到着した。西教寺には、文教の妹ヌイが、文教のチベット滞在中の一九一四（大正三）年に嫁いでおり、また同寺は、一九二二（大正一一）年、文教の伯父達門が没することになる場所でもあった。ここにしばらく滞在し、四日後の二八日午後二時、文子は正福寺に到着した。それからしばらくの間、少なくとも一年余り文子は、正福寺で世話をされていたらしい。正福寺には一九二二（大正一一）年二月までの、文子養育に関する支出記録が残されている（正福寺資料、資料番号四三）。

文子の帰国のためには、一九二一（大正一〇）年四月二二日付で文教から一〇〇円が、正福寺に送金されている。その書類を見ると、当時文教はスラバヤにいたようである（同上）。更に、西本願寺本山からも補助金が出ていた（正福寺資料、整理番号三六）。またこの一一月から、いつまで続いたかは不明であるが、文子の「養育費」という名目で、やはり西本願寺本山から月極で二五円が支給されていたことも、正福寺に残されている記録からわかる（同上）。これら本山からの給付は、大谷光瑞の配慮によるものであったことが、西教寺の住持で、ヌイの夫である太田信海の書簡に記述されている（正福寺資料、整理番号三三）。太田は、文子にかかわる本山とのやりとりを、京都において引き受けていたようで、この文子帰国の補助金も、彼が「青木家代理」として受け取り、正福寺へ送っていたようである（同上）。

一方、青木もセレベスに落ち着いていたわけではないようである。例えば正福寺に残された書簡からは、一九一九（大正八）年一〇月一八日神戸を発ち、「視察」のため、香港、フィリピン、マレー半島、インド、ジャワ方面に向かったことがわかる（正福寺資料、整理番号二九など）。この時連絡先として、ジャワのスラバヤにある三井物産が指定されており（正福寺資料、整理番号二五）、これは当時の青木の活動拠点の一つを示すものであると言える。帰国と結婚によって得られた家庭的な幸福も、あわただしく彼の上を通り過ぎてしまい、この当時の彼は忙しく動き回りつつ、再び孤独の中にあったと言える。

『西蔵遊記』の出版

『西蔵遊記』は、青木帰国（一九一七年四月二九日）直後から『大阪毎日新聞』に、「秘密の国」と題して六月九日から一〇月一九日まで連載されたものに、「出蔵記」を附して、一九二〇（大正九）年一〇月、出版されたものである。

青木はその生涯において、いくつかチベットに関する著作を出版したが、チベットでの彼の活動成果の最初の集大成ともいうべきものが、この旅行記『西蔵遊記』である。

この著作において注目すべき点は、青木に、当時の日本人のチベット認識に対する問題意識があったと思われることにある。彼は、帰国直後の東京地学協会本会での講演（一九一七年六月一四日）を、以下のように締めくくっている。

西蔵を昔の如く単に僧侶が物好きに行つて見るとか探検家が地理上の探検に行くと云ふ国と見ずに、もう少し生産的に西蔵を探検して此国を開発すれば或は金鉱などが意外に驚くべき大金鉱を発見するやうな見込がないことはない、全く探検が出来ないやうな国ではありませぬ、単に西蔵と申しますとどうも秘密の魔国のやうな感想を起す其感じを取除いて、もう少し西蔵は生産的の方面に誘導させる国であると云ふことをご承知願ひたいと云ふのが、私の今晩の講演に付きまして諸君に御願ひ致しまする希望でございます
（青木文教「西蔵視察談」『地学雑誌』三四七号、一一七頁）

彼が講演中で述べているところの、「昔」チベットに「物好き」でいった僧侶や、地理的調査のために入った「探検家」に、河口慧海やヘディンが含まれることは明らかである。青木は、「昔」のチベット、すなわち河口やヘディンの時代の彼らが語ったチベットと、現在のチベットとは違う、と強調しているのである。

この東京地学協会での講演は、最新のチベット事情を、日本の専門家に報告するという意義を持っていたと考えられる。この講演の結びに、青木が、当時の人々が一般に持っていたチベットに対するイメージについて言及したことには、彼がこのことをいかに重大な問題と捉えていたか、その一端が示されていると言えるだろう＊10。僧侶や探検家にだけ価値がある「秘密の魔国」、すなわちそれ以外の一般の人々には無縁の地域、というイメージが当時広く流布していたことが、彼のこの言葉にうかがえる。

『西蔵遊記』本文においても、彼は当時のチベット認識を問題視する態度を頻繁に見せている。例えばチベット事情を詳述する前に、「「現今の西蔵」なる概念を今少しく拡張して置かねばならぬ」（『西蔵遊記』一九二〇年、一五九頁）としているが、この言葉は、既成のチベット像が、これから紹介しようとする最新のチベット事情の前提として

は不適当であるという彼の見解を示している。『西蔵遊記』は、単なるチベット旅行記、チベット事情の概説書ではなく、日本人のチベット認識に対する最初の問題提起として位置づけられるべき側面を持つ著作であったと言えるだろう。

『西蔵遊記』以前に、書籍として出版されていた日本人によるチベット旅行記としては、河口慧海の『西蔵旅行記』（一九〇四年）、能海寛が残した日記や書簡などを寺本婉雅がまとめた『能海寛遺稿』（一九一七年）の二点がある。しかし能海は入蔵途上、チベットと清の境界地域で消息を絶っているため、当然のことながら彼の記述はチベット内地に及ばず、国境周辺に限られたものであった。従って事実上チベット滞在記と言えるのは、『西蔵遊記』出版以前においてはひとり河口の著作のみであった＊11。従って『西蔵遊記』は、日本人によるチベット滞在記としては、河口に続く第二のものであったと言える。

しかし、『西蔵遊記』は、人気を博したこの河口の旅行記の「続編」ではなかった。むしろ多くの点で対照的なものとなった。その一例として、両者の文体・構成の違いが挙げられる。河口の『西蔵旅行記』が、新聞記者に口述したものをまとめたものであり、読者を引き込む生き生きとした語り口がそのまま生かされているのに対し、青木の『西蔵遊記』は、あくまで書かれた文章として推敲を経たものであった。また構成も、青木の『西蔵遊記』が、「入蔵記」、「西蔵事情」、「出蔵記」の三編に分かたれ、更にこの各編が各章で構成されるようになっているのに対し、河口の『西蔵旅行記』では、この大―中―小の項目が作られてはいるものの、その大部分は話の筋を表すキーワードが、話中からそのまま抜き出されているにすぎない。

両者のこのような違いは、生じたべくして生ずるものであったといえる。大谷探検隊の隊員は、調査記録の作成を義務づけられていた（山田信夫「解題」『新西域記』井草出版、一九八四年、二四～二五頁）。特にデータの具体性、直接には距離や時間、数量などの明記が厳しく課せられていた。青木の入蔵に関するこの種の調査記録、及び日記は、未だ発見されていないが、日記が存在したことは明らかである。なぜなら、青木はのちに、自身のチベット滞在について語った際、「日記を見ると私は九月二十四日にこの村を発ってゐる」(青木文教「西蔵の思ひ出(四)」『亞細亞大観』第三輯第十二回、ページ番号なし、一九二七年)と書いているからである。従って、少なくともこの記事を執筆した一九二七年の時点では、彼の手元に「日記」があったことは確実である。河口慧海も日記をのこしているが、河口旅行記にこのような数字的なデータが著しく欠けていることは、新聞連載当時から指摘されていた(内藤湖南「河口慧海師の入蔵談に就て」『大阪朝日新聞』一九〇三年六月二二日付)。従ってこの点において青木旅行記はもともと、河口旅行記と対照的な記述となるべきものであったと言える。

更に、「玉手箱事件」での河口とのいきさつが、河口旅行記と自著とを対照する意識を強めたと考えられる。青木旅行記の新聞連載は玉手箱事件のさなかであり、それに手を加え、『西蔵遊記』としてまとめたのはそれ以降、事件から身を引いた時期に重なっている。『西蔵遊記』の「序」に青木が「皆実録を存して恣に彫華を施さず」と書いている(二頁)ことにも、河口旅行記に対する意識がうかがえる。河口旅行記は、そのあまりの「魂飛び肉躍らしむ」、「空前の大活劇」(『大阪毎日新聞』一九〇三年六月四日付)ぶりによって、一部の人々に虚構ではないかと疑いを向けられていたことも、また事実であったからである。

河口旅行記に対する意識は、『西蔵遊記』に付された京都帝大のサンスクリット学者、榊亮三郎の跋文にもうかがえる。榊は、「玉手箱事件」において、青木の主張の正当性を保証し、河口から激しくなじられた人物である*12。榊は冒頭、「西蔵遊記は、邦人の手に成れる最初の西蔵実録なり」(榊亮三郎「跋西蔵遊記」『西蔵遊記』I頁)と言い切っている。先行する河口の有名な旅行記があるにもかかわらず、いわばそれを無視して、青木の『西蔵遊記』を「邦人の手に成れる最初の西蔵実録」としたことには、河口の記述に正確さが欠けるとした当時の見解をふまえているとしても、その背景に玉手箱事件の影響があることは、否定しきれないだろう。

『西蔵遊記』において、河口の『西蔵旅行記』との差異が見られるのは、例えば入蔵に関する部分である。この部分は、河口旅行記において、チベットへの接近のむずかしさが最大限アピールされる箇所でもあり、入蔵に伴う危険についての記述が連続した。これは、外国人入国に対する警戒が非常に強まっていた時期に入蔵した河口の体験談としては、当然の内容であった。一方青木にはダライ・ラマの入蔵許可証があり、イギリス側の警戒を突破してチベットに入って以降は手厚い庇護を受けた。加えて河口が遭遇した、強盗に荷物を奪われたり巡礼に命を狙われたりといった危難は、青木の記述には、そう多くは見あたらない。従って、河口の冒険談を引き立てていた悪漢や堕落僧は、青木の記述には登場しない。『西蔵遊記』において描かれるチベット人像は、第四章で述べたように、いずれも、「仏神を信じ、慈悲に富み、同情心の厚い温順なる国民」（二七五頁）というものであった＊13。

それぞれに添付された画像も、読者に与える印象という点において、両者のコントラストを強めた。河口旅行記には、挿絵が挿入されている。河口の「大活劇」の、最も劇的な瞬間が、視覚化されたものであることは言うまでもない。一方、青木旅行記には、写真が豊富に挿入された。それらは、冒険とは無縁な、チベットの平穏な日常生活を被写体とするものであった。河口旅行記に添えられた挿絵との相違は、実にここにあると言える。結果として、読者に与える印象において、両者の間に格段の差が生じたのは当然である。

『西蔵遊記』の写真が伝える内容が、チベットの人々のおだやかな日常であればあるほど、河口旅行記がふんだんに持っていた「魂飛び肉躍らしむ」（『大阪毎日新聞』一九〇三年六月四日付）冒険物語の色合いは、当然のことながら薄まった。従って一般読者が、河口旅行記が表現していたようなスリルあふれる場面を期待していたとすれば、『西蔵遊記』は当然のことながら、物足りない印象を与えるものとなったと思われる。

しかし当時において実際に、青木の旅行記に期待されていたものは、まさしくこの河口旅行記の続編とも言うべき冒険物語であったと思われる。例えば青木の『大阪毎日新聞』の連載予告（一九一七年六月九日付）は、青木旅行記を、「風物の珍、境遇の奇を描きて読者をして坐ろに身大秘密国に遊ぶの感あらしむ」ものと形容している。また、『西蔵遊記』出版の広告（『六條学報』二二七号巻末、一九二〇年一〇月）でも、「一般読者には興味多き奇聞異説たるべく、歴史、地理殊に宗教等の研究者には絶好無比の参考資料たるべし」ことが謳われている。この広告の最も目をひく宣伝文句として、「無比の珍書」と言う言葉が大文字で掲げられていることには、河口旅行談にあったような「興味多き奇聞異説」こそ、青木のチベット旅行記に期待されていたものであったことの反映を見ることができる。

だとすれば、『西蔵遊記』への反響は、河口旅行記に及ばないものであって当然であったと推測される。この裏付けとなるものの一つは、以下に述べるように、青木の新聞連載が途中でうち切られていることである。『大阪毎日新聞』における青木の連載は、「第二編西蔵事情」の末尾をもって最終回となっている。連載開始時の予告では、全体の構成、即ち第一編「入蔵記」、第二編「西蔵事情」、第三編「出蔵記」のみではなく、各編の章立てと章タイトルまで広告されていた。この段階で青木は、かなり明確にこの連載全体の構想を完成していて、それに基づいて新聞社のこの予告が出されたと考えられる。にもかかわらず、青木の連載は第二編終了をもって打ち切られている。連載最後の回には、「紙面の都合により掲載せず」とのコメントが付せられているのみで、打ち切りの理由は明示されていない。

打ち切りの理由と考えられることの一つには、前節で検討した「大正の玉手箱事件」の影響がある。青木の連載の始まりは事件以前であり、打ち切りは、河口と青木の対立が周囲を巻き込んで深刻化していく時期に当たっている。青木の連載が実現した『大阪毎日新聞』は、『時事新報』とともに、他の新聞社をおさえて、河口慧海の第一回チベット旅行の旅行談連載権を得た新聞社である。青木の側に第三部最終章まで準備をした形跡があるにもかかわらず、第二編で連載が打ち切られたのには、河口側の意向が何らかの形で、『大阪毎日新聞』の方針に影響した可能性が指摘できる。

しかし、河口側の事情の影響がたとえあったとしても、青木の連載に、河口旅行談の連載時に匹敵する読者の反応もしくは支持があれば、打ち切りという事態にはならなかったと思われる。だが、河口の場合、第一回、第二回入蔵ともに複数の新聞連載記事となったのに比して、青木は『大阪毎日新聞』のみ*14、しかもそのただ一本の連載も、三編中の一編が割愛された形で連載打ち切りとなった。このことからは、連載当時の読者の反響が、河口のそれよりも控えめなものだったことを推測し得る。

青木の連載に対する反応がはかばかしくなかったことには、すでに第一節に述べたように、当時の日本社会において全般的に、新しいチベット情報にあまり関心がもたれていなかったことも影響していると思われる。第一回入蔵の旅行記が非常な人気を得た河口でさえ、青木と同時期に入蔵した第二回のチベット旅行の旅行記はすぐに出版されず、戦後一九六六（昭和四一）年に至って漸く、遺族や知人の手でまとめられた＊15。

新聞連載から三年後の『西蔵遊記』出版時には、どのような反響があったのか、それについて、論拠とするに足る資料を発見するに至らなかった。但し、状況の一端は明らかにしうると思われる。まず、青木が帰国した直後講演した東京地学協会は、講演時は講演記録を機関誌『地学雑誌』に載せたにもかかわらず、『西蔵遊記』出版について言及していない＊16。同様に、青木の母校仏教大学も、青木の帰国当初講演会を催し、講演記録を機関誌『六條学報』に載せており（「現今の西蔵」『六條学報』一八九号、一九一七年、六三～七一頁）、『西蔵遊記』出版時には、その広告を一頁を割いて載せてはいるが、広告以外の言及、例えば新刊図書の解説や、学界近況記事などでの紹介は今のところ見あたらない。さらに、地学協会以外での学界、すなわち仏教学、東洋史学などを専門とする研究者たちの反応が、皆無に近かったことは、青木について記述した佐藤長、山口瑞鳳、佐々木高明などの一致するところである（前掲佐藤長「解説」、三八二頁、前掲山口瑞鳳「解説　青木文教師」、三二九頁、前掲佐々木高明「青木文教師とそのチベット将来資料」、一八〇～一八一頁）。

もう一点、『西蔵遊記』出版時の反響のありようがうかがわれるのは、『西蔵遊記』に示された、当時のチベット認識を問題視する態度が、『西蔵遊記』出版後二〇年以上を経て発表された彼の諸著作において、変化していないことにである。例えば『西蔵文化の新研究』（一九四〇年）では、「専門の学術界」においてすら「西蔵認識の欠如」を否定しがたい状態にある、と指摘している（「序言」一頁）。更に、戦中から戦後にかけてまとめられたと思われる『西蔵全誌』（第九章で詳述）にも、「西蔵の場合はその国柄だけに誰もが誤まった概念を懐く傾向にあることは事実である。本誌執筆の目標とするところは一にその正しき概念の獲得にある」と記述されている。いずれの著作においても、その出版の目的が「特異の国西蔵に対する概念の明瞭化」(『西蔵文化の新研究』、三頁)等とされていることは、当時のチベット認識をめぐる日本の状況に、彼が依然として問題ありと見ていたことを示している。言ってみれば、ここから、日本人のチベット認識について、いわばその是正を目指した『西蔵遊記』が、大きな影響力を持たなかったことを読み取り得ると、筆者は考える。

第二節　『西蔵遊記』出版以後

上海・大連時代

一九二二(大正一一)年、青木は藤浜政子と、上海で二度目の結婚をする。正福寺に残された藤浜家の戸籍記録(正福寺資料、資料番号一六)によると、藤浜家は同じ滋賀県の、長浜にあったようだ。結婚の日付ははっきりしないが、この戸籍記録が三月一八日付であることから、この前後に、恐らく手続きがとられたものと思われる。その一月余り前には、青木は帰国していたらしい。二月九日付で徳富蘇峰宛に、「当分内地勤務トシテ光寿会関係ノ訳註字典作製等ノ仕事ニ係ル事ト相成申候」と、「西本願寺内」からはがきを出しているからである。「光寿会」は、大谷光瑞が上海を拠点に創立した、仏典の研究センターの名称である。

この翌年、一九二三(大正一二)年になると、青木の生活の拠点はほぼ、上海となっていたようである。残されている青木の書簡類が、すべて上海発であることも、それを裏付けている。例えば、この年の六月一四日には、チベットから帰国していた多田等観に、青木は上海から手紙を出し、多田に上海で働くように伝えている(「等観年譜」多田明子、山口瑞鳳編『多田等観』春秋社、二〇〇五年、三五頁)。また九月二日には、その前日に起った関東大震災の見舞いを、徳富蘇峰宛に上海から出している。

上海で青木は、どのようなことをしていたのか。この年一九二三（大正一二）年五月一日付の、「執行所出仕」に任ずるという西本願寺の書類が正福寺に残っている（正福寺資料、資料番号四四）。更に上掲の六月一四日付多田等観宛の書簡では、青木は「光寿会」の仕事をしているとされている（前掲『多田等観』、同頁）。更に、光瑞の動向を伝える九月二三日付の徳富蘇峰宛の書簡には、「上海無憂園大谷家執事」と署名している。無憂園は、上海における大谷光瑞の活動拠点となった邸宅である。以上のことから、上海での青木の仕事は、大谷光瑞の身近にあって、雑務全般をこなすものであったと推察される。

彼が結婚した一九二二（大正一一）年はまた、「光寿会」の月刊機関誌『大乗』が創刊された年でもある。青木は同誌に次々と、論文を発表している。「西蔵の建国より仏教の伝来するまで」（第一巻第五号）、「西蔵仏教の現はれたる極楽願生偈の翻訳」（第一巻第七号）、「西蔵所伝の観音菩薩の研究」（第一巻第八号）、「龍樹菩薩の極楽願生偈を論じて西蔵仏教の浄土思想に及ぶ」（第一巻第一一号）、「仏説阿弥陀経の西蔵文和訳を紹介す」（第一巻第一二号）、というように、「光寿会」において彼がすすめた、チベット文献の研究の成果が活字にされている＊17。同誌は、学界に関わりが薄い青木の、唯一の研究成果発表の場であったと言えるだろう。

次の年、一九二四（大正一三）年からは、青木はこの『大乗』の発行人となり、同誌上に青木の消息が時折、顔を見せるようになる。同誌の発行人は、編集責任者ではなく、実際に編集業務にあたる人員より、いわば格上の人間が、代表者として名前を出すことになっていたらしい。青木は二代目の発行人で、一九二七（昭和二）年三月号まで三年余り務めることとなる。一九二四（大正一三）年六月に『大乗』編集部は大連へ移るが、大乗社のその他の業務は上海に残され、上述のような事情から当然、青木もまだ上海にいた。一二月二〇日付の徳富蘇峰宛書簡も、上海無憂園から出されている。また翌年、一九二五（大正一四）年の『大乗』の記事には、同年三月二六日、青木は上海へ「帰任」とあるので、この頃も依然として、上海が彼の拠点であったと言えるだろう（「光寿会彙報」『大乗』第四巻第五号、

写真2　大連本願寺絵葉書（正福寺蔵）

五月号、頁番号なし）。

一九二六（大正一五／昭和元）年になると、大乗社はすべて大連へ移る。それに伴って青木も大連へ移動したようで、『大乗』三月号の記事には「青木理事」が二月一〇日、神戸から大連に「帰着」した、とある（「光寿会彙報」『大乗』第五巻第三号、三月号、頁番号なし、写真2）。

この三月号からこの後一一月号まで『大乗』では、「発行人」青木、そして編集責任者である「編輯人」が井尻進（一八九二～一九六五）となる。井尻は当時、「光寿会」神戸支部の事務を担当していたが、大連へ来て、「光寿会」とともに大乗社の「編輯事務」をも担当することになったのである（「光寿会彙報」『大乗』第五巻第三号、三月号、頁番号なし）。四月号奥付には、両人の連絡先が記載されており、これが当時の住所であったと推測される＊18。

井尻は一九一六（大正五）年に京都の同志社大学を卒業し、親族が事業をしていたジャワで商社の社員として働いていた。この時、ボロブドゥールの遺跡を目にし、以後その研究に打ち込むこととなった。光瑞の知遇を得たのもこのジャワ時代で、彼のボロブドゥール研究の成果は、『大乗』誌上に発表されていくこととなる（佐藤健「解説」井尻進『ボロブドゥル』中央公論社、一九八九年、一二七頁）。

青木との縁も、このジャワ時代、ボロブドゥール研究時代に始まるらしい。この時期はちょうど、青木も南洋で活動していたからである。更に、彼の研究成果をまとめた『ボロブドゥル』（大乗社、一九二四年）の、一九二四（大正一三）年付「自序」には、「青木文教氏の切なる御勧めにより不文杜撰をも顧みずこれを「大乗」誌上に発表するに至った」とある（前同、頁番号なし）。また同書「凡例」にも、「最後に、終始熱心に教導して下さった上に梓行までして呉れられた青木文教氏及び岡西為人」という一文があり、上海に移り、『大乗』にかかわるようになった井尻と青木の近しい間柄を、ここにうかがうことができるだろう。正福寺に残された『ボロブドゥル』には、井尻の献辞がある（正福寺資料、整理番号九七、写真3）。

これ以後の『大乗』には、編集責任者である井尻の筆になる巻末の「輯後」に、青木の消息をしばしば見ることができるようになる。後輩でもあり親しくもある井尻の目から見た青木の素顔が現れていて、貴重な記述となっている。以下、引用が長くなるが、井尻の生き生きとした筆致をそのままに紹介したいと思う。

例えば一九二六（大正一五／昭和元）年四月号には、青木の論文「西藏所伝王舎城所説無量寿経邦訳」が掲載されているが、これについての井尻のコメントが以下である。

「西藏」と「……」と「謹直」とで有名な青木文教氏が虎の児の様に大切に秘蔵して居られる大無量寿経の翻訳を此際吐き出して貰った

（「輯後」『大乗』第五巻第四号、四月号、一二〇頁）

つまり青木は、非常に真面目で、無口で、チベット研究一本槍、という印象を持たれていたのだろう。更に六月号にも、同様に、同号所載の青木論文「西藏所伝金剛般若波羅密経邦訳」についてのコメントとして以下がある。

数は恒に一から数へて十を過ぎて改まって居る。詰り四十と云ふ歳は三十代の最後の年である。近頃誌上に青木文教といふ名がチラホラ顕れ出した。此名は吾々が書生時代に喧しかつた骨董的のものである。そこで同氏を棺桶から顔を出して居る位の老僧と誤解せられては困る。未だ本年とつて漸く三十代の最後を飾る不惑に届いた許りの好紳士である

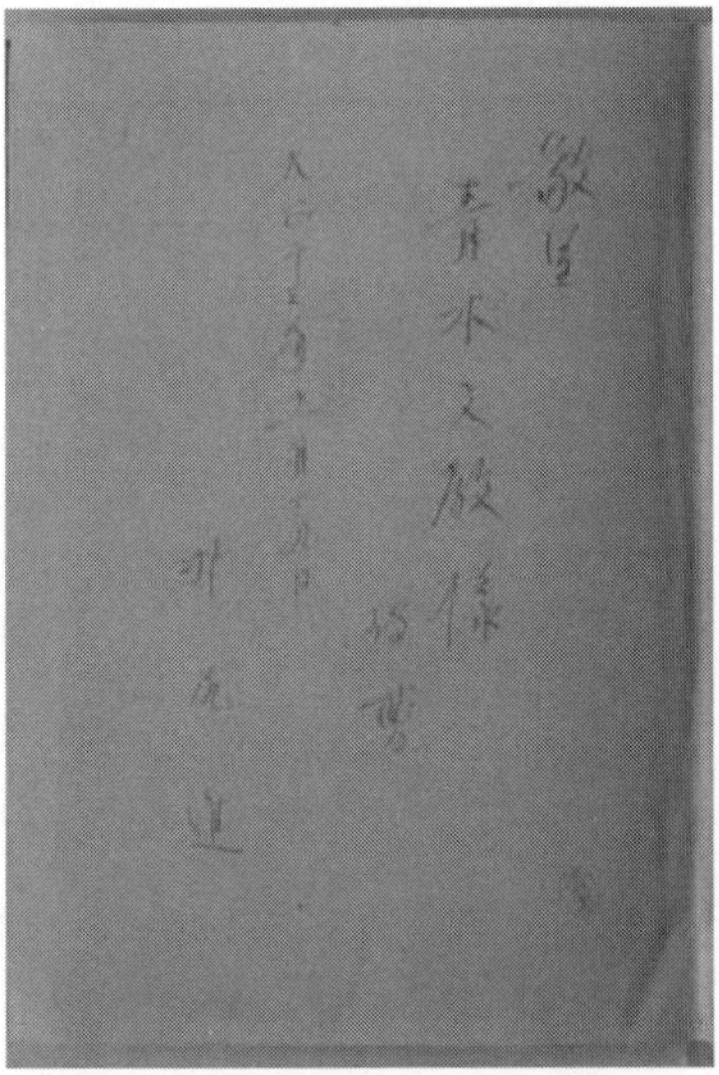

写真3　井尻進の献辞（正福寺蔵）

但しここで付け加えておきたいのは、井尻に「骨董的」などと言われているのは青木だけではないことである。大谷探検隊で青木の同僚であった橘瑞超も、以下のように、同様のコメントをつけられている。

前世紀の遺物と思つて下さるな。この橘瑞超といふ名を。「四十五十鼻垂れ小僧」といふ。その鼻つ垂しにさへ未だ産れて来ぬ年齢のお方ですからネ

（「輯後」『大乗』第五巻第六号、六月号、一一四頁）

つまり「骨董的」は、後輩として先輩に尊敬を表する、一つの言い方であったのだろう。続く七月号にも、青木の論文「西蔵所伝金剛般若波羅密経邦訳」があり、これについて井尻は再度、長いコメントをしている。

多少楽屋を曝け出す様だが、文教サンの西蔵所伝金剛般若云々と言つた様な肩の懲るものになると、純学術雑誌で無い本誌としてはトテモ助からん。仍で『高遠なもの程民衆に対して役に立たん』と言ふより『民衆に受けない』と、無楽あたりが柄にもなく商売気を出して、幕間の息抜きの積りで道化役に多少砕けたものを書いてみた

（「輯後」『大乗』第七巻第三号、一九二八年六月号、九七頁）

これも「謹厳」青木の面目躍如といったところだろう。

（「輯後」『大乗』第五巻第七号、七月号、一一四頁）

この間、青木は大連を生活の拠点としていたが、相変わらず同地と上海、日本国内とを頻繁に行き来していたようである。上海無憂園の世話や、光瑞が膝元で教育している学生の募集などのほか、「総裁猊下〔筆者注：光瑞を指す〕のお召により」出張、などという記事が、『大乗』誌上に見られるからである＊19。また、やはりこの時期も、仕事としては、光瑞の身辺の細々した用事をこなしていたようで、一九二六年一二月三一日付徳富蘇峰宛書簡では、光瑞の今後のスケジュールを詳細に伝えたあと、蘇峰の著書を光瑞の滞在先に送ってほしい、などと依頼している。

一九二七（昭和二）年、青木はチベットで撮影した写真を『亜細亜大観』に発表する。『亜細亜大観』は、大連の亜細亜写真大観社が出版している写真集である。台紙に解説文と写真が貼付されたアルバム形式で、第〇輯第〇回といったように分けられ、各回に一〇枚の写真が紹介されている。青木撮影の写真を掲載した「秘密国　西蔵」は、『亜

細亜大観』第三輯第一〇回がそのシリーズ第一回となり、第四輯第三回が最終回の第六回となっている。刊行年月日等の記載がないが、「秘密国　西蔵」の始まりにあたって添えられた「西蔵印画刊行について」が、一九二七（昭和二）年三月付、次回第六回でシリーズが打ち切られることを告知した「謹告」が同年八月付であるので、ほぼ月一回のペースで発行されていたと推測できる。各回には写真一〇枚と青木の解説、更に青木の「西蔵の思ひ出」、上海東亜同文書院に第二二期生として学んだ下林厚之の「西蔵問題」が収められている。ここには、『西蔵遊記』や、大谷探検隊の旅行調査記録である『新西域記』にも収められていない写真が掲載されている。

但し上述したように、青木のこの「秘密国　西蔵」は途中、第六回で打ち切られている。当初は「一箇年連続発行の予定」であった。つまり、予定の半分しか出版されなかったことになる。打ち切りの理由は、「最近に至り他方面の新鮮な印画を希望する向多数に上りし為」とされているが、詳しい事情は不明である（以上「謹告」『亜細亜大観』第四輯第三回、一九二七年八月付、頁番号なし）。青木はここでも、新聞連載同様の不運に見舞われたと言えるだろう。

さらにこの年、四月号『大乗』の記述によれば、この月から大乗社が京都の西本願寺別邸三夜荘に移った。青木はこのタイミングで、『大乗』発行人からはずれている。彼は大乗社の同人であったと同時に、「光寿会」本部理事という肩書きで仕事をしていたことから、このような結果となったと思われる。しかしこの年末、「光寿会」も三夜荘へ移された。一二月一六日に、西本願寺室内部で光寿会評議員会が開かれているが、ここに「本部側出席委員」として「青木理事」の名前が見える。次の年、すなわち一九二八（昭和三）年の『大乗』年賀広告には「光寿会本部理事青木文教（京都）」とあるので、青木もこの前後に京都へ移動したと考えてよいと思われる（「光寿会彙報」『大乗』第七巻第一号、一九二八年一月号、頁番号なし）。以後の『大乗』誌上に見る青木の動きは、いずれも日本国内のものである＊20。

一九二八（昭和三）年七月号の『大乗』には、大乗社編集部が三夜荘から西本願寺室内部へ移ったことが告知されている。その次号、すなわち八月号から、青木が再び『大乗』発行人となっているのは、この西本願寺室内部への編集部移動が関係しているだろう。青木は翌年、一九二九（昭和四）年三月号まで、発行人をつとめることとなる。ここにまた、発行人青木、編輯人井尻進という体制が復活し、井尻の記述の中に、青木を見ることができるようになる。

京都時代

一九二九（昭和四）年『大乗』四月号の「光寿会彙報」には、青木の身分が変更されたことが告知されている。彼は、それまでの「本部常任理事」から、「翻訳主任、無任所理事」となった。その理由は、「従来より病気静養の為め賜暇願出の処今回総裁猊下の御聴許ありたるにより」とされている。府立二中に通学していた一〇代のころに、脚気に悩んだ時期があったように、実際に体調に変化があったのかもしれないが、あるいは、この時期から、生家正福寺の住職を務めはじめた可能性もある。正福寺には、一九三八（昭和一三）年一月二九日付の、文教の正福寺住職辞職許可が残されているからである（正福寺資料、整理番号四八）。しかし正福寺に居を定めたというのではなかっただろうことは、『大乗』の年賀広告などに、「本部理事　青木文教（京都）」等とあることからも推測しうる＊21。

前述したように、この前年の八月号から、青木が再び『大乗』の発行人となっており、井尻とのコンビが復活していた。井尻はこの一九二九（昭和四）年一一月号（第八巻第十一号）から、「日々の身辺」と題して、日記体で日常の出来事についての記述した随想を掲載するようになる。これは彼の私的な記録という体裁をとってはいるが、当時の大乗社、大谷光瑞周辺の様子が活写されており、その意味で貴重な記録であるといえる。

この時期の青木の姿も、この中に再び見出すことができる。例えば「日々の身辺」（二）（第八巻第十二号）には、一〇月二三日に井尻の長女が生まれ、青木がその祝いのために二九日、井尻宅を訪ねたことが記述されている（九一頁）。青木が井尻の家庭に立ち寄るのは、この時だけではなかったようで、この二日前（二七日）にも、「青木さんが見へて午前中話して行かれる」（八八頁）といった記述がある。

この「日々の身辺」は、井尻の随想であるだけに、彼の感覚や感情が直接的に表現されている。それゆえに、この中の青木は、青木の身辺にいた人物の青木評として興味深い。上海時代の青木について、チベット研究一本槍で、無口で謹厳な青木さん、という表現を井尻がしていたのは、既に述べたところであるが、この「日々の身辺」にも、以下のような青木評がある。

江州といふ所には此種の風貌と深智の人が多く見られるやうである。多少痩形の蒼白の顔色で寡言、しかも内に燃える熱を蔵する類の人である。富永の主人、青木さん、それに特に顕著なのは桂利剣師に見られる。（中略）丁寧で赭ら顔の、ドチラかと言へば多少お人よしの安芸門徒の人々と対照して面白い

（第九巻第四号、一九三〇年四月号、七六頁）

この一九二九（昭和四）年からおそらく一九三五（昭和一〇）年前後にかけて、青木は「光寿会」と正福寺にかかわりつつ、後に『西蔵文化の新研究』（一九四〇年刊）となるチベット研究を、一人でこつこつと進めていたと思われる。著作も少しずつ発表されていた。例えば、一九二九（昭和四）年には、「光寿会」で翻訳を行っていたものがまとめられ、『西蔵原本大無量寿経国訳』（光寿会本部）が出版された。更にこの年と翌々年の一九三一（昭和六）年には、『世界地理風俗大系』（新光社）の中の、「八、西蔵」（「民族と風習」、「国内めぐり」部分）、「九、ヒマラヤ地方」（「アッサム」部分）、「十一、秘国ネパール」、「十二、ブータン」を執筆している。また、一九三一（昭和六）年には、上海の商務印書館から、『西蔵遊記』が出版された。

この時期の青木の住所は判然としないが、民博アーカイブ中に残された、一九三二（昭和七）年八月二六日付青木宛和気巧はがき（アーカイブ番号二九八）の宛先は、「京都市下京花屋町新町西入法光寺様方」となっている。少なくともこの前後には、この花屋町の法光寺に寄寓していたことは確実である。

その後青木の住所が明らかになるのは、一九三七（昭和一二）年一一月一二日付の、青木宛津吉孝雄書簡（民博アーカイブ、アーカイブ番号二九九）である。津吉孝雄（一九一二〜二〇一一）は当時、外務省設置の東洋学の拠点、東方文

化学院京都研究所の研究員であった。津吉はまた、一九四二（昭和一七）年の『大乗』第二二巻第四号から一〇号に、イスラム関係の論文を載せている。この書簡は、青木の質問に津吉が答えたものである。内容から考えると、青木は「吐」の字義を、津吉に尋ねたものであるらしい。これは、この三年後、一九四〇年に出版される青木の『西蔵文化の新研究』において、詳細に青木が記述するものでもあり、この津吉書簡は、当時青木の研究の様子を示す貴重な資料でもある。

この津吉書簡での青木の宛先は「下京区岩上五条上ル瑞雲院御内」となっており、これが一九四一（昭和一六）年に、外務省嘱託となって東京へ移るまでの、青木の住所となった。この時代の青木については、一九三九（昭和一四）年から二年ほど、青木にチベット語を学んだ、チベット史学者佐藤長（一九一四〜二〇〇八）の記述が詳しい＊22。

佐藤が青木宅を初めて訪ねたのは、一九三九（昭和一四）年の暮であった。佐藤は当時、京都大学を卒業し、その後の研究のために、青木に師事することを決めたらしい。青木は非常に喜び、年が明けてから、週一回、午後一時から四時頃までの授業が始まった。

この授業が始まった一九四〇（昭和一五）年の、佐藤によれば「中頃」、青木にはチベット語の弟子がもう一人増えることとなった。佐藤の回想には姓のみ「藤谷君」と言及されている。神戸の中学を出て、京都伏見で「花作りに夢中になつていた」、「植物マニヤ」だったという。当時まだ一〇代の青年であった。東チベットの桜草に興味を持ち、ゆくゆくは入蔵する意志を持っていた。佐藤に対しても、兄弟子としてしきりに頼ったようで、植物に関する外国文献などで、わからない個所があると佐藤を訪ねてきたという。専門外のことではあり、佐藤も「弱ることが度々あつた」と書いている。しかし一九四三（昭和一八）年末、日本アルプスの登山中に遭難し、帰らぬ人となった（以上、佐藤長「京都における青木先生の二人の弟子」『日本西蔵学会々報』第四号、一九五七年、二〜三頁）。

この頃の青木の生活について、佐藤は、「光瑞とも離れ、光瑞の後援者の一人から生活の資を給され、細々とした生活の毎日を送った」（前同）と述べている。筆者が一九九九年に佐藤に話を聞いた際にも、「逼迫しておられるという印象だった」ということであった。青木の生活に経済的な余裕がなかったのは、事実だと考えていいと思われる。上掲佐藤の記述に見られる、「生活の資を給した」、「光瑞の後援者」が、誰であったのかは不明である。あるいは、チベットから青木が持ち帰った品々を預かることとなった、神戸の豪商小倉捨次郎であるとも考えられる。例えば前掲の井尻進「日々の身辺」においても、小倉には度々言及があり、小倉が井尻や光瑞に、些細なことまで援助を惜しまなかったことは、これらの記述からもうかがえるからである＊23。

佐藤によれば、講義が終わるといつも、政子がお茶とお菓子を出してもてなしてくれたという。佐藤は青木の生活状態を考えて、何度かこれを辞退したが、政子は取り合わなかった。佐藤はまた、「思い出すのは五条岩上に通っていた頃、私は政子夫人に非常に優しくされたことである」とも書いており、政子の心づかいが、佐藤においていかに印象的であったかがうかがわれる（前掲佐藤長「解説」、三八一頁）。

この頃の青木について佐藤は、身だしなみのよい潔癖な人柄であったと伝えている（「解説」、三八一～三八二頁）。筆者が佐藤から直接聞いた際にも、シャツのカフスにいつも汚れひとつなかった、ということであった。この青木の「潔癖」ぶりを表すエピソードとして、佐藤は、授業の最終回の様子を、以下のように書く。

潔癖といえば、私の受けた最後の授業が月半ばで終つたときのことである。私は礼儀として一ヶ月分を包んで差上げたが、先生は不完全な授業であつたからとの理由で絶対に受取られない。奥様にも御願したが、奥様は先生の御考えに従うとのみ云われるだけで結局如何とも出来ずに引下がつた

（佐藤長「郷土の学者　青木文教先生」『月報安曇川』第四二号、安曇川町広報部、一九五八年）

青木は当時、飲酒も喫煙もしなかったという。そして「いつでもチベットに赴く態勢にある」と言っていたらしい。佐藤はそのような青木に対して、「私のような不摂制な人間は頭が上らなかつた」と書いている（前掲佐藤長「郷土の学者　青木文教先生」）。青木はやはり変わらず、井尻進が言うところの「『西蔵』と『……』と『謹直』とで有名な青木文教氏」であったと言えるだろう。

この後一九四一（昭和一六）年、青木は外務省の嘱託となり、京都を離れることとなる。青木の外務省時代については次章で詳述するが、京都を出たのちも、佐藤との連絡は絶たれずにあった。後に佐藤が北京に留学する際に、雍和宮の転生ラマに紹介の労を執ったのは、当時外務省にいた青木であった。

国立民族学博物館には、東洋史学者藤枝晃の、青木宛書簡が残されている（アーカイブ番号三〇〇）。これは、青木が、東方文化研究所蔵書中の「西蔵関係図書」、特に「数字を出した統計」の有無を尋ねたものの返事であるように見受けられる。末尾に「十二日」とあるだけで、日付は明らかではないが、「佐藤君は毎日大学へ出て居ます」、「八月中」、という表現があり、なおかつ、いつでも研究所を訪ねて図書を利用してほしいという申し出を、藤枝がしていることから、青木の京都在住期で、なおかつ佐藤長と青木に面識があった時期であろうと思われる。従って、これは一九四〇（昭和一五）年八月である可能性が高い。

この時期、青木は、この年一二月に出版される第二の著書『西蔵文化の新研究』の、最後の仕上げに入っていたと思われる。この本は、最初の著作である『西蔵遊記』出版以後の、特に昭和に入って京都が生活拠点となって以降の、彼の研究成果の総括というべき著書である。もともとは、一九三七（昭和一二）年に出版された大谷探検隊の探検記録『新西域記』のために書いた原稿であったと、青木は一九四〇（昭和一五）年一二月二八日付の徳富蘇峰宛書簡で述べている。しかしこの著作にも、世の反響はほとんどなかった。これは筆者の推測であるが、もはや青木には、そのことに顧慮する気持ちはなかったのではないか。

この年、ちょうどこの著作が刊行される直前の一二月、青木は、かつての同僚多田等観に手紙を出し、その中で「チベットを学問的に進む［進める］」（［　］内は筆者の補足）と書いている（前掲多田明子、山口瑞鳳編『多田等観』、五三頁）。この言葉に、彼自身、いっしんにチベット研究に打ち込んでいる実感を強く感じていたことがうかがえる。世間の反応がどうあろうと、「チベットを学問的に進む」ことが、何より彼を支えていたのではないか。筆者にはそう思われるのである。

＊1 自身も西本願寺の僧侶であり、また龍谷大学学長をつとめた上山大峻は、第三次隊員吉川小一郎本人からこの間の事情を直接聞いている。すなわち、「北京まで帰った時に電報が来て、『探検隊のことはおまえが全部一人でやったという事にしておけ』と指示された」。このことは、疑獄事件当時の状況を端的に示していると思われる。上山はこれについて、疑獄事件で本願寺の財団の公金使い込みが問題となっていた時でもあり、とにかく西本願寺としては、探検事業に大谷光瑞が関与していない、という形をとりたかったからであろうと推測している。そしてこのような状況について、「命がけで探検に行った人たちに、後で充分な手当てがなされていない、評価がされていない」とした。上山はまた、二〇〇一年の時点で龍谷大学においても、大谷探検隊資料の全容が未だ把握されていないことに言及している（長沢和俊、上山大峻「大谷光瑞と探検隊」『季刊文化遺産』一一号、二〇〇一年四月、一四〜二五頁）。

＊2 龍谷大学所蔵青木文教資料中の小倉捨次郎宛青木文教書簡には、帰国直後を回顧して、青木の将来品の展覧会に、徳富蘇峰が訪れた、という記述が見える。しかし、この展覧会の開催時期等は現在のところ不明である。

＊3 本願寺法主宛ダライ・ラマ一三世書簡（アーカイブ番号二〇、日本語訳は津曲真一氏による。〔　〕内は同氏による補足）。以下全文を示す。「ダライ・ラマの手紙。大日本帝国真宗本派本願寺和尚様へ。その間、御身体も健康で、善行のほうも益々ご発展のこと〔と思います。それ〕から、シッキム政務官であるベル閣下を通じて、〔貴方が私に〕下さった情報は、丁巳年一二月一一日にこちらに届き〔ました。そしてその〕要件を細かく検討し、了解いたしました。こちらも以前のとおり万事良好であります。それ〔すなわち、ベル氏を通じて届いた情報〕に明らかにされている〔こと、つまり〕日本の比丘である河口が、カンギュルの写本一式を〔まだ〕そちらに差し上げていない件〔についてですが、この件につきましては〕彼〔＝河口氏〕にも厳密に集めた情報〔を記した手紙〕の複写を差し上げたように、河口がラサから日本に戻った際〔に持ち帰った、カンギュルの写本を〕本派本願寺で和尚に差し上げるという事情〔を記した文書〕と、仏像を入れた小箱などを、〔貴方が〕彼の所からお取り戻しになるならば、同じ法を信奉する〔チベットと日本という両〕国が言い争うことなく、〔この〕重大な問題〔に対する貴方の〕お怒りも確実に鎮まるでしょう。これからもお身体にはお気を付けて。チベットの〔暦の〕流儀で戊午年一月一八日吉日に」

＊4 河口慧海宛ダライ・ラマ一三世書簡控え（アーカイブ番号一八、日本語訳は津曲真一氏による。〔　〕内は同氏による補足）。

以下全文を示す。「〔この手紙の〕要件は以下の通りです。最近、丁巳年の一一月九日〔に〕、シッキム政務官〔である〕ベル氏を通じて、そちらから状況を記した手紙がこちらに届き〔ました。そして、その手紙に書かれている〕要件について、承知しました。そこで明らかになっている通り、東京にある日本国の大学から私に対して、カンギュルの贈り物が欲しいという情報〔を書いた手紙〕の類はもらっていませんし、〔また〕貴方がチベットに来た時に、〔貴方は〕自分のためではなく、国全体の幸福のためであるから、カンギュルの贈り物が欲しいと願い出られ、また、日本の仏教の主〔である〕和尚からも、日本国の仏教全体のためにカンギュルが欲しいという手紙が引き続き届きましたので、〔当方としましては〕貴方の国と〔チベットは、同じ仏教国であるという点では〕一緒であるので、日本国全体〔のため〕に役立つ〔のであればという〕想いから、カンギュルの優れた写本一式を本派本願寺の和尚に差し上げるという手紙と、仏像を入れた小箱に〔、〕和尚に差し上げます〔。〕と宛名を書いたもの〔を差し上げたのである。そ〕のように、ギャンツェから既に貴方に引き渡し終えたカンギュル写本一式は、日本の比丘〔である〕河口、〔つまり〕貴方が日本に到着した際には、手紙や仏像ともども、カンギュルの写本と合わせて、当方が渡したものを〔そのまま〕和尚に差し上げ〔て下さい。また、その〕時、何であれ仏法を行う場においては、仲違いをしたり、言い争いをするべきではない〔ということを〕しっかりと心に留めて下さい。戊午の年、一月一八日吉日に記す」。

＊5 これについては、中江彰がチベット学者山口瑞鳳に一九九三年三月一九日に行ったインタビューの録音テープ「山口瑞鳳先生に聞く」による。テープを貸与して下さった中江彰氏のご好意に改めて感謝申し上げます。

＊6 これについては、高山龍三『河口慧海—人と旅と業績—』（一九九九年、一四七頁）の他、金子民雄「解説」（『寺本婉雅著作選集』第四巻、二〇〇五年、一～一八頁）に言及があり、本書ではそれらを参照した。

＊7 この他、『中外日報』における関係記事としては以下がある。「著者寺本婉雅氏に『西蔵語文法』の絶版を要求す（二）」（一九二二年一二月一日付）、「著者寺本婉雅氏に『西蔵語文法』の絶版を要求す（三）」（一九二二年一二月二日付）、「度量を見せた谷大側」（一九二二年一二月二日付）、「著者寺本婉雅氏に『西蔵語文法』の絶版を要求す（四）」（一九二二年一二月三日付）、「西蔵語文法の批評の批評会　答弁の価値なしで結論」（一九二二年一二月九日付）。

＊8 このような評価がされたものの一つには、例えば多田等観『チベット滞在記』（白水社、一九八四年）巻末に収録された「座談会・多田等観先生を語る」がある（一九九～二二二頁）。これは、チベット語学者の北村甫、チベット学者の山口瑞鳳、仏教学

者大鹿実秋による座談会の記録である。
*9 同資料は、大谷記念館所蔵精舎昌美旧蔵書類中の一つである。すでに翻刻が片山章雄・白須浄真・柴田幹夫『近代アジア・日本における大谷光瑞の足跡資料の基礎的整理』(三島海雲記念財団平成一〇年度学術奨励金による研究成果報告書、一九九九年)に収められている(三一～三三頁)。日付はないが、内容から南洋事業展開初期のものと推測される。
*10 一般に流布していたこのようなチベット像についての指摘は、青木に限られるものではない。例えば、青木の新聞連載の翌年である一九一八(大正七)年、渡辺海旭が欧米の仏教研究を概観した中で以下のように述べている。「西蔵といふと大正の今日でも、多少教育あるものすら全然吾々と没交渉な一種の魔術国で、其経典とか宗教といふものは唯奇怪不思議の骨董品の如く考へるか、先普通の様だ」(「欧米の仏教」『渡辺海旭論文集』壺月全集刊行会、第二版、一九三六年、一三〇頁)。
*11 河口と同時期、一九〇一(明治三四)年一二月八日から二五日までラサに潜入した成田安輝の旅行日記は、戦後になって雑誌にその一部のみが発表された(「進蔵日誌」『山岳』六五、六六号、一九七〇年、一九七一年)。河口に次いで一九〇五(明治三八)年、ラサに入った寺本婉雅も、帰国後、仏教やチベット語に関する著書は出したが、旅行記は未整理のままに放置され、没後ようやく遺族の手によって出版されたにすぎない(『蔵蒙旅日記』、一九七四年)。一九一一(明治四四)年と一九一二～一九一八年の二度にわたってラサ入りした矢島保治郎については、昭和になって『読売新聞』の「辺境を探る」シリーズのひとつとして発表された矢島保治郎「辺境を探る」『読売新聞』シリーズ十八-廿四(一九四〇年七月一四～一七、一九、二〇、二二日付)、同年の読売新聞社編『支那辺境物語』、戦後の矢島保治郎『入蔵日誌』(一九八三年)の三種があるが、いずれも彼の旅行の一部を述べたものに過ぎない。
*12 例えば、「榊文学博士に呈す」(『中外日報』一九一七年八月一二日付)、「榊博士文字を造る　博士は他を誣告する人なり」(同紙一九一七年九月一四～一六日付)がある。
*13 このような、いわば肯定的な見解は、青木に限られるものではない。例えば、英国のシッキム政務官チャールズ・ベルも、チベット人について、「饗応の応酬が好き」で、「上は王子から下は農夫まで、苟も激昂する事もなく、本質的に鄭重な国民で気品のないものはない」としている(ベル『西蔵　過去と現在』田中一呂訳、生活社、一九四〇年、二七五頁)。
*14 『中外日報』には、「西蔵から帰つた青木文教氏談」(一九一七年五月二・三日付)と、「日蔵仏教同盟　大谷光瑞氏の事業」

（（上）（下）、一九一七年六月二九・三〇日付）があるが、連載と言っても、それぞれ二回のみの記事に過ぎない。従って、一九〇三年の河口帰国当時の状況をふまえ、青木の「旅行談連載」と見なすことができるのは『大阪毎日新聞』のみであると判断した。

＊15　講談社学術文庫から一九八一年に出版された『第二回チベット旅行記』の解説川喜田二郎「事実とロマン」によると、『東京朝日新聞』連載の「入蔵記」と、『東方仏教』に一九二六（大正一五）年から一九二七（昭和二）年まで連載された「雪山歌紀行」が、一九六六（昭和四一）年に『第二回チベット旅行記』として金の星社から出版されたという（『第二回チベット旅行記』、二七七〜二七八頁）。

＊16　河口慧海の『西蔵旅行記』についても、筆者が確認した限りでは、『地学雑誌』は沈黙している。但し一九〇九年マドラスで『チベットの三年』（*Three Years in Tibet*）が出版され、その批評が翌年三月発行の「倫敦地学雑誌」に載せられたことについて、その記事を雑報欄の新刊紹介で翻訳し紹介している（「新刊紹介」『地学雑誌』第二五八号、一九一〇年、八〇頁）。

＊17　『大乗』誌上には、本文で既述した一九二二（大正一一）年分以外にも、一九二六（大正一五／昭和元）年まで、青木の論文が掲載されている。そのタイトルを以下に掲げる。「西蔵の干支年数計算法」（第二巻第二号）、「大無量寿経の西蔵訳」（第二巻第三号）、「西蔵の仏教史概観」（第二巻第四号）、「西蔵訳般若波羅密多心経」（第二巻第五号）、「油椰子の話」（前同）、「般若八千頌所説の大乗と小乗」（第二巻第六号）、「鳥葬の話」（第二巻第七号）、以上一九二三（大正一二）年分。「西蔵所伝王舎城所説無量寿経邦訳」（第五巻第三号、四号、五号）、「西蔵所伝金剛般若波羅密経邦訳」（第五巻第六号、七号、八号）、以上一九二六（大正一五／昭和元）年分。

＊18　青木は「大連市佐渡町二〇番地」、井尻は「大連市山縣通二〇〇番地」となっている（『大乗』第五巻第四号、奥付、一二一頁）。

＊19　青木の動向を伝える記事は、『大乗』中の「光寿会彙報」のうち「青木理事」に関するものであり、以下がある（いずれも頁番号なし）。第五巻第二号（一九二六年二月号、一月一六日に大連発内地出張）、第五巻第三号（同年三月号、二月七日神戸発、同一〇日大連着）、第五巻第八号（同年八月号、六月二六日に大連発上海出張、七月九日上海発同一一日大連帰着）、第六《マ》年三《マ》月（一九二七年三月号、一九二六年秋から内地出張、年末より上海滞在、大連帰任は四月頃予定）、第六年五月号（同年五月号、四月一日上海発京都三夜荘に出張、五日上海へ）。第六《マ》巻第六《マ》号（同年六月号、四月一七日大連に帰任）。

＊20　この時期の青木の動向に言及する『大乗』記事は以下（いずれも「光寿会彙報」）。第七年第三号（一九二八年三月号、二月一六日広島・関門支部出張、一八日まで門司滞在、一九日門司発広島へ、二〇日「帰任」恐らく広島発京都へ）、第七巻第七号（同年七月号、六月八日に行われる光寿会関門支部主催光瑞の講演会準備と、光瑞の外遊見送りのため門司・大分出張、一一日「帰任」）。

＊21　『大乗』一九二九（昭和四）年一月号（第八巻第一号）に掲載された年賀広告では、「光寿会本部理事　青木文教（京都）」となっており、大乗社の年賀広告（九六頁）では、大谷光瑞の次に名前がある。翌年一九三〇（昭和五）年一月号（第九巻第一号）の年賀広告でも、光寿会「本部理事　青木文教（京都）」の記載が見える。

＊22　青木に関する佐藤の記述としては、青木逝去時に書かれた、佐藤長「京都における青木先生の二人の弟子」（『日本西藏学会々報』第四号、一九五七年、二〜三頁）、同「郷土の学者　青木文教先生」（『月報安曇川』第四二号、安曇川町広報部、一九五八年）の他、青木著作に付された解説の形で、同「青木師の名著復刊に寄せて」（『西藏』芙蓉書房、一九六九年、一一〜一四頁）、同「解説」『西藏遊記』（中央公論社、一九九〇年、三七三〜三八三頁）がある。

＊23　小倉捨次郎は、青木とほぼ同年の、一八八七（明治二〇）年生まれ、金物の貿易で財を成した。一九二三（大正一二）年、現JFE商事の前身の一つである小倉商事を設立、同社を「関西業界に屈指の地歩を占む」（『工業人名大辞典』満蒙資料協会出版部、一九三九年、六七頁、筆者は『日本産業人名資料事典』第一巻、日本図書センター、二〇〇〇年を参照）までに育てた。大谷光瑞の有力な支援者の一人であり、『大乗』誌上には、「社の営業上の相談役を何時も喜んでやつて下さる小倉さん」（第二〇巻第二号、八六頁）というように度々言及がある。井尻の「日々の身辺」にも、以下のような記述がある。一九三〇（昭和五）年一月号（第九巻第一号）「宅へ小倉さんが見舞いに来られる。巴里の上永井氏が樹の皮に描いた変な絵を二枚とも取つて貰ふ。いつも住吉で到れり尽くせりにして頂く夫妻から、アベコベにまた京都で過分の御馳走にまでなる」（七六頁）、一九三〇（昭和五）年三月号（第九巻第三号）「お宿の野村さんの不祝儀から遂に小倉さんのお宅に移る。流石に平素の用意が出来て居られるだけに実に心持ちよく時を過させて頂く」（八四頁）「結局また小倉さんに御馳走になる」（九二頁）、一九三〇（昭和五）年四月号（第九巻第四号）「住吉の小倉さんで鳥の水だきを呼ばれる」（八〇頁）。

第七章
戦時下で

第一節　東京へ

多田等観との再会

一九四一（昭和一六）年、青木は東京へ移った。それが正確にはいつであるのかは、明らかではない。当時の青木に、最も近い存在の一人といえる佐藤長が、「十六年に先生は東京に居を移された」（「京都における青木先生の一人の弟子」『日本西蔵学会々報』第四号、一九五七年、二頁）と述べているので、彼の生活の拠点が東京へ移転したこと自体は、確実であると思われる。

また、東京に移ってすぐ、どこに住んだのか、その住所も現在ではまだ明らかではない。前章でも取り上げた光寿会機関誌『大乗』の、この年の最終号、すなわち第二〇巻一二月号に、青木が外務省に入った旨の言及があり、その住所は「外務省調査部第三課」とされている（一七頁）。それまでの『大乗』にも、青木の住所の掲載はあったが、

「岩上五条瑞雲院」というように、自宅の場所が掲載されていた。従ってこのように、青木の連絡先が、自宅ではなく、勤め先である外務省になっていることから、あるいはまだ、東京の住居が定まっていなかった可能性がある。しかし以下に述べるように、同年六月頃からすでに、青木が外務省の仕事にかかわっていた痕跡があり、この前後からはあるいは、東京と京都を往復する生活となっていたとも考えられるのである。

以後、外務省時代の青木の遺品は、主に民博アーカイブ中に残されている。その最初のものは、この年一九四一（昭和一六）年一一月五日付の外務省調査部第三課嘱託勤務の辞令（アーカイブ番号三五）、外務省発令通知（アーカイブ番号三六）である。この「第三課」は、調査部所管事項のうち、「ソヴィエト」連邦、前項に掲ゲル地域を除ク亜細亜洲、阿弗利加洲及大洋洲ニ関スル調査ノ事務ヲ掌ル」部署である（臼井勝美「解説」『外務省執務報告　調査部』クレス出版、一九九五年、三〜四頁）。

しかし上述したように、青木が外務省の仕事に係わりはじめたのは、それより先のことであるらしい。すでにこの年六月一一日付の野元甚蔵「入蔵記」の原稿に、七月二七日にこの「入蔵記」を入手した、という青木のコメントが付けられていることが、入蔵者の事績を詳細に調査した江本嘉伸によって指摘されている（『西蔵漂泊』下巻、山と渓谷社、一九九四年、二五五頁）。

野元甚蔵（一九一七〜　）はこの二年前の一九三九（昭和一四）年、日本陸軍の特務機関から派遣されてチベットに入った。当時二二歳の青年であった。チベットには一九四〇（昭和一五）年秋まで一年あまり滞在し、その年末に神戸経由で満洲国の首都新京に到着、ここでチベット滞在の報告書である上掲「入蔵記」を執筆した。書き上げたのは一九四一（昭和一六）年五月で、野元はこれを持って帰国し、陸軍省と参謀本部に提出した。更に、入蔵前にアドバイスを彼に与えた多田等観を訪ね、報告書を進呈したところ、青木にも見せるように、多田が勧めたという（野元甚蔵『チベット潜行一九三九』悠々社、二〇〇一年、二六三頁）。

実はこの一ヶ月ほど前、一九四一（昭和一六）年四月一四日、青木と多田は再会している。実に一九年ぶりであったという。つまり、多田がチベットからの帰国途上、一九二三（大正一二）年三月に上海に立ち寄った際に青木と会い、それ以来ということになる*1。両者ともに感慨無量であっただろうことは、想像に難くない。

更にそのひと月後、五月九日から一〇日にかけて青木は、東北帝大に勤めていた多田を、仙台に訪ねている（「等観年譜」多田明子・山口瑞鳳編『多田等観』春秋社、二〇〇五年、五五頁）。続けて多田の日記には、五月一七日、青木が『亜細亜大観』を送ってきた旨の記述がある（前同）。仙台から帰ってすぐ、青木は送ったのだろう。多田の方も、彼が心血を注いだ『西蔵大蔵経総目録』（一九三四年）を、六月二四日に送った。この間、書簡も何度かやりとりしている。

青木と多田との再会の痕跡は、他にも見られる。例えばこの翌年出版された『熱河古蹟と西蔵芸術』（第一書房、一九四二年）という書籍がある。これは、「熱河古蹟」、すなわち、満洲国熱河省承徳に残されている清代の離宮避暑山荘とチベット仏教寺院の現状について、当時満洲国が実施した同地域文化財保存・修復事業の現地責任者であった五十嵐牧太がまとめたものである。この本に、参考写真として、青木の写真が収録されているのである。多田等観は、この「熱河古蹟」に当初からかかわっており、この本と青木を、彼が仲立ちした可能性は大きい。

青木との以上のようないきさつもあって、多田は野元に、青木にも報告書を見せるようにと、勧めたのだと思われる。野元は多田から青木の住所を聞き、京都へ向かった。これに先立って、青木はすでに、野元がチベットに入っていることを知っていたものと思われる。民博アーカイブ中には、青木宛の多田書簡が残されており、その中で、野元は現在どこにいるかわからないが、連絡があったら京都の青木宅に行くよう言うつもりである、と述べられているからである（アーカイブ番号五三）。この書簡の日付は六月一七日付となっているが、しかしこれが何年の六月かは不明である。上の内容から、野元が日本を発った一九三九（昭和一四）年以降で、しかも青木がまだ京都で生活している時期であると考えられるので、一九四〇（昭和一五）年か一九四一（昭和一六）年のどちらかだと思われる。

野元が多田の勧めに従って京都の寄寓先の寺に青木を訪ね、持参した「入蔵記」を差し出したところ、青木は非常に喜び、ぜひ本として出版するように励ましたという（前同、二六四頁）。この時青木と野元は初対面であった。野元は青木に会った印象を、「物静かな方」（前同、二六四頁）と表現している。

この時野元が訪ねた青木の寺というのは、岩上五条以外には考えにくい。野元の記述にこの青木訪問の日付は明記されていないが、前後の内容から一九四一年五月中のこととしていいと思われる。とすれば、青木はこの前後までは確実に、京都にいたこととなる。

この五月頃までの青木については、前章でも扱った大谷光瑞主宰の団体光寿会の機関誌『大乗』に、言及が複数見られる。この年、一九四一（昭和一六）年の『大乗』二月号（第二〇巻二月号）の「消息」欄には、青木について、「西蔵の研究に其後もこつこつと研鑽を続けてゐる」とあり（八九頁）、相変わらず、「氏の名を聞けば例外なく西蔵を連想せしめる」（第二〇巻四月号、九一頁）などとも書かれている。

最初の仕事

『大乗』第二〇巻七月号巻末「消息」には、青木が五月一八日に京都を出発し、満洲方面を「視察」、六月四日に京都に帰還したという記事がある（四二頁）。この「視察」が何を意味するかは不明である。しかし一つの示唆が、外務省にこの年一二月二七日付で提出された青木の報告書、「西蔵問題ト其対策」にある。ここには、満洲の「喇嘛教」工作事情を視察した感想と意見が含まれている。従ってこの報告書は、五月下旬から六月初めにかけてのこの「視察」の成果をまとめたものである可能性が大きい。

外務省の辞令は、先述したように一一月五日付である（写真1）。この辞令以

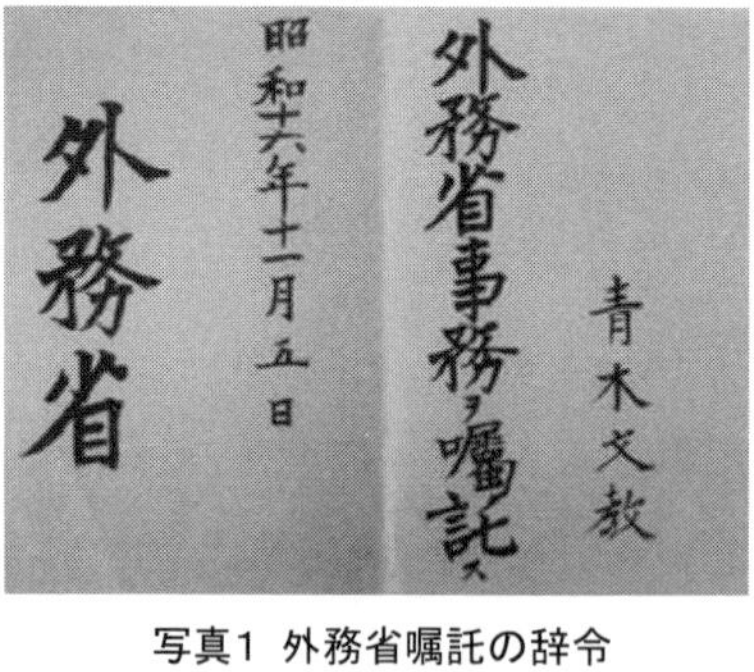

写真1　外務省嘱託の辞令
（国立民族学博物館蔵）

降、最初のまとまった仕事となったのが、上掲の報告書「西蔵問題ト其対策」であったと思われる。この報告書はすでに翻刻され、青木文教『西蔵問題』（慧文社、二〇〇九年）中に収録されている（二六一〜二〇九、二六八〜二八六頁）。以下これを参照して述べる。

同報告書は、「西蔵問題ニ関スル対処法」を述べたものであり、太平洋戦争開戦直後という状況をふまえ、チベット対策の必要性を詳説したものである。全編にわたって、彼が満洲及び日本で入手した最新の情報が反映されており、例えば前述の野元甚蔵の見聞や、青木が満州国の首都新京で得た情報などに関する記述が随所に見られる*2。具体的な内容は、以下である。現在、「直接我国ニ重大ナル影響ヲ及ボスヤウナ」チベット問題は発生していない。しかし、今後の戦局を考えると、特にビルマ及びインドへの日本の進出、そして中国の確保において、チベットをどのように「掌握」するかが、「緊急問題」となるのは確実である。そこで、日本がチベットに対し、適切な処置を講じていくには、「古今ノ事情ヲ熟知」するといった、チベット事情の十全な調査研究が必要となる、と青木は指摘する（以上二八五頁）。

その研究の要点として彼は以下二点を挙げている。すなわち、①チベットの歴史と文化の考察、②国際的な背景をふまえた現状の把握と、それに基づいた今後の予測、である。彼のこのような主張は、以下のように、チベット人の精神的基盤である「喇嘛教」についての提言において、特に顕著に見られる。

青木は「喇嘛教」について、①としては、「喇嘛教」がどのような歴史的経緯を持ち、チベット人にとってどのような存在であったのか考察し、その重要性を正しく認識する必要があるとする。そのために、「喇嘛教」の淵源であるチベットの神話・伝説の研究の必要性を、彼は特に強調している。これは以後、彼のチベット研究の根幹となっていくものであり、この報告書が執筆される直前、つまりこの年一九四一（昭和一六）年の四月から九月にかけて、その最初の成果である論文「西蔵の神話と伝説」が、『大乗』に発表されている（第二〇巻四、六〜九月号）。当時の青木はこのテーマの考察に、集中していたのであろう。同論文掲載の初回である同誌第二〇巻四月号の巻末には、これについての編集側スタッフのコメントとして、「一見迂遠の観なしとはしない」（一三頁）とある。このように、「しばらく終わりそうにない」という感想を持たれていること自体に、以後長い時間をかけて、この課題に本格的に取り組もうという、青木の意気込みを読み取ることができるのではないだろうか。外務省における彼の最初の執筆となった「西蔵問題ト其対策」の記述の背後には、青木がこのような研究を進めていたことがあることを、考慮しておかなければならないだろう。

一方、②としては、「喇嘛教」を今後、日本がどのように取り扱っていくべきかについて、満洲国の「喇嘛教」工作の実情を検討し、問題点を指摘している。

当時の満洲、そして「蒙疆」と呼ばれた内モンゴル地域では、この地域を日本の勢力下に置くために、日本人による様々な「喇嘛教」工作が行われていた＊3。例えば、日本仏教各派は、満洲・蒙疆地域の青年ラマ僧を内地の寺院に留学させ、将来現地の寺院の中核とするべき人材に育てる活動を、一九三八（昭和一三）年前後から始めている。最前線となる「蒙疆」では、この年つまり一九四一（昭和一六）年一〇月、現地駐在の日本軍（駐蒙軍）が、陸軍の情報将校幽経虎嵓を中心に「喇嘛教」工作についての調査を始め、幽経がまとめた「ラマ教団工作実施計画要綱案」に従って、翌一九四二（昭和一七）年から施策実施を開始した（幽経虎嵓『おかげさま―私の人生何十年』幽経虎嵓、一九八五年、六二～六四頁）＊4。

青木は、上述の「喇嘛教」工作の問題点と今後の課題について述べるにあたって、「満洲国興安局喇嘛教整備要綱」を引用している。これは前述の、一九四一（昭和一六）年五月末から六月初めの満洲「視察」の際に彼が入手したものではないかと推測される。民博アーカイブには、青木がこの「西蔵問題ト其対策」執筆の際に参照したと思われる、タイプ文書の「満洲国興安局喇嘛教整備要綱」現物が残されている（アーカイブ番号一二〇）＊5。

この「満洲国興安局喇嘛教整備要綱」は、青木によれば、「公安局の当路によって『ラマ教整備要綱』と名づけて画策されたもの」（前掲青木文教『西蔵問題』、二〇〇頁）である。従ってあくまで計画段階のものであり、実際に施行された内容を伝えるものではない。方針としては、幽経を中心に「蒙疆」で実施されたものと、「喇嘛教」の組織化と改善を進めるという点で、同軌のものである。その内容は、「喇嘛教」の組織化としては、諸行政政策の「浸透」をはかるための新教団の編成、改善としては、僧侶の教育と資格審査による、僧侶数、寺院数総数の漸減を目指すというものである。

同「満洲国興安局喇嘛教整備要綱」中には、それぞれの事業の予定について、「康徳七年中」、「康徳八年度」等とあり、従って、少なくとも康徳七年、すなわち一九四〇（昭和一五）年から、当局がこれらの施策の実施に動いていたものと思われる。青木は前述の一九四一（昭和一六）年五～六月の満洲「視察」で、この「要綱」に基いて満洲国で実施されつつある「喇嘛教」工作の実情を、自らの目で見たのではないかと思われるのである。

彼は当時の「喇嘛教」工作について、以下二点の問題点を指摘している。第一に、「喇嘛教」に対する認識不足である。まず、「喇嘛教」そのものについて精細な研究が行われていない。モンゴルの「喇嘛教」については、現在漸く関心が持たれつつあるが、翻訳文献を中心とした「間接的な」（二八二頁）研究が多く、不十分である。チベット本土の「喇嘛教」を、チベット語の経典によって、そしてチベット人の高僧の指導のもとに研究すべきである、と彼は述べる。チベット現地での調査・研究活動には、現在の戦況では非常に大きな危険が考えられるが、それをおしても、日本人が入蔵して研究を行うべきである。その場合、僧侶だけではなく、仏教以外を研究対象とする専門家の入蔵も望まれる。

第二に、「喇嘛教」教徒に対する「指導」に偏りがある。現在の「指導」は、青少年のみを指導対象とし、その指導階級である高僧などには何等有効な働きかけが行われていない。これでは日本の政策浸透は望めない。また、日本が「喇嘛教」を尊重しているという認識を、現地において浸透させるためには、寺院の建立も積極的に進められるべきである、と彼は主張している。

全体を通じて特徴的なのは、可能な限りチベットと直接のコンタクトをとるべき、とする彼の姿勢である。上述のように、「喇嘛教」について、モンゴルではなくチベットの寺院で、学識ある僧侶から指導を受け、チベット語で研究すべきと述べているのも、その一例である。また、チベットに関する情報収集も、モンゴルや中国経由ではなく、交通路から考えて最も迅速にチベット内地の情報を得られる英領インド、ビルマなど、ヒマラヤ周辺を根拠地にすべきであるとする点にも、そのような態度の一端がうかがえる。

ここで注目したいのは、彼が「西蔵問題ニ関スル対処法」（二八五頁）を示すにあたって、まず第一にチベット研究の重要性とその方法を詳述したことである。外交的・軍事的・政治的な施策ではなく、チベット研究、それも徹底した現地・原典調査による研究への取り組みを、彼は強く主張しているのである。満洲国の「喇嘛教整備要綱」を取り上げ、これを「専ら国策的に」喇嘛教を取り扱ったもので、喇嘛教をいかに研究すべきかという「根本問題」に及んでいない、と批判していることも、このような考えから出たものと思われる。つまり青木にとっては、「根本問題」は「喇嘛教」研究であり、「喇嘛教」工作ではなかったのである。

しかし、なぜ彼はこのように、チベットの「研究」を強調するのか。それも、チベット人の精神について、その神話や伝説まで遡って研究すべき、死の危険を冒して入蔵し、現地調査をすべきである、とするのか。これはこの報告書執筆の当時、すなわち一九四一（昭和一六）年に、彼が、チベット文化の淵源としてチベットの神話や伝説に注目し、その研究に取り組んでいたこと、そしてラサで実際にチベット事情調査をした経験から、現地調査の有効性を充分認識していた、という、それだけの事情ではないと思われる。そこには、何か強い心情があるのではないか、と筆者は考える。推測をあえて述べれば、彼は自分自身、とにかく調査より何より、「チベット」を勉強したかったのではないだろうか。とにかくチベットにもう一度行って、ラサ滞在時の学習を再開したかったのではないだろうか。青木が帰国後、日本のアカデミズムに場を得ることができないまま、『大乗』で伝えられていたように、一人で「こつこつと」チベット研究を続けてきたことを考えると、漸く仕事場を与えられた、外務省での最初の見解表明とも言うべき、この報告書の記述の端々に、そのような彼の強い感情が現われているように思われてならない。

第二節　大陸での活動

「南方」とチベット

多田との往来は、まだ続いている。青木に外務省勤務の辞令が出たのは一九四一（昭和一六）年一一月五日であるが、その直後、一二日の多田の日記には、青木から外務省入りを知らせてきたとある（前掲多田明子・山口瑞鳳編『多田等観』、五五頁）。青木は、身分が決定してすぐ、多田に知らせたものと思われる。

明けて一九四二（昭和一七）年、青木はまた、多田に会いにでかけている（「等観年譜」多田明子・山口瑞鳳編『多田等観』春秋社、二〇〇五年、五六頁）。当時、多田は千葉県にも自宅があり、家族はそこに住んでいた。青木が訪ねたのも千葉であった。再び多田の顔を見てチベットの話ができ、青木はよほど嬉しかったのではないだろうか。この行き来の様子からは、当時の青木が、再会による高揚した感情を、年を越してもまだ持ち続けていたことが、うかがえるように思われる。

この年の『大乗』第二一巻三月号には、青木について、「従来外務省宛の住所となつて居たが、今度左記のお家の所をお知らせに預った」と、「東京市杉並区和泉町四八一」が掲載されている（一一一頁）。青木の生活の拠点が、漸く東京に定まったのがこの頃であることを示すものであると言えるだろう。

しかしこの年から、青木の活動はめまぐるしくなる。二月、外務大臣は、中国国内の各領事館宛に、チベット情報調査を実施するように指示した＊6。これと当然連動するものと思われるが、青木は二月二〇日付で、一九一六（大正七）年の出蔵直後に執筆した『タイムズ・オブ・インディア』所載のチベット旅行記を、所属の調査部第三課宛に提出している。これは現物が、民博アーカイブに残されている（アーカイブ番号七八四、七八五）。そしてそれに踵を接

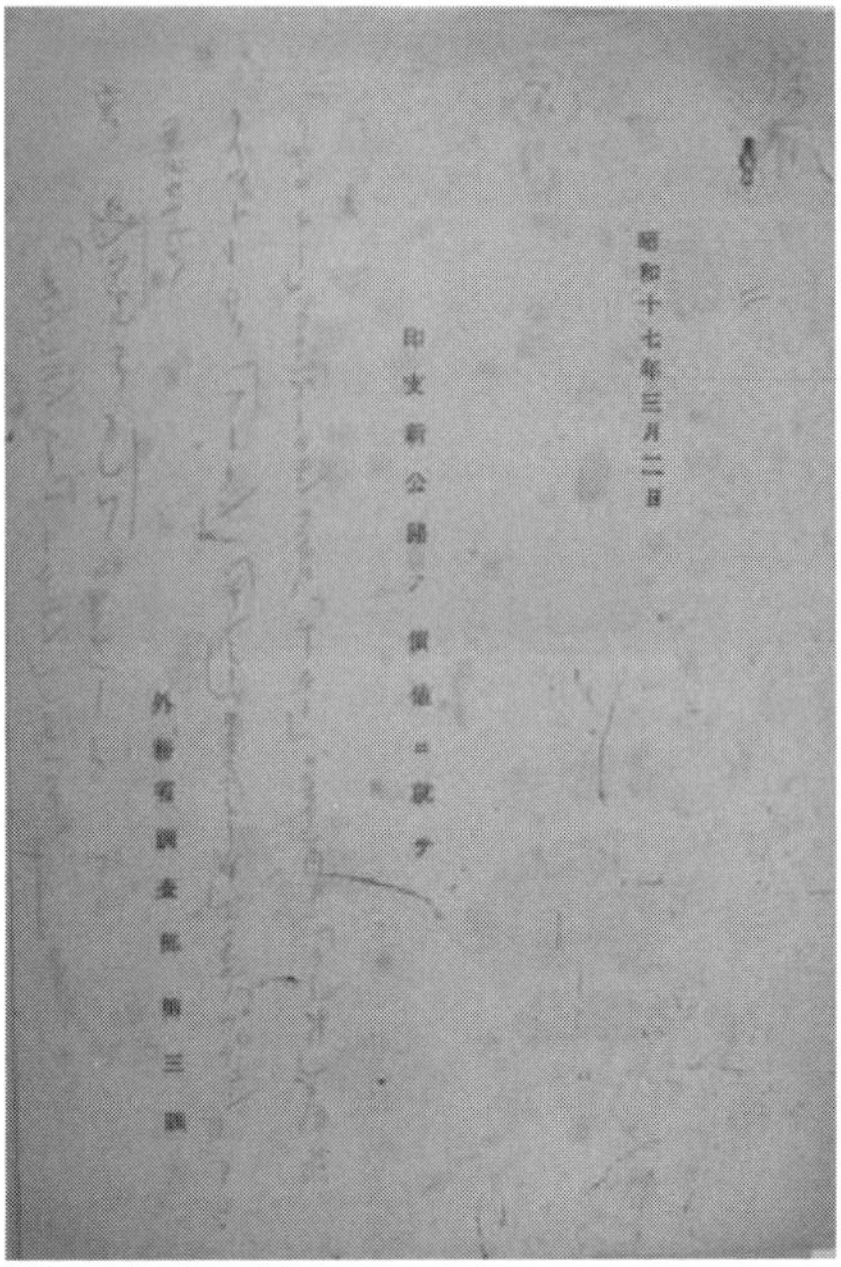

写真2「印支新公路ノ価値ニ就テ」
（国立民族学博物館蔵）

するように、二月二八日付で満洲・中国への出張命令が出ている。辞令の現物は、やはり民博アーカイブにあるが（アーカイブ番号三九）、その詳細を明らかにする資料は現時点では発見されていない。しかし、この年九月に提出された青木の報告書「西蔵政府代表訪日ノ成果ト西蔵問題ノ調査ニ関スル所見」（前掲『西蔵問題』所収）には、この年一九四二（昭和一七）年三月以来中国及び「蒙疆」方面において「西蔵問題」調査が行われた、とあるので（一四三頁）、青木のこの二月末付の出張も、この調査に属するものであったと推測される。

三月二日には、青木は報告書「印支新公路ノ価値ニ就テ」を提出している（写真2）。この資料は先行の諸既述において全く言及されていないものであるが、これも現物が民博アーカイブ中にある（アーカイブ番号一一八）。これは蒋介石政府の物資補給路であるいわゆる「援蒋ルート」のうち、ビルマ・ルート遮断後の代替新ルートの可能性についてまとめたものである。「援蒋ルート」については、一九三八（昭和一三）年の広東作戦以降、日本軍がルート遮断に成功すると、また別の代替ルートが開かれる、ということが繰り返されていた。青木のこの報告書が出された一ヶ月後、すなわち一九四二（昭和一七）年四月には、日本軍によってビルマ作戦が行われ、ビルマ・ルートが遮断された。しかしまた、レド公路、そしてヒマラヤ越え空輸という新ルートが出現し、この遮断と、インドへの進出のために、一九四四（昭和一九）年、インパール作戦が実施されることとなる。このような、援蒋ルート遮断問題の展開が、チベットの戦略的地位の上昇につながったことは、すでに先行研究でも指摘されている*7。

青木の「印支新公路ノ価値ニ就テ」冒頭の記述には、「我「ビルマ」作戦ノ進展ニ伴ヒ滇緬公路ノ遮断目睫ニ迫ルヤ蒋介石ノ印度訪問ヲ契機トシ印支新「ルート」ノ開設喧伝セラルルニ鑑ミ西蔵ニ長年滞在シ同方面ノ地勢ニ詳シキ当課青木嘱託ヲシテ新「ルート」ノ可能性及価値ニ関スル観察ヲ提出セシメ」（頁番号なし）とある。したがってこの問題に関して青木が持つチベットに関する知識の活用が、強く望まれていたことがうかがえる。これは、当時の外務省のチベットへの関心において、最大の焦点の一つが「新ルート」であったことが示されていると思われる。

チベット関係要人との接触

そして青木は続けてこの月、満洲・中国へと再び出張する*8。この出張については、青木の報告書が、やはり民博アーカイブ中に残されており、詳細を知ることができる（「西蔵問題調査出張ニ関スル報告」、一九四二年四月三〇日付、アーカイブ番号一二三）。これは、現存する青木の出張の報告書としては、唯一のものである。また、同アーカイブ中には、この時撮影されたと思われる写真が複数含まれている（アーカイブ番号二〇五～二〇九）。

この「西蔵問題調査出張ニ関スル報告」によれば、まず、青木の出張日程は、以下のようなものであった。三月一三日東京発、朝鮮・満州経由で一六日北京着、二七日まで滞在、この間、天津に往復している。二七日北京発、二八日厚和着、二九日同地発、三〇日に張家口着、途中大同に立ち寄っている。更に三一日、北京に戻り、四月六日まで滞在する。この間、四月四日に天津を往復した。同六日北京発、天津・浦口・南京経由で七日上海着、報告書には一四日に再び南京着とあるので、恐らく同一三日まで滞在したものと思われる。この間、四月一〇日に南京を往復した。更に一八日に上海着とあるので、南京滞在は一四日から一七日ごろまでと思われる。この後は、一八日上海着、二〇日上海発、二一日長崎着、二二日下関着、二三日東京着となっている。

この出張の目的は、「西蔵ノ現勢如何ヲ探査」することと、「西蔵工作ニ利用スベキ価値アル人物ヲ捜査」することであった。報告書によれば、前者については進捗しなかったが、後者については成果があった。すなわち、「利用スベキ価値アル人物」として四人の候補者を選び出すことができた。最有力候補には二人あり、一人は、この出張の際青木と接触し、この三ヵ月後に来日が実現する雍和宮の「活仏」、すなわち高位の転生ラマである丹巴達扎、もう一人は北京・上海在留のチベット人で来日経験を持ち、青木のチベット事情調査に協力した蒙那昌であった。それに次ぐものとしてさらに二人、すなわち、青海地方の有力転生ラマで、当時内蒙古・北京に滞在していた「土観呼図克図」、また雍和宮宗政の責任者の一人であり、丹巴達扎とともに来日することになる「揚喇嘛《ママ》」が挙げられている。

このうち、来日が実現した丹巴達扎と「揚喇嘛」については、その来日時の成果をまとめた青木の報告書「西蔵政府代表訪日ノ成果ト西蔵問題ノ調査ニ関スル所見」（一九四二年九月付）があり、すでに翻刻され諸先行研究の記述に利用されている（「チベット政府代表訪日の成果とチベット問題の調査に関する所見」前掲『西蔵問題』、一四六～一四七頁）。しかし民博アーカイブには、先行研究には使用されていない報告書類がある。その一つがこの二人の履歴詳細を伝える「訪日西蔵代表略歴」（アーカイブ番号一一二、外務省調査部第三課、昭和一七年六月付）であり、以下、これらの諸資料を参照して述べる。

丹巴達扎は、北京の中心的なチベット仏教寺院である雍和宮において、当時最高位の転生ラマで、一九四二（昭和一七）年当時は、五四歳であった。一九三五（昭和一〇）年、「チベット政府代表」としてラサを出発し、一九三六（昭和一一）年三月南京に到着、一月あまり滞在した。この時、蒋介石政権の「諒解」を得て北京の雍和宮に常駐した。日中戦争開戦後、蒋介石政権が重慶に移るに際し、同政権から同行を求められたが、丹巴達扎は拒否した。当時モンゴル二大転生ラマの一人である章嘉呼図克図が、蒋介石政権と共に重慶に移ったため、その後を引き継ぐ形で、「北支政権」から「北支三十二ラマ寺の整備委員」に任命された（以上「　」内は前掲「チベット政府代表訪日の成果とチベット問題の調査に関する所見」、一四六～一四七頁よりの引用）。

一九四二（昭和一七）年三月から四月にかけての出張で、日にちは不明であるが、青木は初めてこの丹巴達扎と接触した。この時、青木が来日を勧めたところ、彼は「言下ニ応諾」した。更に四月一四日、丹巴達扎が「南京ニ於ケル西蔵政府弁事処ノ事務整備」のため南京に到着したので、やはり南京滞在中であった上海総領事館岩井英一副領事＊9を、青木が丹巴達扎に紹介した。上海総領事館には当時、岩井を責任者として、蒋介石政府の内情と動向についての情報を収集する「特別調査班」が設置されており、この年四月前後には同班から、調査員がチベットに派遣されている。

　青木の報告によれば、丹巴達扎は、日本政府及び満洲国との連携を望んでおり、そのために、「満蒙喇嘛教ノ大教主」としてラサに在住する、哲布尊丹巴呼図克図の転生者を呼び寄せようとしていたという。哲布尊丹巴呼図克図は、前出の章嘉呼図克図と並ぶモンゴルの二大転生ラマの一人で、その宗教的権威は、チベットのダライ・ラマ、パンチエン・ラマに準ずるほど大きい。満洲や「蒙疆」で行われていた日本側の「喇嘛教」工作の柱の一つは、満洲・「蒙疆」地域に、チベットとは別の総本山を作り、そこから「喇嘛教」勢力の把握をはかるというものであった。このことを考えると、この哲布尊丹巴の後継者の呼び寄せは、日本側が志向する新しい総本山に、強力な宗教的求心力を付与する可能性のある、格好の機会と考えられていたものと推測できる。

　丹巴達扎は、以前からこの呼び寄せを考えていたようである。青木が対面するより前、彼はこのために外蒙古の転生ラマ「テロパ」呼図克図＊10をラサへ派遣した。しかし、同ラマは途中香港で英国側に身柄を拘束され、蒋介石政権に引き渡されてしまった。しかし現在、丹巴達扎は再び、「部下ナル「ブリアト」喇嘛（西蔵ニテ小僧正《ケンチユン》ノ位階ヲ得タルモノ）」を青海経由で秘密裏に入蔵させようとしている、と青木は伝えている。これについては、日本側の「察哈爾（?）《ママ》」特務機関の察知するところとなり、協力して目的達成に努力中である、と青木は述べる（以上、「西蔵問題調査出張ニ関スル報告」、頁番号なし）。民博アーカイブには、丹巴達扎の色紙が残されており（アーカイブ番号四六、四七）、この当時に授受されたものと思われる。

第二の候補である蒙那昌は、チベット語名はペマ・ツェワン、ラサ随一の商家ポンダツァン＊11に所属する人物で、彼はそこから東チベットに派遣され、商取引に従事していた。しかし居住地は主にラサであったと青木は伝えている（「西蔵問題調査出張ニ関スル報告」、頁番号なし）。

蒙那昌は、「西蔵政府ニ大御用商人ノ一人」（「西蔵問題及事情関係雑纂」所収、上海発電信第八二五号）であり、一九三九（昭和一四）年末、ラサからインドへ出て、一九四〇（昭和一五）年六月にカルカッタを出発、七月に香港に到着し、そこから重慶へ向かった。重慶で蒙藏委員会委員の友人を訪ね、蒋介石、呉忠信とも面会した。しかし、その反応はあまり積極的なものではなく、そのため日本へ行くことを決心したという。蒙那昌が、なぜ重慶政権当局と接触し、また日本ともコンタクトをとろうとしたのか、その意図は明らかではない。

その後、香港経由で上海に到着、ここでラサ時代の知人である中国人李静愚を頼った。この李の知人石田某（詳細不明）の紹介で、一九四一（昭和一六）年二月、外務省宛、海軍省宛の紹介状を得たとされている（「西蔵問題調査出張ニ関スル報告」、頁番号なし）。ともかくも二通りの紹介状を携えて、蒙那昌は一九四一（昭和一六）年二月来日した。外務省では高瀬事務官＊12、唐木嘱託＊13に面会したが、「言語不通ノ為要領ヲ得ス」（「西蔵問題及事情関係雑纂」所収、上海発電信第八二五号）、二ケ月ほど滞在したのち、上海に戻った。その後一九四二（昭和一七）年一月末、更に北京に移った（「西蔵問題調査出張ニ関スル報告」、頁番号なし）＊14。

今回、蒙那昌が出張中の青木と接触したのは、この北京においてである。青木は出張の移動途中、厚和で蒙那昌についての情報を得た。それに基づき北京で準備工作が行われ、「班禅喇嘛弁事処所長代理」の「鄧」氏の仲介により、青木と蒙那昌の会見が実現した。更に北京には、岩井英一が統括する前出「特別調査班」が、「西蔵調査員」李淇とその「補佐役」である前出李静愚を派遣していた。青木はこの両人に会見、両人の目的が蒙那昌との接触であることを知り、以後この両人と「協同動作」をとった。すなわち、蒙那昌を上海に連れ戻し、チベット事情についての聞き取り調査をしたのである（「西蔵問題調査出張ニ関スル報告」、頁番号なし）。民博アーカイブには、上海で蒙那昌に提出させた、チベット事情に関する原稿及び、青木の翻訳草稿が残されている（アーカイブ番号一二三、一二五、七八七、七八八）。

これ以後の蒙那昌と青木については、日本人の「喇嘛教」工作について最初にまとめた一人であるハイヤーが、終戦まで「近い関係」にあったと指摘している（"Japanese Expansion and Tibetan Independence," *Imperial Japan and National Identities in Asia, 1895-1945*, edited by Li Narangoa and Robert Cribb, London, New York, Routledge Curzon, 2003, p.84）。民博アーカイブには、青木宛蒙那昌書簡（一九四四年一一月二三日付、アーカイブ番号一二九）が残されており、「楽しいお手紙も再度いただけますよう」などとあることから、両者の間にその後も書簡の往復があったことが推測される。ハイヤーの言う「近い関係」を裏付ける資料の一つと言えるだろう。

第三、第四の候補として挙げられている「土観呼図克図」＊15、「揚喇嘛」について青木が明らかにしていることは以下である。

すなわち、「土観呼図克図」が青海省において「最モ有力ナル」転生ラマであり、一九三九（昭和一四）年前後に北京に到着、現在も北京在住であること。現在では青海のみならず、広く北京、満洲、「蒙疆」のチベット仏教圏において、大きな宗教的権威を持つ数人のうちに入ること。日中戦争が始まり、青海への帰還が困難となったため、「華北政府」の「保護」のもとに北京在留を続けていること。一九四〇（昭和一五）年頃、「邦人笹目某」＊16とともに来日したこと。また当時、真言宗東京宗務所には、彼を日本に招いて「喇嘛教指導ノ任」に当たらせる意向があり、青木はその旨を土観に伝えた。しかし、来日は難しいという返答であったこと、以上である（「西蔵問題調査出張ニ関スル報告」、頁番号なし）。民博アーカイブ中には、この時撮影されたと思われる、土観と青木が被写体となった写真のフィルムが残されている（アーカイブ番号五九、写真３）。

青木出張の直後、すなわち同年（一九四二年）一二月から翌年三月に、河口慧海の弟子であり、当時青木と同様に外務省の嘱託を務めていた橋本光宝＊17が内蒙古を調査しているが、その報告書の中に土観呼図克図についての記述

写真3　土観呼図克図と青木
（国立民族学博物館蔵）

がある。
橋本の記述によれば、当時の土観の名望は、当時蒙古連合自治政府首班であった徳王も「土下座し三叩頭する」ほどで、「人格、識見高きこと」について内蒙古では土観に並ぶ転生ラマはなかったという（橋本光宝『モンゴル　冬の旅』、ノンブル社、一九九九年、二七頁）＊18。

日中戦争の戦局打開の可能性の一つとして、いわゆる「西北」への進出、すなわち、青海・チベットを含む地域への進出が考えられていたことは、橋本の記述にも明らかである（上掲『モンゴル　冬の旅』、一三八〜九頁）。このような視点から青海地方を見たからこそ、同地方の有力転生ラマである土観の重要性が浮かび上がってきたのだと言える。橋本の記述はまた、土観の青海への帰還希望に対して、重慶政府に利用される可能性を危ぶむ声があったことに触れられており（同前、八〇〜八一頁）、土観に注目していたのが、当然のことながら、日本側だけではなかったことがうかがわれる。

一方「揚喇嘛」については、名を「拉布吉」（「西蔵問題調査出張ニ関スル報告」、頁番号なし）といい、「楊法蔚喇嘛」（「訪日西蔵代表略歴」、頁番号なし）とも呼ばれていることが明らかにされている。彼は一九四二年当時「代理札薩克喇嘛」の地位にあり、雍和宮において、当時やはり広く影響力を持った高位転生ラマである阿嘉呼図克図の代理を果たしていたらしい。この時期阿嘉呼図克図は青海省滞在中で、雍和宮にはいなかった。また、「旧国民政府蒙藏委員会ノ指令下ニアル北平喇嘛整理委員会委員」でもあり、現在、「北支政権」及び「日本側諸機関」との「連絡ヲ緊密ニ保持」している「有力喇嘛」であると、青木は指摘している。更に、丹巴達扎、土観呼図克図の両人と「密接ナル関係」を持っており、したがって、今後日本の「喇嘛教」工作には、是非とも必要な人物であると、青木は書いている（「西蔵問題調査出張ニ関スル報告」、頁番号なし）。

青木はこの出張後、同年五月付で報告書「達頼と班禅」を提出している。これは、字句の若干の訂正を経て、後に「西蔵問題」巻末に収められることとなる（「附録其二　達頼と班禅に就て」、一一三～一二六頁）。青木には五月二八日付で、再び中国出張の命令が出ている（民博アーカイブ、アーカイブ番号四〇）。これに関する資料は残されておらず、詳細は明らかではない。しかし、上述した三月から四月にかけての出張において、接触すべき第一の人物とした北京雍和宮活仏丹巴達扎の来日が、六月中旬から七月末にかけて実現している。したがって、あるいはこの丹巴達扎来日準備のための出張とも推測される。青木が丹巴達扎一行に、「北京出発ヨリ本邦滞在中及北京帰着ニ至ル間始終随伴シ行動ヲ共ニセル」（前掲「西蔵政府代表訪日ノ成果ト西蔵問題ノ調査ニ関スル所見」、二六二頁）状況だったことを考えると、このような日程は、青木が北京まで彼等を迎えに行き、そのまま一行とともに日本へ戻ったことと示していると考えられる。

「西蔵政府代表」の来日

この丹巴達扎一行来日についての青木の報告書は、前述したように「西蔵政府代表訪日ノ成果ト西蔵問題ノ調査ニ関スル所見」である。これによれば、一行は六月一四日北京を発ち、二〇日に東京に着いた。東京には二週間滞在し、外務省、参謀本部、文部省、内務省、興亜院、東京市役所等を訪問した。更に関西方面に移動し、京都、奈良、高野山等を訪ね、七月三〇日、北京に帰着した。この来日は表向きには非公式なものとされ、かつ、一行の接待の一切は真言宗が担当するものとされた。一行についての新聞報道も禁止されたという（以上一四三～一四四、二六二～二六三頁）。青木の同報告書にはこの他に、一行が訪れた関係機関のチベット問題に対する態度や方針、一行の日本についての印象などが詳細に記述されており、以上の内容についてはすでに、この時期の青木の活動について最も詳細な記述の一つである秦永章『日本渉蔵史』（北京、中国蔵学出版社、二〇〇五年）において紹介されている（二二八～二三五頁）。

この丹巴達扎来日に関しては、青木の報告書以外にも記述がある。大谷探検隊での同僚多田等観とチベット語の教え子佐藤長、そしてこの時期青木に会見している善隣協会の都竹武年雄（一九二三～二〇一二）などによるものである。

多田の日記には、同年六月二一日橋田（邦彦）文相と「雍和宮札薩ラマ」の会見に立ち会い、二四日には東京帝国大学に同ラマを多田が案内したとある（前掲多田明子、山口瑞鳳編『多田等観』、五六頁）。この「雍和宮札薩ラマ」は丹巴達扎を指すものと考えられる。多田の日記には、更に翌年一二月、「雍和宮札薩ラマ」と帝国ホテルで会見、参内、陸軍省その他に同行とあり（同、六〇頁）、丹巴達扎が再度来日した可能性も否定できない。

佐藤長の回想には、一行が京都を訪問した際、青木の紹介で丹巴達扎に会ったとある。佐藤は当時、北京留学が決まっており、雍和宮でチベット語を学ぶ便宜を得るために、丹巴達扎との会見を望んだ。佐藤はこの年の暮れ、北京へと出発、丹巴達扎の最初の外国人弟子となった。佐藤は結局、終戦まで北京に滞在したが、日本の敗戦直後、日本人との接触が危険であった時期に、丹巴達扎は佐藤の下宿を訪れ、金貨を渡して佐藤を励ましたという（以上、佐藤長「謝恩―チベット史研究の回顧」、一二～一三頁）。丹巴達扎が、日本や日本人についてどのように考えていたか、青木は「親日ノ念深キコト」（「西蔵政府代表訪日ノ成果ト西蔵問題ノ調査ニ関スル所見」、二六五頁）と書いているが、そればかりではなかっただろうと考えざるを得ない。しかし当時、日本や日本人に対して否定的なものばかりであったとも言い得ない。それは、佐藤のこの記述や、後述する善隣協会の都竹の回想からもうかがいうる。

都竹武年雄は、橋本光宝に師事しチベット語を学んでいた人物である。彼が所属した善隣協会は、いわゆる「蒙疆」地域を中心に、産業・医療・教育支援などの活動にあたっていた民間団体であり、都竹は当時、チベット事情調査を志していた。この前後に、前橋の矢島保治郎を訪ねてもいる（都竹武年雄『善隣協会の日々』桃山学院総合研究所、二〇〇六年、三八〜三九、一七二〜一七四頁）。

彼によれば、丹巴達扎一行が東京で宿泊先としていた帝国ホテルに、橋本光宝が都竹を連れていき、その後「四〜五日お供して歩いた」という（以上、前掲都竹武年雄『善隣協会の日々』、四三〜四四頁）。都竹の記述には、この丹巴達扎来日は、橋本光宝が日本へ「招聘」（四三頁）し、日本を「案内」（四四頁）したものであるとされている。したがって、一行来日に関して、橋本が青木とともに橋本も、重要な役割を担っていたことは確実であると思われる。

丹巴達扎は、都竹が同行している間、「チベット語の基礎発音」を教えてくれたという（前掲『善隣協会の日々』、四四頁）。前掲青木の報告書「西蔵政府代表訪日ノ成果ト西蔵問題ノ調査ニ関スル所見」にも、日本滞在中、丹巴達扎が「一部ノ青年学徒」のために、チベット語の発音の講習を行ったとあり（二六五頁）、あるいはこれが該当するとも考えられる。丹巴達扎は非常に都竹をかわいがり、この三ヶ月ほど後、都竹が興亜院勤務となって大陸へ渡り、北京に立ち寄った際には、「大歓迎」してくれたという（前掲『善隣協会の日々』、四三〜四四頁）。都竹が張家口勤務となってからも、北京に出てくる度に雍和宮を訪ねた。丹巴達扎は喜び、佐藤より都竹のほうを「大事に」したので、佐藤が「都竹さんは怪物だ」と言った、都竹は伝えている（前同、七一頁）。

都竹は、この丹巴達扎一行来日の直前、五月に青木に会っているという。「青木文教さんには現実に一七年五月卒業前に東京で会いました。あのころ文教さんは大谷光瑞の指示でボルネオの農場経営をしていた。何でチベットまで行った人がボルネオの農場経営やっているのかなと思って、不思議でしたね」（前掲『善隣協会の日々』、三八頁）。前後の内容からこの「一七年」は昭和一七年を指すと思われるが、そうであれば「ボルネオの農場経営」とは不可解である。青木が都竹と対面した際、何らかの事情でそう名乗った可能性も考えられるが、詳細は不明である。

丹巴達扎一行が日本を発った日付は不明であるが、北京には前述のように、七月三〇日に到着している。これに同行する形で、橋本光宝が七月から八月にかけて、満洲・中国に出張、現地の「喇嘛教」について実態調査を行った。

その調査の一部に関する記述が、民博アーカイブにのこされている（「瑞応寺並ニ五台山訪問記」、一九四二年九月一日付、アーカイブ番号一二二）。満州国の瑞応寺訪問（一九四二年七月一九〜二〇日）と、中国山西省の五台山訪問（同月二九日〜八月一日）に関するものである。

ここでは、丹巴達扎と共に来日した前述「揚喇嘛」が、一部行程に同行しているのに注目される。この調査の背景には、満蒙地区における「喇嘛教」工作の現状、特にその成果と問題点を探るという、外務省の関心を見て取ることができる。例えば瑞応寺については、以前同寺に日本人僧侶が入り「喇嘛教改革運動」を行ったが、寺内の抵抗により引き上げざるを得なかったことが伝えられている*19。

更に橋本は、資料中で「五台山ノ存廃問題」に言及している。同山の現状については、中国共産党の軍事行動のために参詣者が激減していること、また、同山をめぐる行政方針において、「北支政権」と「蒙疆政権」の間に著しい違いがあること、すなわち「北支ニ於テハ五台山ヲ旧来ノ霊場トシテ存続セシメントシ、蒙疆方面ニテハ之ヲ抹殺セントスルノ態度」であることが報告されている。以上の記述は、「喇嘛教」工作において、同山がどのように機能し得るかに、当時関心が持たれていたことを示唆していると言える。

この年一一月一日付で、青木には外務省調査局第二課嘱託勤務辞令が出ている（民博アーカイブ、アーカイブ番号四一）。これは同日の大東亜省設置による移動であったらしい。『大乗』にはこの間の青木の消息が、「仕事も多少の変更はあるが大体の根本方針には異常なく左程困られることもない由、報に接した」（『大乗』第二一巻一二月号、一一頁）と伝えられている。

以上に見てきた、一九四一（昭和一六）年から一九四二（昭和一七）年にかけての、外務省での二年ほどの活動は、青木がこの前後の研究をまとめて発表する契機ともなったようである。一九四二（昭和一七）年の年末から一九四三（昭和一八）年の初めにかけて二件、著作が出されている。まず一九四二年一二月二〇日、『西蔵の民族と文化』（高原社）が刊行された。単行本としては、写真集である『亜細亜大観』や、『西蔵遊記』の上海版を除けば、実質的に、

『西蔵遊記』（一九二〇年）、『大無量寿経国訳』（一九二八年）、『西蔵文化の新研究』（一九四〇年）に続く四冊目となる。更に翌年一月付で、大部の報告書「西蔵問題」が外務省に提出されている*20。いずれも、既に述べたようにその直近の青木の研究成果、及び外務省での活動で得た知識を反映させた内容となっているが、前者は「西蔵問題」に関する「世人の注意を喚起」（『西蔵の民族と文化』、二八八頁）するべく、青木がこの問題理解に必要だと考える基礎知識がまとめられた概説書となっており、後者は外務省当局者に対するより具体的な工作の提言となっている。ここ二、三年の青木の努力が、二つの面で成果となったものだと言えるだろう。

その後

明けて一九四三（昭和一八）年、最初の青木の消息を伝えるものは『大乗』である。「新年早々」、青木は「某方面」に長期出張となったという記事がある（『大乗』第二二巻二月号、五七頁）。同誌はそれまで、青木の出張先を「満洲」、「北支」などと明記していたが、この記事では地名が伏せられている。この年一〇月号の同誌には、「大陸南方へ度々出張せられて居た」（三一頁）等と伝えられているので、この「新年早々」の出張も、東南アジア方面であった可能性が高い。次の青木の消息は、多田等観の日記の中に見いだせる。四月二八日、青木が大東亜大臣を訪問した旨、記載がある（前掲多田明子・山口瑞鳳編『多田等観』、六〇頁）。

更に、民博アーカイブに、同年七月付の報告書「西蔵ヲ繞ル国際関係ト西蔵工作ニ付テ」（アーカイブ番号民博一二四）がある。これは、「中亜問題研究会」によって六月三〇日に行われた、青木の講話の要旨をまとめたものである。ここに「最近南方ヨリ帰朝セル青木嘱託」という記述が見える（一頁）。この報告書の記述から、当時の青木が、前年に遮断されたビルマ・ルートにかわる新ルートに関する調査のために、「南方」に派遣されていたらしいことが読み取れる。『大乗』九月号にも、青木の消息として、「先般南方々面視察より帰国されたが、旅行中盤谷に於て策進倶楽部の上村、今西、西田の三氏の活躍を見て喜こんで便りを下さつた。尚近々再び南方視察に向われるそうである」（『大乗』第二二巻九月号、三八頁）とあり、青木が複数回「南方」へ出向いていたことがわかる。

民博アーカイブ中にはまた、この年八月一日付の陸軍専任嘱託の内閣辞令（アーカイブ番号三四、写真4）がある。この辞令で青木は、「奏任官」待遇となっている。奏任官とは、高等官のうち、勅任官の下に区分される職位である。戦後東京大学で青木からチベット語を学んだ山口瑞鳳は、当時のことを青木から聞いている。それによれば、「少佐相当の待遇」であり、青木はこれに「充分満足していた」と度々話していたという（前掲山口瑞鳳「解説　青木文教師」、三二九頁）。経済的にも落ち着き、漸く報われる気持ちであったのではないだろうか。

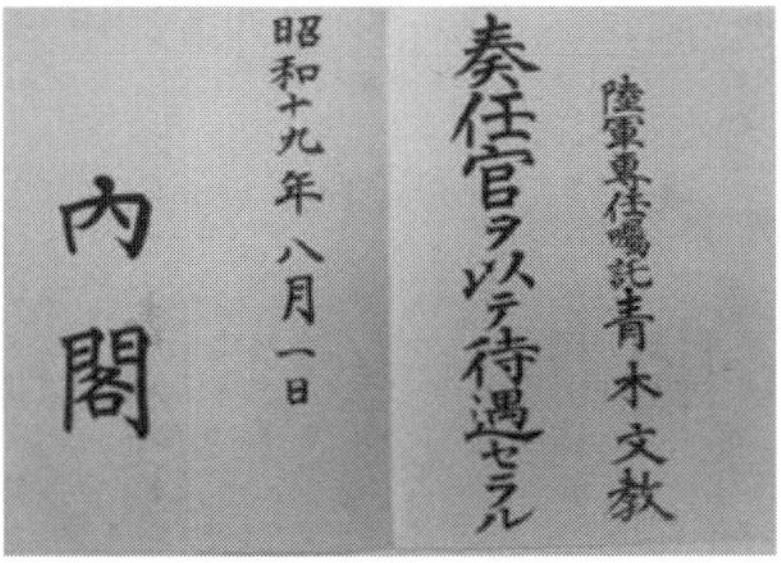
陸軍専任嘱託青木文教
奏任官ヲ以テ待遇セラル
昭和十九年八月一日
内閣

写真4　内閣辞令（国立民族学博物館蔵）

更に、日付は不明であるが、この年秋、北ビルマのメイミョーに横井光平を訪ねている。横井はかつて、新無憂園建設の責任者格であった青木の下で働いていた（横井光平「三十年一昔」『瑞門会誌』第四号、一九五五年八月一日発行、二〇～二八頁、同年七月五日付、二二頁）。その後横井は菊第八九〇八部隊経理部所属の主計少尉となって、ビルマにいた（『大乗』第二一巻一月号、一三七頁、同第二一巻一二月号、一一頁、いずれも一九四二年）。『大乗』一〇月号には、「外務省にあつて特殊の要務を帯び大陸南方等へ度々出張せられて居たが、今度再び南方へ出発せられた、四月頃まで滞在されるらしいが、其の間「南方派遣軍岡一六〇一部隊兵要地誌班」に籍を置かれるが、今度は陸軍嘱託と云ふ御資格だそうな」（『大乗』第二二巻一〇月号、三二頁）とある。横井を訪ねたのは、この「南方」に「四月頃まで滞在」する予定の出張中のことであったと思われる。翌年一九四四（昭和一九）年には、前述したように、ビルマ・ルートのかわりに開かれたレド公路の遮断とインドへのアプローチのために、インパール作戦が行われることになる。青木の「南方」および北ビルマでの活動は、この準備段階に属するものであったと思われる。しかしこの後終戦まで、青木の動向を示す資料は現在のところ見つかっていない。

＊1　これについては、青木の次の記述がその邂逅に該当すると判断した。すなわち、「先年西藏に十年間程留学しておつた人と会つた時、彼は全く日本語が出ず、留学の経過報告は西藏語でしかできなかつたので、私が通訳するといふ奇観を呈した」（青木文教「西藏研究の興味」『辺疆支那』一九三四年九月号、七七頁）。

＊2　例えば、新京や北京におかれていたパンチェン・ラマ当局の事務所、すなわちパンチェンラマ弁公処について、学識のある人物が駐在しているので、内地事情はある程度ここで調査することが可能であると述べている（二七〇頁）。また、野元の情報としては、チベット内地では、蒋介石政権の反日宣伝によって、日本人に対する警戒が厳しくなっていることが紹介されている（二七七頁）。この蒋政権の反日宣伝は、満洲国における日本の「喇嘛教」工作を、チベット仏教の撲滅を目的とするものと批難するもので、上述した新京のパンチェン・ラマ弁公処において、青木も耳にしたことを、彼は伝えている（二八二頁）。

＊3　日本人の対「喇嘛教」活動に関して、まとまった最初の研究としてはHyerの"Lamaist Buddhism and Japanese Policy in Mongolia"（University of California, 一九五三）がある。当時まだ健在であった関係者へのインタビュー、および米国接収の外交史料の分析が含まれるという点で特に貴重である。Narangoaの*Japanische Religionspolitik in der Mongolei* 一九三二―一九四五（Wiesbaden, Harrassowitz, 一九九八）は、日本仏教各派の機関誌および関係者の個人資料の一部を用いた研究であり、日本仏教の活動を初めて包括的に示し得たという点で優れたものであると言える。また、秦永章『日本渉藏史』（北京、中国藏学出版社、二〇〇五年）は、中国側の外交史料が併用されている点で有益な研究成果である。更に広川佐保「一九四〇年代の日本の対内モンゴル政策と『フフ・トグ』紙」（『日本モンゴル学会紀要』第二八号、一九九八年、二九～四一頁）は、満洲国の対喇嘛教政策について最初に総括した成果でもある。また、真言宗の活動については、第二次世界大戦期の対宗教諸工作に関する考察を行った大澤広嗣が、同派設置の「喇嘛教研究所」を取り上げている（「昭和前期における真言宗喇嘛教研究所の学術活動について」『大正大学大学院研究論集』三二巻、二〇〇八年）。更に平塚市宝善院住職の松下隆洪が、真言宗関係機関誌の記述を博捜して作成した「真言宗中国開教史」（http://www.houzenin.jp）には、「真言宗中日密教研究会・対ラマ教活動」の項目が立てられており、研究論文ではないが非常に有益な成果であると言える。その他、高本による「真言宗と「喇嘛教」―田中清純の活動

を中心に―」(『群馬大学国際教育・研究センター論集』第一一号、二〇一二年、一五~二八頁)、「日本人入蔵僧資料に見る戦時期「喇嘛教」工作と熱河承徳」(『印度学仏教学研究』第六一巻、五一三~五一八頁)、「戦時期満洲国における「時輪金剛仏曼陀羅廟」建立について」『密教文化』第二二六号、二〇一三年予定)がある。

＊4 この工作に関する日本側の指導責任者として、駐蒙軍は幽経を蒙古連盟自治政府に派遣し、同政府嘱託とした。一九四三年、幽経が他の特務機関へと転じ、その後任を真言宗の清水亮昇と神島祐光が務め、更に一九四四(昭和一九)年から春日礼智が引き継ぎ、終戦に至る。これについての詳細は、幽経虎嵓『おかげさま―私の人生何十年』(幽経虎嵓、一九八五年、六二~八一頁)、橋本光宝『モンゴル・冬の旅』(ノンブル、一九九九年、二〇~一五六頁)、春日礼智「蒙古喇嘛廟調査報告」(『東方宗教』第三五号、一九七〇年、四九-六五頁)。

＊5 この文書と、青木が報告書中に引用した部分を比較対照すると、「満洲国興安局喇嘛教整備要綱」全文が引用されていることがわかる。「満洲国興安局喇嘛教整備要綱」自体は、青木文教『西蔵問題』(慧文社、二〇〇九年)に翻刻が収録されている(「チベット問題とその対策」二〇〇~二〇二頁、「西蔵問題ト其対策」二八三~二八四頁)。

＊6 外交史料館資料ファイル「西蔵問題及事情関係雑纂」中の、「総番号」六〇二三、六〇二六、六〇四九、六〇五〇電信による。これについては秦永章『日本渉蔵史』(北京、中国蔵学出版社、二〇〇五年)にすでに言及がある(二二六頁)。

＊7 例えば前掲秦永章『日本渉蔵史』、二二五頁。その他、チベット側の記述は一九四二年初頭、「インドと中国政府」がチベット南東地区経由の軍事物資輸送ルートを開設しようとして、チベット政府にその許可を求めてきたこと、また同年末「ワシントンの軍事戦略局」から、米国人将校が同ルート樹立のためにラサに派遣されてきたことを伝えている(シャカッパ『チベット政治史』亜細亜大学アジア研究所、一九九二年、三五三~三五四頁)。

＊8 これについては高本康子「戦時期日本の「喇嘛教」施策―国立民族学博物館青木文教師アーカイブを中心に―」(『論集』第三七号、二〇一一年、一五九~一七三頁)に詳述した。

＊9 岩井英一は、一八九九年に生まれ、一九二一年に東亜同文書院商務科を卒業、外務通訳生として外務省に入った。彼の指揮で「特別調査班」が設置されたのは一九三八年四月である。

＊10 これは、前掲橋本光宝『モンゴル・冬の旅』中に「デルワホトクト」として言及される転生ラマと同一人物と思われる。同ラ

マは一八八四年外モンゴルに生まれ、モンゴル人民共和国の成立の際内モンゴルに亡命、百霊廟附近の草原に避難し、集落を作って生活していた。橋本光宝が三年間滞在したのはこの集落である。その後一九六三年、米国で死去した（巻頭写真解説、頁番号なし）。同ラマについてもっともまとまった記述としては、オーエン・ラティモアと磯野富士子による *The Diluv Khutagt: Memours and Autobiography of a Mongol Buddhist Reincarnation in Religion and Revolution* (Wiesbaden, O. Harrassowitz, 1982）.がある。

＊11　ポンダツァンは、ダライ・ラマ一三世の在世中、羊毛貿易の独占権を付与されるなど優遇され、その後日中戦争期には特に東チベット経由の物流に関わって巨富をなした。これについては、美郎宗貞〝邦達昌〟在康定設立商号後的第二次復興」（『西蔵研究』二〇〇七年第四期、八～一六頁）、同「従〝流浪商人〟到噶厦政府的〝商上〟」（『西蔵大学学報』二〇〇九年第三期）による。

＊12　これは高瀬侍郎を指すと思われる。一九三八年に外務事務官となり、ベルギー大使館、スペイン公使館勤務を経て、一九四一年再び外務事務官となった（外務省大臣官房人事課編『外務省年鑑』二、外務省、一九四二年、四〇一頁）。

＊13　これは唐木実を指すと思われる。一九三九年以降嘱託として外務省調査部に所属していた（上掲『外務省年鑑』、五六三頁）。

＊14　前掲岩井の回想記『回想の上海』にも、この間の事情について記述がある。例えば、上海における蒙那昌の滞在経費が、上海総領事館の機密費から支出されていたことなどである。しかし、青木は蒙那昌が李静愚を頼ったのは渡日以前としているが、岩井は以後としていることなど、記述に食い違いも複数見られる（以上三七八～三八二頁）。

＊15　「土観呼図克図」は「駐京呼図克図」、即ち、清代において国師などの名号を与えられ北京に駐錫した有力転生ラマの一人として知られる（釈妙舟編纂『蒙蔵仏教史』江蘇広陵古籍刻印社、一九九三年、一四八～一五二頁）。

＊16　この「笹目某」は、当時内蒙古地域を中心に産業・医療・教育支援などの活動にあたっていた、民間団体善隣協会の創立者笹目恒雄（一九〇二～一九九七）と思われる。

＊17　橋本は真言宗豊山派の僧侶で、大正大学において河口慧海に学んだ。一九三三年、河口と共に百霊廟でパンチェン・ラマに会見し、その後内蒙古に滞在、一九三六年に帰国した。

＊18　前掲幽経の回想記『おかげさま』にも同様の記述がある（六五頁）。

＊19　これについては、前掲橋本『モンゴル　冬の旅』に、「藤清、端野寛陽等の両君は余りにも熱心なる改革論者なりしが故にラ

マの嫌悪を買いたる由、例えばラマの西蔵語の発音を正さんとするが如し」との言及がある（三二一頁）。

＊20 「西蔵問題ト其対策」、「西蔵問題」両報告書は外交史料館所蔵資料であり、「西蔵問題及事情関係雑纂」と題するファイルに、この前後の時期を含めた外務省公電その他の記録とともにまとめられている。「西蔵問題ト其対策」、「西蔵問題」は二〇〇九年、青木文教『西蔵問題』（慧文社）として翻刻出版された。

第八章

「チベット学」の軌跡

第一節　戦後の青木

和泉町の生活

戦後まもなくの青木について、詳しいことは明らかになっていない。「青木文教師年譜」（『国立民族学博物館蔵青木文教師将来チベット民族資料目録』国立民族学博物館研究報告別冊一号、一九八三年、二五〇頁）には、一九四七（昭和二二）年一一月、「連合国軍総司令部民間情報教育局顧問。約四年間西蔵事情調査」とあるが、これがどのような典拠を持つものか、確認はできなかった。ＣＩＥ（Civil Information and Educational Section）は、連合国軍総司令部下の組織の一つで、日本の教育や文化、宗教にかかわる広範囲にわたる諸改革を指導監督する部局であった。正式には一九五二年四月二八日に廃止されている。

この時期に関する青木自身の記述には、二点ある。一つは、ＣＩＥの元上司に宛てた書簡の草稿と思われる資料である（民博アーカイブ、アーカイブ番号二七〇）。一九五〇年一〇月二九日付で、内容は、近々家を移ること、CIEで初等教育担当部門の仕事をしていることを、簡単に述べたものである。

　更に終戦直後のことを振り返る記述が、大谷光瑞門下の人々が制作していた雑誌『瑞門会誌』第三号（一九五三年）にある。以下引用する。

　私はCIEにおりましたが、その間一時FBIS（アメリカ国務省の外国放送諜報局）の一員として兼任することになつたため、或る種の団体加入を遠慮せざるを得なくなつて、貴会員の名簿に御記入を御見合せ願つたような次第、ここによろしくお詫び申上ます。二月以来右の両機関ともに閉鎖となつて解放されたわけで、只今は東京の大学で本職の「チベット」を講義するだけでございます（『瑞門会誌』第三号、一九五三年一月一日発行、二七〜二八頁、一九五二年一〇月三日付、青木の文章は編集担当者宛書簡からの引用）

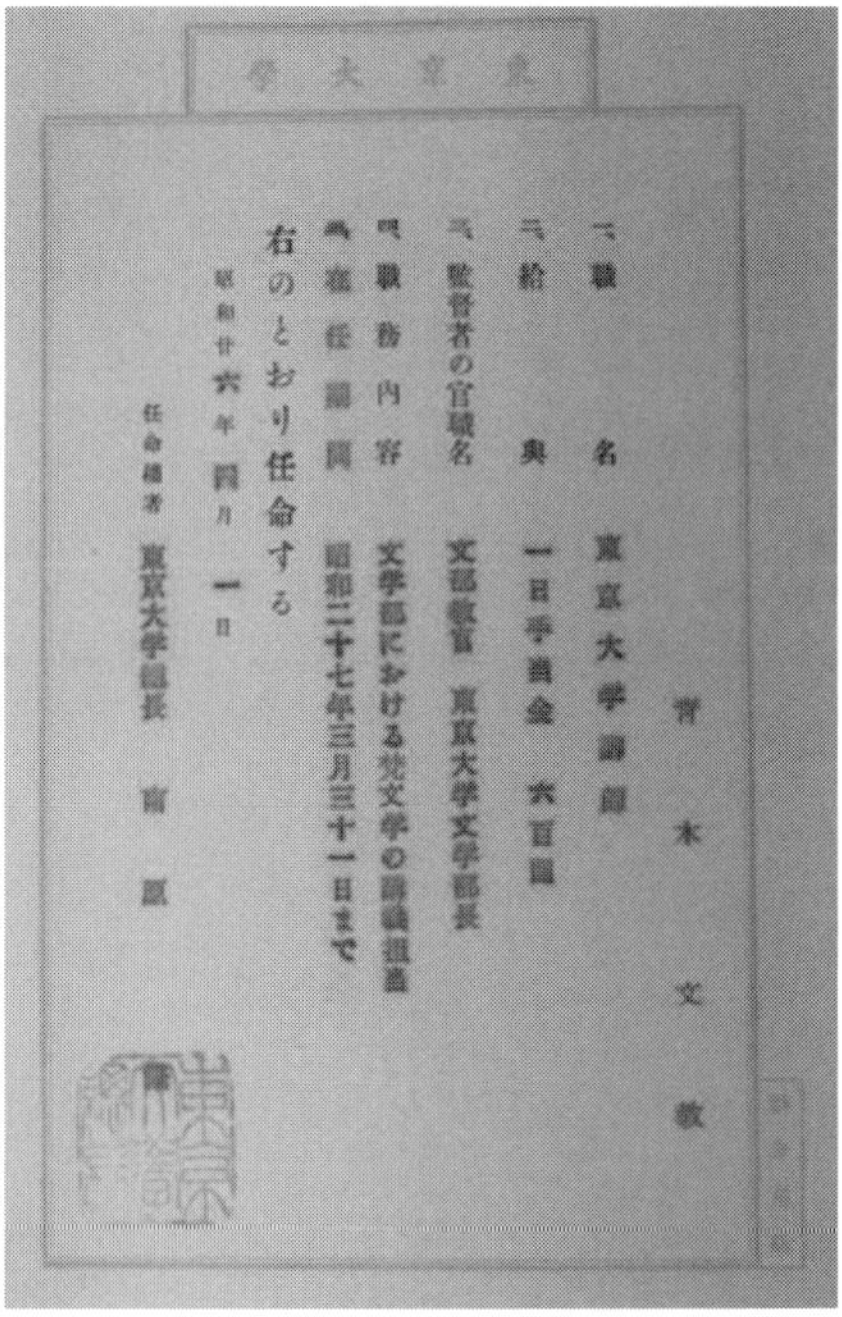
東京大学

青木文教

一、職名　東京大学講師

三、監督者の官職名　文部教官　東京大学文学部長

五、在任期間　昭和二十七年三月三十一日まで

右のとおり任命する

昭和廿六年四月一日

任命権者　東京大学総長　南原

写真1　東京大学辞令（国立民族学博物館蔵）

　上掲文中の「東京の大学」とは、東京大学を指す。彼は一九五一（昭和二六）年四月、東京大学文学部の講師となり、チベット語を担当することとなった。民博アーカイブには、四月一日付の東京大学辞令が残されている（アーカイブ番号四三、写真1）。渡米する多田等観の後任であった。多田は戦後、同大でチベット語を教えていたが、この年六月、スタンフォード大学のアジア研究所に招かれ、日本を発つこととなる。多田の日記には、同年三月一四日付で「佐藤長より東大入り断ってくる」（「等観年譜」多田明子、山口瑞鳳編『多田等観』、春秋社、二〇〇五年、八四頁）とある

ので、あるいは、最初は佐藤に打診があり、断られたので青木に話が持ち込まれたという可能性もある。青木は結局、この東大のチベット語講師を、一九五六（昭和三一）年、病に倒れるまで五年ほど、務めることとなる。

上掲ＣＩＥ元上司宛書簡で触れられた引越の件は、戦時中、一九四二年頃から住んでいた和泉町四八一番地から、以下引用するように、三二九番地に移転するというものである。

私たちも元気に暮らしています。家の移転問題も解決して、別に新しい小さな家を建ててもらって、住むことになりました。アドレスはただNo.が変わって三二九となっただけです。落ちついた生活ができることになりました。

引越以降の、この三二九番地の家での青木の生活をうかがえるものには、大谷学生として青木とともに仕事をした経験を持つ横井光平の記述と、青木をチベット語の師とした、東京大学の中根千枝の回想がある。

横井光平の記述は、一九五五（昭和三〇）年に彼が青木宅を訪ねた時の随想である（横井光平「三十年一昔」『瑞門会誌』第四号、一九五五年八月一日発行、二〇〜二八頁、同年七月五日付）。これによれば、横井は二二日に上京、同日夜六時から有楽町で、上村辰巳、本郷徳造、松井伸六に青木が加わって会合を持った。この時の約束で、翌二三日午前、和泉町の青木宅を訪ねたのである。横井は、青木夫人政子とも、一九二七（昭和二）年に横井らが一時大連へ移った際に顔を合わせており、それ以来「三十幾年振り」（二四頁）という再会となった。和泉町の家の雰囲気も明瞭に見て取れる記述であるので、長くなるが以下引用する。改行は筆者による。

令夫人の笑顔は、手入れのゆき届いた庭木の茂る門構えの閑宅の玄関に「お待ち致しておりました」と愛想よく出迎えて下さった。先生は今日私の訪問に、出先へ断りに行かれて不在だったが三十分ほどして帰られた。

上村氏同様ここもお子様のない閑静なお住居は珍客の到来にお互にアレカラの消息の交換に、一際声高の談笑がつづいて辺りの静けさを破る。甲州街道を数丁北へ入った住宅街で付近には昭電事件で一世を風靡した秀駒の寓居があるとのこと。（中略）遠い昔の果し得ぬ夢物語に残念がり且、懐かしんでいる二人の頭上に今しも厚木基地を飛び立ったのであろうかＦ八六ジェット機の爆音に、夢から覚めて現実の我に返って共に呵々大笑した。

書斎の一隅書架には和漢洋の専門書と共に光瑞猊下の遺書も幾冊か並んで私共の懐旧談を聞いていて下さる様である。

私の知る限りでは、青木先生の食通振りは猊下流で造詣が深い。それ丈に令夫人の御苦心も一入かと思われる。今日も此の南洋組の珍客に、ジャバ式カレー料理をとの事で腕によりをかけて下さった。そぞろに郷愁をそそる出来栄えに御好意を感謝した。ビールの付き出しにフィンガークラッカーとアスパラのマヨネーズ和えで、又一しきりスカハヂ農園のアスパラガスが話題となった。（中略）

午後四時京王線代田橋駅迄、令夫人のお見送りを忝うして青木宅訪問を終って辞した（二一四〜二一五頁）。

横井のこの、「手入れのゆき届いた庭木の茂る」、「閑静なお住居」、「書架には和漢洋の専門書」という言葉には、前掲の書簡において青木が「落ちついた生活ができることになりました」と書いた、そのことが実現していた様子を見て取ることができる。中根千枝も、この家での青木について、青木逝去時の追悼文に、「庭の木の陰からふっとあのお元気な笑顔で出ていらっしやりさうな気がして」（「青木文教先生の御逝去を悼む」『日本西蔵学会々報』第四号、一九五七年、三頁）と書いている。ここからも、緑に包まれた和泉町の家の様子がうかがえる。

中根千枝は、東京大学大学院を修了して一九五二年、同大東洋文化研究所の助手となり、翌一九五三年から五年間、インドとヨーロッパに留学した。青木に師事したのは留学への「出発直前迄、約三年間」（前掲「青木文教先生の御逝去を悼む」、三頁）であったという。筆者が中根氏に伺ったお話では、最初多田等観にチベット語教授を頼んだが断られ、青木が引き受けることとなって安堵したという。であれば、チベット語のレッスンが始まったのは、多田の渡米前、青木も東大講師になる以前のことであった可能性がある。同時期であったためと思われるが、中根の記述には、横井の記述と共通する部分も見られる。「若い者以上に油っこいお料理がお好きで、御自分の健康を自慢してらした」（前同）とあるのは、横井の言う「猊下流」の「食通振り」の一端であったと思われる。

青木にとって中根は、大切な教え子であったようだ。民博アーカイブには、留学に出発した後の中根の消息を伝える新聞記事が切り抜かれ、保存してあるのを見ることができる（アーカイブ番号六五二、七〇三～七〇五）。記事は『世界政府』、『愛知新聞』等に掲載のものである。同アーカイブに残されている膨大な点数の切り抜き記事の所載紙は、主に『朝日新聞』、『毎日新聞』、『読売新聞』等であり、したがって、中根に関する記事の掲載紙は、青木が常に購読していた新聞ではない。青木はわざわざ手元に取り寄せたのではないか。そこに、弟子の活躍を喜ぶ青木の気持ちが反映されているように思われる。

「アメリカ」をめぐって

一方で、多田等観との関係には、変化が見える。前述したが、多田は一九五一（昭和二六）年、六月、スタンフォード大学アジア研究所に迎えられて渡米する。この間の事情については、前掲多田明子、山口瑞鳳編『多田等観』に詳しい（七〇～九五頁）。このアメリカ滞在中、多田が北村甫に宛てて出した手紙が残されている*1。北村は、多田の東大時代の教え子の一人であり、多田の家族とも親しかった。この北村宛書簡中に、度々青木の名が見えるのである。

最初は一九五一（昭和二六）年一一月一三日消印のもので、「青木君は進駐軍に勤めておりますか」と尋ねている。当時はまだ、ＣＩＥの解散前であり、青木はＣＩＥと東大の、二個所で仕事をしていた時期である。更に明けて一九五二（昭和二七）年一月二九日付の書簡では、青木が「進駐軍」に勤めているのか、という問いを再度した後に続けて、多田は、「当方迄手をのばして邪魔されると困る」と、多田は書いている。

この「邪魔」とは、これ以後続く書簡の内容から推測できる。青木は、多田が勤務しているスタンフォード大学や、当時彼が共同研究を行っていたカリフォルニア州立大学に、自分も研究者として採用してほしいという手紙を出していたというのである（一九五二年四月消印、（日付読み取れず）、同年一一月一五日付、一九五三年一月二二日付）。多田はこれを強く非難しており、文中には「不愉快千万」等という、強い憤りを示す表現が度々見える（一九五三年一月二二日付）。

多田が、青木の以上のような行動に、深刻な不快感を表明していることには、事情がある。多田のアメリカでの研究生活は、十全に恵まれたものとは言えなかった。多田が迎えられたスタンフォード大学のアジア研究所は、新設の機関であり、施設や資料も十全な状態ではなく、学生数も不足していた。このような状況が、彼がアメリカの大学での研究生活として思い描いていたものと、著しく異なっていたことは、多田の北村宛書簡、特に渡米した当初のものに、研究所の現状に関する不満が書かれていることから、充分推測できる。

このように、同研究所の運用体制が不十分であったことから、多田自身、自分のポジションに不安定さを感じずにはいられなかったのではないかと思われる。そもそも多田は渡米にあたって、チベットから将来した貴重な大蔵経を持参するよう、同研究所から強く求められていた。同研究所には、多田のチベット仏典を、いわば看板の一つにする意図があったと推測される。つまり、仏典が第一で、多田という人材は、その次、という印象を、多田自身払拭しきれていなかったのではないかと思われる。青木のアプローチに対する不快感は、青木のやり方や人柄に由来する違和感であるとはいえ、人材として自分が青木に差し替えられるのではないかという不安があったとすれば、当然の心情であったと言える。結局多田は、研究所の講座が経済上の理由で一九五三（昭和二八）年六月に閉鎖されたため、同年一一月帰国する。わずか二年のアメリカ滞在であった。このアメリカでの研究生活の短さは、上述したような多田の不安の存在を、十分に裏付けるものであると言えよう。

青木はなぜ、アメリカ行きを考えたのだろうか。考えられることは、青木の経済事情である。戦後の青木家の収入は、奏任官待遇であった戦時中に比較すると、非常に苦しいものであったようだ。中根千枝は、青木夫人政子から、青木没後、この間の事情について聞いている。以下に引用する。

帰国してから、度々奥様にお会いして伺ったことによると、経済的にずい分、晩年御心配なされた様だ。終戦後は生活の為、進駐軍で翻訳の仕事をされたり、後、東大講師となられ、チベット語を教えてらしたが、俸給は講師としては特別に八千円をもらってらしたとのこと。いくら老人夫婦、お二人でもこの薄給ではとても生活は苦しく、その意味で前途を非常に苦にしてらした様だ（前掲中根千枝「青木文教先生の御逝去を悼む」、四頁）

民博アーカイブ中の資料である前掲の東京大学の辞令（アーカイブ番号四三）には、「一日手当金六〇〇円」とある。中根の記述中の「八千円」とは、月単位の給与総額ということだと思われるが、今日で言えば、一日の手当金六〇〇円は四〇〇〇円、一ヶ月の収入八〇〇〇円は五三〇〇〇円ほどになる。青木の生活が余裕のないものであったことは、ここから容易に推測できる。

多田が帰国してまもなく、一九五四（昭和二九）年四月、青木は多田に手紙を出している。多田明子、山口瑞鳳編『多田等観』によると、それは、「チベット学遂行するため文部省の理解と支援を促したい。本当に現地で研究したのはもう我々二人しかいませんから、貴重な経験を活かしたい」というもので、多田が上京する際に話をしたいから連絡してほしいという内容であった（一〇一頁）。しかしこれを受けて、多田が青木に会った形跡はない。上掲『多田等観』によれば、一年あまり経った一九五五（昭和三〇）年、法要の席で二度ほど、両人は顔を合わせている（九八頁）。どのような話をしたのだろうか。この翌年、青木はこの世を去ることとなるが、両者の関係に、以前のような往来が再び見られることはなかったのである。

第二節　青木のチベット研究

『西蔵全誌』とその後

戦後まもなく青木は、それまでのチベット研究の総括ともいうべき著作を、世に送り出す予定でいたらしい。『西蔵全誌』である。実際には出版された形跡がなく、その草稿が、民博アーカイブ中に残されている。草稿は章ごとにまとめられ、資料点数は計五〇点にのぼる。原稿用紙計一九〇六枚に及ぶ草稿の量から見て、大部の著作であったと思われる（アーカイブ番号三二一〜三七一、写真２）。これらの草稿には基本的に、執筆の日付はない。しかし序文に一九四六（昭和二一）年と明記されており、草稿がおおむね、外務省の用箋を使用して書かれていることから、外務省在籍時代の太平洋戦争中に執筆され、戦後発表予定だったものと推測される。これは二〇一〇年、青木文教『西蔵全誌』（長野泰彦、高本康子編・校訂、芙蓉書房出版）として翻刻が出版された。

その内容は、彼のそれまでの著作で取り上げた各項目について、新しい知見を加え、チベットの概説書として一冊にまとめたものである。すなわち、『西蔵遊記』（一九二〇年）で記述されたチベットの地形や自然、ラサを中心とする交通、経済・産業、政治、軍事、『西蔵文化の新研究』（一九四〇）、『西蔵の民族と文化』（一九四二）で記述されたチベットの歴史とチベット語、チベット仏教、『西蔵問題』（一九四三）で記述されたチベットの国際関係について、総括し更に詳述するものとなっている。また、それまでの著作と異なる、注目すべき点は、「附図」として、手書きされた二七葉の大判図が添付されていることである。本書第六章で使用した「「カリンポン」「ラッサ」間」は、このうちの一葉である。

写真２『西蔵全誌』の原稿
（国立民族学博物館蔵）

これらの図は、外務省および陸軍の嘱託として活動していた時期に、彼の手元に集約可能であった地理的情報を、可視的な形で表現したものであり、それまでの青木の著作には見られなかったものである。その地方の交通路をルートで示したものであるが、最大の特徴は、道路状態を表すデータが、詳細な文字情報として図上に書き込まれていることである。主観的な感想も、その地点の全体的な印象を大づかみに理解するポイントとして、積極的に取り入れられている。

前章で既に述べたように、青木は太平洋戦争末期には陸軍の専任嘱託を務め、兵要地誌班の活動にも参加していた。従ってこの附図の作成には、兵要地誌として太平洋戦争時に集約されたチベット情報が、ある程度反映されていると思われる。しかし、いわゆる兵要地誌図とは、全く異なる外見となっている。兵要地誌図には通常、地名、等高線、標高、道路、河川、湖沼、境界、鉄道などが記載されるが、「附図」には等高線等はなく、標高や地名も、ルート沿いのみに限られている。更に各地点の気候、土壌、植生、地形、人口、地点間距離、宿営時の条件などが文字情報として詳細に書き込まれている。

作成にあたって青木が参照した資料としては、英国の北京駐在武官であったジョージ・ペレイラ（一八六五～一九二三）の *Peking to Lhasa* (London, Constable and Company Ltd., 1925)、同様に英国の外交官エリック・タイクマンの *Travel of Consular Officer in Eastern Tibet* (Cambridge, University Press, 1922) などがある。前者については現在までも翻訳がなく、青木のこの図中に付された記述が、最初の日本語訳であると言える。これらの地図については、「『西蔵全誌』「附図」について」（上掲『西蔵全誌』、四二三～四四三頁）に詳述した。

『西蔵全誌』は以上に述べたように、彼のそれまでの研究、外務省、陸軍時代の経験・成果が盛り込まれた、彼の活動の総括ともいえる著作である。チベットからの帰国以降、彼の研究の特徴の一つは、『西蔵遊記』に典型的であったように、その対象がチベット事情全般にわたる、ということであった。このような研究の到達点が、『西蔵全誌』であると言える。そしてこれ以後、青木の研究内容には、変化が見える。研究の焦点が、いくつかに限られてくるように見受けられるのである。それはチベットの、「古代」と「言語」である。いずれにも共通するものとして見られるのは、チベット人の精神の淵源をさぐる、という彼の態度である。

そのような変化を明瞭に見て取ることができるのが、民博アーカイブに残された、三四五点にのぼる新聞記事の切り抜きである。その最初のものは、一九三二（昭和七）年であり、逝去前年の一九五五（昭和三〇）年まで続く。最も点数が多いのは東大講師に就任した一九五一（昭和二六）年である。これらの切り抜きには、青木のチベット研究の背後事情として、青木の興味がどのようなものに向けられていたのか、その展開をまとまった期間にわたって見ることができる。

切り抜かれた記事の内容を見ていくと、最初は、チベットおよびチベット仏教圏をめぐる国際情勢に関するものに限られているが、一九三〇年代半ばからその他のものも見えはじめる。歴史や言語、宗教に関するものの他、戦後にはヒマラヤ登山関係の記事が加わる。そしてこれらの中で、例えば、歴史に関する切り抜きに共通するのは、やはり「淵源」という視点である。例えば鳥居龍蔵の「日本人の祖先」（『朝日新聞』一九五二年一月一四日付、アーカイブ番号五三九）、また世界最古の恋歌がシュメール人によって書かれた、と報じる記事（"The World's Oldesf Love Song Is Written in Sumerian" *The Sunday Stateman Magazine*, 一九五四年四月四日付、アーカイブ番号七三三）等が切り抜かれていることには、「祖」や「最古」というように、より古い時代へ遡ろうとする彼の興味の反映を見て取ることができよう*2。

また、注目されるのは、『西蔵全誌』執筆中にあたると思われる一九四三（昭和一八）年から一九四五（昭和二〇）年の二年間である。この期間は、チベットに関する時事的な記事の他は、例えば歴史や言語に関する記事などは、切り抜きが残されていない。したがってやはり、『西蔵全誌』が完成したことによって、「チベット事情全般」の研究にある程度の区切りがつけられ、研究の方向が転換したと言えるのではないだろうか。

学界と青木

民博アーカイブには、「唐蕃会盟碑研究資料」と表書きされた封筒（アーカイブ番号二三六）に収められた資料群（五点）がある（写真3）。唐蕃会盟碑碑文の写真（アーカイブ番号二四一）や翻刻（アーカイブ番号二三九）、唐蕃会盟碑に関するリチャードソンの論文 **"Ancient Historical Edicts at Lhasa"**（London, 1952）を、手書きで写したもの（アーカイブ番号二三七)、「唐蕃会盟碑の史料的価値」と題する佐藤長の発表資料(一九四一年)、原稿用紙を貼り合わせて作ったメモ(アーカイブ番号二四〇)である。更にこの他にも、青木の手稿「唐蕃会盟碑を締結せし西蔵国王の名称と年代について」があり、一九四一(昭和一六)年二月七日「記之」となっている。唐蕃会盟碑は当時、チベット史における年代確定の重要な材料の一つと目されており、民博アーカイブに残されたこれら青木の諸資料は、彼もまた、当時の学会の最大関心事の一つであったこの碑文を対象として、研究に取り組んでいたことを示すものである。そしてこれらの資料からは、チベットの古い時代に対する青木の研究が、少なくとも戦時期、まだ京都にいた時代から始まっていたことがわかる。そしてこの方向の研究が更に、「国王の名称と年代」というテーマによって集約されはじめていたことがうかがえる。

　やはり民博アーカイブに残されている他の資料も、それを裏付けている。例えばノートや原稿用紙のページを貼り合わせて作られた年表類がある(「王名年代表」(アーカイブ番号二五〇)、「王譜年代記比較表」(アーカイブ番号二五二)、「チベット王系譜」(アーカイブ番号二五三)、「王譜比較年表」(アーカイブ番号二五四)、「西蔵国王上世歴代系図」(アーカイブ番号二五五)、「王系年譜比較表」(アーカイブ番号二五六))。更に原稿用紙を綴じた手製ノートや、市販のノートに手書きで書かれた草稿類がある(「西蔵国史　参考記録」(アーカイブ番号二五一)、「西蔵国史　第二部」(アーカイブ番号二六四)、「西蔵国史　第三部」(アーカイブ番号二六五))。これら青木の手製資料とともに、関連する当時の論文類が残されている(アーカイブ番号二四八、二四九)。これには、佐藤長から贈られた佐藤論文の抜き刷り(アーカイブ番号二四三〜二四七)も含まれる。

　これらはいずれも彼の研究の軌跡を示すものであり、その成果の一部が発表

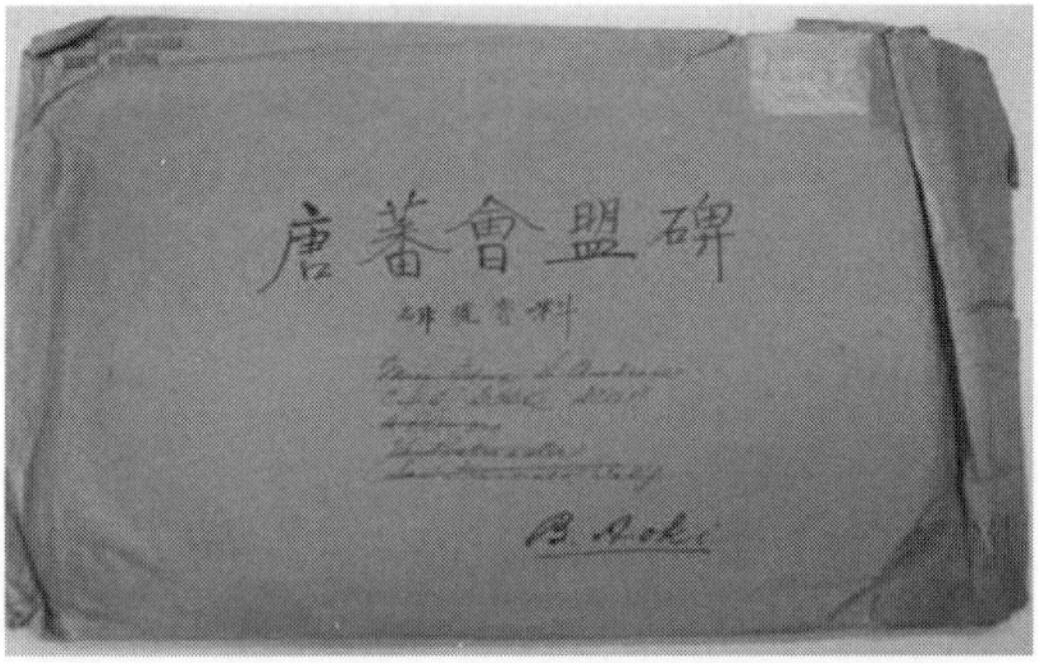

写真3 唐蕃会盟碑研究資料(国立民族学博物館蔵)

されたのが、一九五四（昭和二九）年六月二六日の東洋文庫研究会であったと言えるだろう。「チベット上世の錯誤年代の調整と、唐書吐蕃伝の年代について」と題する、この時の発表要目をまとめたものが、民博アーカイブに残されている（アーカイブ番号六九）。上掲「王系年譜比較表」（アーカイブ番号二五六）は、この発表の際の付属資料であったと推測される。

青木が一九五五年に出版した著作、『Study on Early Tibetan Chronicles Regarding Discrepancies of Dates and Their Ajustments』（日本学術振興会）は、これらの研究を記述としてまとめたものであったと言える。これに対する研究者たちの反応は、日本ではなく、アメリカにおけるアレックス・ウェイマンの書評に、まずうかがうことができる（Book Reviers, Study on Early Tibetan Chronicles Regarding Discrepancies of Dates and Their Ajustments, *The Journal of Asian Studies*, vol.xvi, No.一,1956, pp.153-156）。ウェイマンは、青木のこの著作について、「この著作において提出された仮説についての検証は結局、目的を達成せずに終わったと言えるだろう」と批判しつつ、しかし「青木が作成した図表は非常に注意のゆきとどいたものであり、今後研究すべき貴重な研究材料となりうるものを含んでいる」とも述べている（p.156）。

この一〇年後、一九六五（昭和四〇）年に東京大学文学部印度哲学印度文学研究室から出された中村元『日本におけるチベット研究および密教研究』（一九六五年）は、青木のこの著作への評価として、このウェイマンの記述をそのまま使用している（一二頁）。このことには、日本の学界においても、同様の見方がされていたことを示唆するものでもある。

その後、青木没後の翌年、すなわち一九五七（昭和三二）年、イエール大学のW・E・ニーダム＊3が東北大学に対し、青木に博士号を授与するよう働きかけたことが報じられた（『中外日報』一九五七年一二月九日付「米学会に大きな反響」）。東北大学側は、「制度が異」なるためにこれを断った、と記事にはある。しかし筆者は、青木への評価が、やはりウェイマンの言う、データとしては貴重な材料であるが、論としては不十分、というものを超えるものでなかったことを、このことは端的に示していると考える。そしてそれは、学界における、青木の「功績」に対する無視や怠慢といった、不当とみなされかねないことではなく、アカデミズムがディシプリンおよびローカルな意味での時代状況に、いわば制約されざるを得ないものである以上、この時点ではそれ以外に評価のしようがなかった、というのが実情ではなかっただろうか。

しかし筆者は、青木も、このような評価が自身に持たれていることを、前々から自覚していたと考える。実際に、唐蕃会盟碑については、彼が所持していた拓本が、他の研究者たちに利用されている*4。このようなことは、彼が、自身が持つものを、改めて見直そうとする契機となったと思われる。そこには、経験を含め彼自身が持ち帰ってきたものの持つデータとしての重みに対する自覚が、あったように思われる。

青木は一九五四（昭和二九）年、小倉捨次郎邸所蔵のチベット将来資料を整理し、七月一八日、同邸でそれらについて講演している。民博アーカイブには、その講演要旨（アーカイブ番号七九〇）がある。これによれば、青木の講演は、「チベットの文化」と題し、①入蔵の動機とその経緯、②チベットの国情、③チベットの特徴と文化財の価値について概説したもので、最後に今後のチベット研究で目指されるべきものを述べて結びとしている。

この講演要旨は、いわば章立てが書かれているにすぎないものであるが、上述した彼の「自覚」のありようを明瞭に見てとることができる資料である。付せられたキーワードの分量から察するに、①と②はほんの前段で、タイトル通り③が本論である。③はA・B・Cの三部に分かたれる。Aはチベット人一般に共有されている「教養」のありようを、中国及び日本と比較しつつ述べたもの、Bはチベット文化の特質を、仏教との関連から概説し、加えてそこに表れた「人生観」、「世界観」に至るものであった。Cは「文化財」について述べたもので、仏典だけではなく、建築、絵画、彫刻などの学術的価値を検討するものであったようだ。この点においてイタリアとアメリカの例をあげ、欧米においてすでに日本の先を行く積極的な調査が始められていることに言及するものであった。A・B・Cいずれも、彼ならではの内容と言える。すなわち、貴族の名家に滞在し、ラサの交際社会に身をおいた経験はAに、またチベットとチベット人の「淵源」を考え続けてきた、それまでの研究成果はBに、チベットという現場を知るものとして、文献研究にとどまらざるを得ない日本の学界の実態に持った問題意識はCに、それぞれ焦点化されているのが見てとれる。

また、逝去直前に、青木は生家である正福寺の資料を整理したいと漏らしていたらしい。一九五六（昭和三一）年の晩秋、青木の甥にあたる青木最正氏が、すでに病床にあった青木を見舞った際、それを聞いている。そのとき青木は不思議に元気で、「田舎」へ一緒に行こう、「田舎においてあるものを整理しないかん」と言ったという（青木最正氏談話、二〇〇五年）。これも上述の「自覚」から出たものではないかと思われる。

彼は、東京大学においてアカデミズムとのつながりを漸く得た時、自分が持つものが、日本のチベット研究にどのような意味を持つのか、もう一度、真摯に向き合おうとしていたのであると、筆者は考える。そうであればそれは、日本のアカデミズムに対する、深い敬意の現われではなかったか。大谷光瑞が終生持ち続けた「知」に対する尊敬を、青木は、物理的な制度としての、当時の大学機関にも、抜きがたく感じていたのではないかと思われる。

第三節　逝　去

東大の講師となって五年目の一九五六（昭和三一）年、青木の体調が悪化する。青木の甥にあたる青木最正氏のお話によれば、この年五月頃、和泉町の家を訪ねたところ、青木が胃ガンで手術を受けるという話を聞いた。しかしこの時青木は非常に元気で、顔色もよかった。まもなく東大病院に入院し、手術が行われた。手術をしてみて、結局手遅れであることがわかったのだという。闘病生活は八月頃から、三ヶ月余りであった。

青木正信は、亡くなる直前、青木が口に出した「学会や社会には十分認めてもらえなかったが、僕は未知の分野、チベット学に生涯をかけて努めてきた」という言葉を伝えている（青木正信「チベット学者文教の顕彰を通して」『橋本鉄男先生の思い出』橋本鉄男先生追悼文集刊行会、一九九七年、七四頁)。青木はこのように、自分の仕事を「チベット学」と呼んだ。彼はこの「チベット学」をどのようなものと考えていたのだろうか。何を目指すべきものと考えていたのだろうか。

彼が最初に「西蔵学」という表現を使用するのは、この一六年前、一九四〇年の『西蔵文化の新研究』(有光社)である。この『西蔵文化の新研究』は、その前の著作『西蔵遊記』と大きく異なる。それは、『西蔵遊記』が、自身のチベット経験をいわばそのまま概説したものであったのに対し、『西蔵文化の新研究』は、このチベット経験が、当時の日本の状況と、帰国後積み上げてきた研究成果という二点から、整理し直されたものであることである。以上のような、自身のチベット経験の読み直しによって、例えば帰国直後の講演で使用していた「西蔵研究」(青木文教「現今の西蔵」『六条学報』一九一七年七月号、七一頁)から、この「西蔵学」へ、彼は転換したのだと言えるだろう。

では青木の「西蔵学」とは何か。それは、「チベット」とは何か、というものであったと思われる。彼はこう書いている。

実際に現地に於て、公然と自由に、観察研究を行ひ得たことから、たちひその収穫は云ふに足らないものであつたとしても、そのあるものは他に見られない所の、ある種の核心的な素質が含まれてゐるとの自信を懐く故に、ここに臆面もなく本記を書き綴つた次第である(『西蔵文化の新研究』、本文三頁)

非常に迂遠な文章であるとも言えるのだが、彼が考えていたのは、「チベット」が「チベット」たり得ている、それは何か、ということだったと思われる。

『西蔵文化の新研究』では、その後の彼の研究の萌芽となる、焦点がいくつか出現しているのが見られる。すなわち、より古い時代のチベットへの興味である。神話や伝説、民族や言葉の起源、古代の信仰などである。ラサで彼が接したチベットの人々、そして彼らの生活の、それは何を本質とするのかを考えようとした時、彼はまず、淵源を探ることから始めたのだと考える。

そのために彼が言うことは、非常に単純である。それは、「直接資料の研究」（「序」、二頁）である。彼の「西蔵学」の定義は、このことに尽きる。「直接資料」とは、現地資料および、チベット語資料を指す。現在のチベット研究では当然のことであり、その「当然」は、チベットの専門家ではない筆者にすら「当然」と思われるほどであるが、当時はそのような状況ではなかった。チベット研究は、サンスクリット語を読むため、仏教を研究するため、東洋史の空白部分を埋めるための、補助的な存在でしかなかった。僻遠の地に、多大な犠牲を払って入るような、時間と労力の使い方は、この時代の研究者たちには実現しがたいものであったのである。しかし青木はそれでもなお、万難を排して、この「直接資料」の研究にあたるべきだとするのである。そしてこの主張は、逝去直前まで変わらなかった*5。

その信念を支えていたのが、彼が出蔵時から、没するまで持ち続けていた、再入蔵の思いであったと思われる。一九二〇年の『西蔵遊記』において、一九二七年の『亜細亜大観』において、青木はそれを明言している*6。そして戦中期は佐藤長が、戦後は中根千枝が、青木のその言葉を聞いている。青木は、「いつでもチベットに赴く態勢」（佐藤長「京都における青木先生の二人の弟子」『日本西蔵学会々報』第四号、一九五七年、三頁）を、文字通りずっと、持ち続けていたのである。

没後三〇年が経とうとする一九八〇年代、青木のチベットからの将来品が、国立民族学博物館に移管された。受け入れにあたって、その中心的役割を担った長野泰彦は、「チベット独自の世界観や論理性に則ったチベット文化理解」（長野泰彦「はじめに」長野泰彦編『国立民族学博物館蔵　青木文教師将来チベット民族資料目録』国立民族学博物館研究報告別冊一号、一九八三年、二頁）の重要性を指摘し、チベットの現地資料を対象とする基礎的研究の積み上げが望まれる、と述べた。青木がこの長野の言葉を聞いたならと思わずにいられない。

青木が世を去ったのは、一九五六（昭和三一）年一一月八日であった。同日付で西本願寺本山から、「顕道院」の院号が授与された。これを伝える書類が、正福寺に残されている（正福寺資料、資料番号五一、五二、写真4）。翌九日午前、遺体は火葬に付され、築地本願寺和田堀廟所において午後二時から葬儀、三時から告別式が行われた。導師は同寺輪番、葬儀委員長は、青木の勤務先である東京大学印度哲学梵文学研究室の教授、花山信勝が務めた。弔辞は、花山信勝、武蔵野短大教授山本晃照、東京大学門下生の総代である中田直道によって読み上げられ＊7、西本願寺本山総務北畠教真をはじめ、龍谷大学学長森川智徳など、各所から数十通の弔電が寄せられたという（正福寺資料、資料番号五四）。

青木没後、和泉町の家はそのまま、政子夫人が守っていたと思われる。最後の愛弟子であった中根千枝が帰国し、和泉町の家を訪ねたのは、翌年一九五七（昭和三二）年か一九五八（昭和三三）年のことであった。後約一〇年ほどたった一九六九（昭和四四）年一二月一五日発行の青木の著書『西蔵』奥付には、「夫人　青木政子さん健在。住所　京都市上京区葭屋通一条下る西願寺内」とある。従ってこれ以前に、政子夫人は東京の家をたたみ、縁続きである京都西願寺へ移っていたものと思われる。

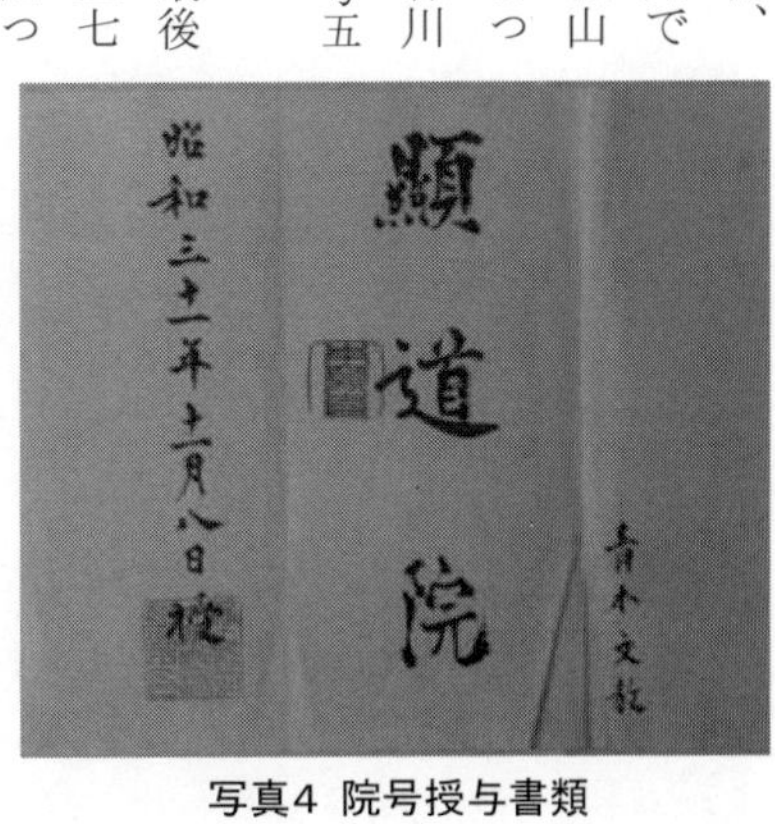

写真4 院号授与書類

＊1 これらの書簡は北村家所蔵の他の多田等観関連資料とともに二〇〇五年、筆者がトヨタ財団の研究助成を得て整理作業を行い（『近代日本人の異文化理解Ⅱ―チベット留学僧多田等観資料の基礎的整理―』）、二〇一一年、国立民族学博物館に移管された。但しそのうち、多田等観の遺品は同館から多田家に返還され、現在は多田明子氏の所蔵となっている。

＊2 青木のこのような興味を見て取ることのできる資料としては、これらの切り抜きの他に、例えば雑誌記事等もある。鳥居龍蔵の著述に関しては、民博アーカイブ中に鳥居龍蔵「我が原始時代の生活と文化」（『中央公論』新年特輯号、一九三二年、アーカイブ番号三七七）がある。

＊3　ニーダム（Wesley E. Needham）は記事中では、イエール大学「顧問」であり、「一九五〇年以来」青木と連絡があったという。青木の記述にも、「私の友人でチベット研究に熱心なＷ・Ｅ・ニーダム氏」とあり（青木文教「チベット文化財の保存」『読書春秋』第五巻一月号、一九五四年、七頁）東大講師に就任する前後、おそらくはＣＩＥ所属の時期に、「友人」となった人物であろうと思われる。

＊4　例えば壬生台舜の研究がある（壬生台舜「唐蕃会盟碑に関する問題」『宗教文化』第一三号、大正大学宗教文化研究会、一九五七年、五五頁）。

＊5　一九五五年の随筆「現地の調査」には、日本のチベット研究の現状について、「ただ研究室で典籍を繙くだけである。現地調査とか実地体験がこれほど無視されている国は少ない」と厳しく批判する記述が見られる（『読書春秋』第六巻第二号、一三頁）。

＊6　例えば、『亜細亜大観』には以下のような記述がある。「薄れかゝるその総ての記憶を通して、西蔵は常に新しき思ひ出であり、その国への再遊こそは尽きざる私の念願である」（青木文教「西蔵の思ひ出」（六）『亜細亜大観』亜細亜写真大観社、一九二七年、最終回末尾）。

＊7　花山信勝と中田直道の弔辞は、現物が正福寺に残されている（資料番号五六、五七）。また、この両人の弔辞は、中江彰編『安曇川町五〇年のあゆみ史料集』（安曇川町役場、二〇〇四年）に全文収録されている（五〇五〜五〇六頁）。

第九章
「青木文教」

第一節　資料のゆくえ

将来品をめぐって

前章で触れた、この世を去る直前の青木の言葉にあった「整理しなければならない資料」が何を指すのか、現在では明らかではない。青木が残したものは、現在、生家正福寺の他に、東京大学、龍谷大学、国立民族学博物館、徳富蘇峰記念館（神奈川県中郡二宮町）の四ヵ所に保管されている。

チベットから青木が持ち帰ってきたものは、大谷光瑞の支援者であった神戸の豪商、小倉捨次郎に寄託されていた。それがいつ頃からであったのかは不明である。この小倉邸にあった資料を、青木は一九五四（昭和二九）年七月に整理し、同月一八日、白鶴美術館で開かれた展覧会で展示、それらについて講演したことは、これも前章ですでに述べた通りである。

小倉邸に寄託されていた資料がどのようなものであったのか、その全容は、民博アーカイブ中にある資料リスト（アーカイブ番号二二一、表6）にうかがえる。このリストは、上述の白鶴美術館での展覧・講演会の際、出席者に配布されたと推測されるものである。これは青焼きコピーであるが、青木自身が内容を訂正したと覚しき鉛筆の書き込みがある。

一九五六（昭和三一）年に青木が没してのち、小倉捨次郎は、これらの資料の取り扱いに苦慮していたようである。自身が健康なうちに、適切な保管場所を確保しておきたいと活動していたことが、正福寺に残されている数通の青木正信宛小倉書簡にうかがえる*1。資料の新たな保管先として考えられていた場所には、青木の生家正福寺の他、フ

※番号は筆者が付したもの。資料名は原文のママ。

番号	資料名　表記は原文のママ
47	茶瓶（ダライ法王十三世下賜品）
48	茶托トふた（ダライ法王十三世下賜品）
49	茶托トふた　二対　その一
50	茶托トふた　二対　その二
51	茶わん　二個　携帯用
52	はしトナイフ入れ　三個　携帯用
53	文房具入（製作国未詳）
54	墨汁つぼト（インク瓶）竹筆　ペン
55	メモ用（粉塗板）
56	通信文の書き方　手本
57	小学校　教科書（インド在留チベット人小学校用）
58	筆入　携帯用
59	チベットの暦　二冊
60	通貨　紙幣　貨幣　郵便切手
61	封蝋
62	秤
63	鍵と錠
64	玩具　その一　携帯用　はしトナイフ
65	玩具　その二　オハジキとハネ
66	木版木　壱枚
67	耳飾　男子用
68	日覆　帽子の前部にはさむ
69	装飾用に用ふ総（フサ）
70	靴紐
71	水晶　めのう　装飾　その他
72	宝石類　種々
73	礼布「カタ」
74	石器ノおの
75	化石　貝
76	岩石標本　ラサ近辺
77	ラッサ・セラ方面の川砂
78	チベット地図
79	ラッサ市　鳥かん図
80	西蔵遊記　青木文教著
81	チベット写真帖
82	ダライラマ十三世せい去に関する毎日新聞寄稿文（著者）
83	チベット　高原植物　標本　種々
84	ダライ十三世　親翰写真とその原版　其他
85	インド地図
86	支那史料　チベット其他の地誌
87	布
88	チベット宝石類紙箱入　合計十八個大小
89	チベットラッサ図
90	チベット関係記事切り抜集
91	チベット語本五プリント？

表6　青木文教師西蔵コレクション（昭和29年7月付）

番号	資料名　表記は原文のママ
1	釈迦仏　王冠付（王子時代）
2	釈迦仏
3	釈迦仏　後牌付（古）
4	釈迦仏　後牌付（新）
5	教皇　ソンツェンカンポ
6	仏画　阿弥だ仏
7	同　釈迦仏
8	同　観のん（四手）
9	同　観のん（二手）
10	パドマサムパワ？
11	デムチョウ？男女天合体像　其ノ一
12	デムチョウ？男女天合体像
13	達磨（支那画）
14	チベット　大西蔵経目録
15	経典　般にゃ八千頌
16	仏典　その一（写本）混
17	仏典　その二（混）
18	仏典　その三（混）
19	仏典　その四（混）
20	伝記　ダライ五世
21	文学　作詩論
22	史学　タンイク
23	聖典　紺紙金泥　其ノ他
24	マンダラ
25	仏器　その一（おミキ入レ）
26	仏器　その二　独鈷振鈴
27	仏器　その三　供へもの用器
28	仏器　その四
29	仏器　その五（水盛り）
30	仏器　その六　手まわしマニ
31	仏器　その七
32	仏器　その八　携帯用カウ
33	仏器　その九　懐中用カウ
34	仏器　その十（数珠）
35	仏器　その十一（シルニエン）
36	仏器　その十二　骨彫仏像
37	仏器　その十三　木魚
38	仏器　その十四　粘土像　仏神像
39	仏器　その十五　仏像胴の内部ヨリ出タルモノ
40	線香
41	ラマ服装　上衣
42	ラマ服装　下衣（はかま）
43	ラマ服装　胸衣
44	ラマ服装（けさ）
45	ラマ服装　帽子
46	ラマ服装　靴

ンスなどもあったことが、民博アーカイブ中の青木正信宛小倉はがき（一九五〇年六月一七日付）からわかる（アーカイブ番号二二五八）。

更に、正福寺に残されている青木正信宛山口雅生書簡、小倉捨次郎はがきなどには、その後、山口雅生（一九〇三〜）の仲介で、一九五一年から一九五二年にかけて正福寺に資料を移す交渉が行われていたことがわかる。山口は、神戸の池長南蛮美術館、白鶴美術館で活動し、関西日蘭協会の理事を務めた人物であり、小倉捨次郎とも面識があった。戦時中、久原家その他、国内に残されていた大谷探検隊将来品のとりまとめにもかかわっている（山口雅生『廓の娘』長崎花月史研究所、一九七三年、三七二〜三七八頁）。しかし、山口の仲介は成功せず、一九八二年一一月一八日付青木正信宛山口はがき（正福寺資料、資料番号一七〇）には、「小倉家の話、一応打き切《ママ》りました　御放心下さい」とあり、紆余曲折がうかがわれる。正福寺に残されたこれらの書簡には、他に仲介の役割をした人物として、京都の古美術商、水谷仁三郎（一九一〇〜一九八五）の名前も見られる。ただ水谷側の資料において、青木の資料についての言及は、現時点では発見できていない。しかし水谷は、青木の故郷安曇川町に隣接する高島町の出身で、同郷ともいえることから、青木の資料の取り扱いに水谷が関係した可能性は小さくないと思われる（田中周二編『水谷仁三郎伝』思文閣出版、二〇〇三年、初版は一九九一年）。

以上のような交渉が行われている前後の時期に、小倉邸所管資料のリストが、改めて作成されたと思われる＊2。それが民博アーカイブ中にある資料リスト「神戸市住吉町小倉捨次郎所蔵チベット・コレクション目録」（アーカイブ番号二五七）である。同リスト所載の資料項目・資料点数は、前掲表6の民博資料「青木文教師西蔵コレクション」（昭和二九年七月付）とほぼ同一であり＊3、この「神戸市住吉町小倉捨次郎所蔵チベット・コレクション目録」は、「青木文教師西蔵コレクション」をもとに作成されたものである可能性が大きい。なお「神戸市住吉町小倉捨次郎所蔵チベット・コレクション目録」には、リスト巻末に一部の資料についての解説が収められており、その文中には「青木師」という表現が使用されている。青木が自身を「青木師」と呼称することは考えにくいので、少なくともこの解説の部分は、青木本人の筆ではないと考えられる。

正福寺には、この小倉邸所管資料を撮影したものと思われる写真が残されている（正福寺資料、資料番号六七）。先に述べた一九五四（昭和二九）年の青木資料展覧会・講演会の際か、もしくは青木没後、小倉捨次郎が資料の寄託先を探していたと思われる一九五〇年から一九五二年前後の時期の、どちらかのタイミングで、小倉邸において撮影されたものではないかと推測される。

以上のような曲折ののち、結局、小倉資料の大部分、一四二点は、一九七八年、国立民族学博物館に移されることとなった。この時点で小倉の手元に残されたものについては、正福寺所蔵草稿「神戸市小倉氏が民博へ譲渡後手元にある将来品の目録」（正福寺資料、資料番号八七、表7）にその詳細をうかがうことができる。この一部が捨次郎の没後、民間業者の手を経て、近年龍谷大学によって購入されたものと思われる。

ただし、諸資料中、現在龍谷大学に所蔵されている「ラサ鳥瞰図」は、別の経路をたどったものと思われる。正福寺に残された一九八一年一二月三一日付（消印一九八二年一月一一日）青木正信宛小倉捨次郎はがき（正福寺資料、資料番号一六七）に、「故青木文教師筆ラッサ市在留中のもの大額壱、右ハ京都井ノ口泰淳氏の御手許ニある様ニ考えて居ります」とある。井ノ口泰淳は、浄土宗西山深草派の管長を務め、また大谷探検隊の研究にも携わった。青木についても、一九八六（昭和六一）年、青木の生地である滋賀県高島市安曇川町に顕彰碑が建てられた際、除幕式に、国立民族学博物館の佐々木高明とともに来賓として招かれるなど、関係の深い人物であったと言える。井ノ口のもとにあったこの「大額」が、「ラサ鳥瞰図」であったとすれば、その後正福寺に返還され、のち龍谷大学に移された可能性が考えられる。

以下表7に従って、これらの資料について明らかになっていることを述べる。表中の番号は筆者が付したものであるが、資料名は原文のママとした。

このうち、7「チベット高山植物集」については、龍谷大学への移管以前、小倉家で管理されていた時期に、すでに新聞に報じられており、正福寺にはその記事が残されている（正福寺資料、資料番号一一三、「チベットの植物標本を公開」『神戸新聞』昭和五六年一二月七日付）。

同記事が伝える内容は、小倉捨次郎の意向によって山口雅生が仲介し、植物研究家の森和男と、六甲高山植物園研究員の玉置彰三が写真鑑定を行ったというものである。森氏のご尽力により、同記事執筆者である三木進氏に直接、当時の取材についてその詳細をお尋ねすることができた。三木氏によれば、まず、小倉の意向により山口経由で『神戸新聞』に資料についての話が入り、同氏が取材にあたった。標本の鑑定については最初、六甲高山植物園の玉置に依頼したが、さらに、当時はすでに同園を退職し、研究活動に専念していた森氏に、協力を仰いだ。森氏は、ヒマラ

表7「神戸市小倉氏が民博への譲渡後、手元にある将来品の目録」

番号	資料名　表記は原文のママ	分類	該当(の可能性がある)資料
1	チベット仏画　一幅	A	②10頁番号8
2	金銅　釈迦　座像　一軀	C	
3	〃　〃　〃　一軀	C	
4	印度の地図　一枚	B	①17頁番号52
5	青木文教撮影大判写真　二枚	C	
6	チベット関係記事、切り抜き集　一束	A	②8頁番号4
7	チベット高山植物集　一箱	A	②9頁番号5
8	地図　一枚	C	
9	旅券・証明書・写真　三葉	C	
10	ダライラマ十三世逝去に関する大阪毎日新聞への青木文教寄稿文	C	
11	写真原版　一箱	C	
12	青玉の数珠一れん、外鈴、サンゴ玉外	A	①18頁番号57、③34頁番号32の一部
13	石斧　一ケ	A	③33頁番号30
14	貝　化石　六ケ	B	②6頁「チベットの石8個」
15	石　チョポリ山　セラ山　ツルポイツ山　五ケ	B	②6頁「チベットの石8個」
16	砂　ラッサ、セラ方面の川砂　一箱	A	①17頁番号50
17	ジャコー瓶入り　二瓶	A	①17頁番号51
18	水昌瓢形、外に黒色石、卵形の石など　一袋	A	①18頁番号57、③34頁番号32の一部
19	チベット通貨、紙幣、貨幣、郵便切手類	A	①18頁番号56、③33頁番号29
20	チベット写真帖　昭和二年刊　一冊	C	
21	皇朝藩属輿地義書　四十八冊　六帖入	A	②6頁「皇朝藩属輿地叢書　6帙48冊」
22	英国大使館公文書、チベット入国許可証、西蔵教皇達頼喇嘛法王より京都本派本願寺光瑞法主に呈せられたる親翰	B	①16頁番号47、③34頁番号31
23	チベット語の本　鈴木法琛述　一束	B	②6頁「仏教講義録(チベット語本)8冊」
24	辞書用メモ、いろいろ27冊、袋	A	②7頁番号2、8頁番号3
25	青木文教師将来チベット仏典経冊	A	②9頁番号6

※1. 表中Aは龍谷大学受入となったと推測されるもの、Bは龍谷大学所蔵資料に該当するという推測が可能なもの、Cは所在不明のもの、である。
※2. 表中AおよびBについて照合した目録は以下である。①小田義久・百済康義監修『シルクロード・中央アジアを巡った探検家たち―大谷ミッションを中心として―』(龍谷大学図書館特別展図録、龍谷大学図書館、2000年)、②白須浄真・服部等作・三谷真澄監修『青木文教資料　野村礼譲・能海寛資料　観水庵コレクション』(大谷探検隊一〇〇周年記念シンポジウム「チベットの芸術と文化」学術資料展図録、龍谷大学学術情報センター、2002年)、③龍谷大学大宮図書館編『大谷探検隊展―将来品とコレクション―』(龍谷大学大宮図書館二〇一〇年度春季特別展観図録、龍谷大学大宮図書館、2010年)。

ヤの植物に関して造詣が深く、記事の出た一九八一（昭和五六）年の春には実際に、中国四川省で植物調査を行っていたためである*4。

また19「チベット通貨、紙幣、貨幣、郵便切手類」は、民博アーカイブの、チベット硬貨一一点の写真（アーカイブ番号一四七）の被写体、また、『西蔵遊記』所載の写真（二九三頁）の被写体となったものと同一と思われる。この二葉の写真の被写体は同一のものであるが、両者に添付されたラベル表記が異なる。民博資料はタイプ、『西蔵遊記』は手書きとなっている。更に民博アーカイブ中には、これらの硬貨の貨幣価値を、一九一七年当時の円とのレートで示したメモ（アーカイブ番号一六〇）がある。

切手類については民博アーカイブ中に六枚含まれている（アーカイブ番号一六二）。龍谷大学所蔵の「切手」（龍谷大学大宮図書館編『大谷探検隊展―将来品とコレクション―』龍谷大学大宮図書館二〇一〇年度春季特別展観図録、龍谷大学大宮図書館、二〇一〇年、三三頁）は、封筒に貼付された使用済みの状態であるが、民博資料は未使用のものと考えられる。

またC．所在不明のもののうち、10の「ダライ・ラマ十三世逝去に関する大阪毎日新聞への青木文教寄稿文」は、あるいは民博アーカイブ中の青木文教筆『大阪毎日新聞』記事「達頼喇嘛とは」（一九三三年一二月二二日付、アーカイブ番号一三六）と同一のもの、あるいはその原稿か控えのようなものである可能性がある。

同様にCの20「チベット写真帖　昭和二年刊」は、一九二七年に出版されたと思われる『亜細亜大観』の可能性がある*5。民博アーカイブ中の同書（アーカイブ番号二）に、青木肉筆のメモが挿入されているが、その中で同書を指して青木が「西蔵写真撮影帖」という表現を使用しているからである。

以上、国立民族学博物館、龍谷大学に受け入れとなった小倉邸所管資料とは別に、青木が逝去まで身辺に置いていたものが没後に移されたと考えられる諸資料が、東京大学にある。青木逝去の二年後、一九五八・五九（昭和三三・三四）年度に行われた文部省科学研究費交付金機関研究「チベットおよび周辺地域の宗教と社会生活」（代表者辻直四郎）において、多田等観所有の蔵文文献とともに、東京大学文学部に購入されたものである。これには、チベット語文献一三点がある。青木が同大のチベット語担当の非常勤講師として勤務していたことを考えると、青木没後の資料移動ではあるが、生前に何らかの意思表示がなされていた可能性がある。

その他、チベットから持ち帰ったものではない資料、すなわち、青木が生前使用した図書や書簡などの遺品が多く残されているのが、彼の生家正福寺である。また、現在、国立民族学博物館青木文教師アーカイブとなった中根千枝寄贈の諸資料も、そのような遺品を主体とするものである。その他、徳富蘇峰宛の青木書簡・はがきが、神奈川県二宮の徳富蘇峰記念館に残されている。以下、各機関における所蔵資料の概要とその特徴について述べる。

各機関所蔵資料概要

①正福寺所蔵資料

正福寺に所蔵される青木文教関係資料は、全一六八点にのぼる。青木文教自身が残した資料に加え、周辺の家族、親族について詳細を明らかにする資料が多い。浄土真宗本願寺派本山の文書、中学から大学時代にかけての時期の手稿、書簡、カメラとその付属品等などが含まれる。また、相互に関係がある資料がそれぞれまとめられ、クリアファイルや封筒に納められているなど、これらの資料に整理の手がある程度加えられていることも特徴の一つである。このような作業は正福寺の先代住職、青木正信師によるものと思われる。

資料についてはすでに公開されたものも二点ある。一点は、第一章で紹介した、京都府立第二中学校在学中に執筆した日記「休暇日誌」(正福寺資料、資料番号八)であり、中江彰によって翻刻、解説された(中江彰「青木文教師の休暇日誌」『藤井克己氏追悼論文集』藤井克己氏追悼論文集刊行会、一九九七年、一三〇〜一四〇頁)。

もう一点は出蔵直後の一九一六(大正五)年三月一九日付の、カリンポン発伯父青木達門宛書簡である。これはすでに二〇〇三年、『京都新聞』に内容が報じられており、記事コピーが正福寺に保存されている*6。

同寺所蔵資料の一覧表としては、高本康子「大谷探検隊関係入蔵者資料の現状」中の「正福寺資料目録」(白須浄真編『大谷光瑞と国際政治社会』勉誠出版、二〇一一年、一七八~一八一頁)がある。

②国立民族学博物館所蔵資料

国立民族学博物館所蔵青木文教関連資料には、二種の資料群がある。すなわち、一九七九年に同館受入となった「青木文教師将来チベット民族資料」と、二〇〇一年に同館に寄託された「青木文教師アーカイブ」である。

「青木文教師将来チベット民族資料」に関しては、長野泰彦編『国立民族学博物館研究報告別冊』(一号、国立民族学博物館、一九八三年)があり、これには目録・図版の他、佐々木高明「青木文教師とそのチベット将来資料」(一七三~一八三頁)、小野田俊蔵「チベット所伝の浄土観想修法」(一八四~一九二頁)、中谷英明「青木文教師将来シンハラ写本、及び、同写本中の「転法輪経」について」(一九三~二〇四頁)、森田恒之「青木文教師将来チベット仏画の色彩と彩色技術」(二〇五~二四九頁)等、資料に関する詳細な解説が収録されている。

この「青木文教師将来チベット民族資料」は、青木文教のチベット将来資料を保管していた小倉捨次郎から、同館が購入したものである。計一四二点が一九七八年に搬入され、一九七九年に同館受入となった。主にチベットで収集された画像、仏像、蔵文文献、民具等によって構成される。これらの資料については、同館において共同研究「青木文教師将来チベット文物の研究」が一九八一・八二年度に行われた。前掲長野泰彦編『国立民族学博物館研究報告別冊』一号(一九八三年)はその成果である。これらの資料について長野は、他の入蔵者、特に河口慧海や多田等観の、経典類を主体とした将来品とは異なった内容をもつものであり、青木滞在当時のラサの市民生活を確実に反映したものとして貴重な過価値を持つものと指摘した(長野泰彦「はじめに」前掲『国立民族学博物館研究報告別冊』一号、一~二頁)。

一方、「青木文教師アーカイブ」は、中根千枝によって、二〇〇一年に寄贈された関係資料計八八八点である。これらは、中根の東京大学退官後は財団法人民族学振興会に保管されていたが、一九九九年末の同振興会解散の際、資料の散逸を避け、且つ、アーカイブズとして研究者の利用に供するため、国立民族学博物館に移されたものである。

同アーカイブ資料については、長野泰彦・高本康子編『国立民族学博物館青木文教師アーカイブ『チベット資料』目録』（国立民族学博物館、二〇〇八年）があり、これには、青木に関する先行研究と、同資料による新たな判明事項について述べた高本「附論」（一八一～一八五頁）が巻末に添付されている。更に同アーカイブ中のいくつかの手稿は、すでに本書においては何回か言及しているが、以下に述べるように、長野、高本によって翻刻・校訂され、出版されている。まず、青木文教「西蔵調査報告」『国立民族学博物館研究報告』（三〇巻三号、二〇〇六年、三四九～四一九頁）は、ラサ滞在中に陸軍参謀本部に提出した報告書の草稿と思われる「調査事項報告第壱号」（アーカイブ番号五五）、「調査《マ》報告《マ》第弐号」（同番号五五、五六）、を翻刻したものである。また、青木文教「チベット日誌」（『国立民族学博物館研究報告』三四巻四号、二〇一〇年、七六五～七九三頁）は、同アーカイブ中入蔵時代の手記である「明治四十五年度旅行日誌」（同番号三）、「駐蔵所感」（同上）＊7、「出蔵記」（同番号六〇）、三点を翻刻したものであり、巻末にこれらの資料の特徴を述べた高本「附論」（七九四～八〇二頁）を含む。更に、青木文教『西蔵全誌』（芙蓉書房出版、二〇一〇年）は、青木が戦中期から構想をまとめ執筆を進めていたと思われる「西蔵全誌」と題する諸原稿群（同番号三二一～三七一の四九点）を翻刻したものであり、記述がチベット事情全般にわたる広範かつ大部なものであることと、青木の手書きによる詳細な「附図」が複数含まれていたことが特徴である。これらの図はＤＶＤに収められ、同書附録となっている。同書には長野の解説「青木文教師の事績と『西蔵全誌』」（四〇七～四一二頁）、高本の解説「青木文教の他の著作との関連、『西蔵全誌』写真資料について」（四一三～四一五頁）、前述の「附図」に関する高本の「付論『西蔵全誌』「附図」について」（四二三～四四三頁）が添付され、巻末には「附図」所載地名の索引が収められている。

更に、同館資料のうち、青木が外務省に嘱託として在籍していた時期のものについては、高本「戦時期日本の「喇嘛教施策」―国立民族学博物館蔵青木文教師アーカイブを中心に―」（『論集』第三七号、二〇一一年、一五九～一七三頁）

がある。

同アーカイブの特徴としては、次の四点を挙げることができる。

a．青木のチベット滞在時から晩年に至るまでの、彼の「チベット学」研鑽の軌跡を表すものが多いこと。自筆ノート・メモ・草稿の他に、関係する論文を雑誌から切り抜いたもの、また、佐藤長や石浜純太郎などから贈られた論文抜き刷り、学会や研究会で使用されたと思われるレジュメなどが含まれる。抜き刷り、レジュメ等は、佐藤長著のものが最も多く、大部分には佐藤自筆の献辞が書き込まれている。

b．公文書類が多く含まれること。これはチベット滞在時か戦中期にかけてのものが多く、戦後のものとしては、東京大学の辞令や通達書（アーカイブ番号四三、四七二）があるのみである。戦中期の資料としては外務省調査部時代の調書など参考資料と自身の草稿が多く見られる。

c．新聞切り抜きが多数にのぼること。最初は一九二八（昭和三）年から、最後は逝去前年の一九五五（昭和三〇）年までに至る。記事の内容はチベット関係の国際ニュースの他、民族学、国語学、言語学、歴史学関係など、多岐にわたる。更に戦後にはヒマラヤ登山関係のものが加わる。切り抜かれている新聞は、東京・大阪の両『朝日新聞』、『毎日新聞』の他、『読売新聞』、英文の『The Stateman』、『Japan News』、『Amrita Bazar Patrika』があり、また切り抜かず新聞がそのまま保存されていたものに、チベット文の『The Tibet Mirror』がある。

d．没後の資料が含まれること。中根氏が生前青木から贈られたものの他に、青木没後、青木に関係する資料を、同氏がまとめておいたと見られるものが何件か見られる（例えばアーカイブ番号二五七、二五八など）。

③徳富蘇峰記念館資料

同館所蔵資料は、徳富蘇峰宛の青木文教書簡五点、はがき七点、同宛青木の妻政子のはがき一点、同宛小倉捨次郎書簡二点である。目録は財団法人徳富蘇峰記念塩崎財団編『徳富蘇峰宛書簡目録』（徳富蘇峰記念館、一九九五年）であり、同目録によれば、徳富蘇峰宛青木政子はがきは、青木文教の死亡通知、小倉捨次郎書簡は、大谷光瑞に関するものと、小倉コレクションに関するものである（二〇、七四頁）。

青木発の書簡・はがきは、礼状、挨拶・見舞い状、年賀状、近況報告と今後の予定通知などであるが、一二点中七点が絵はがきである。中でも、青木自身が撮影したと推測される写真を使用したものが三点含まれることが注目される。彼がチベットにカメラを携行して多くの写真を撮影したことは、すでに述べたが、自身が撮影した写真をはがきに仕立てたものは、民博アーカイブ中にも一点あるのみであり（アーカイブ番号一五〇）、正福寺資料にも残されていないことから、貴重なものであると言える。

④龍谷大学資料

龍谷大学所蔵資料については、三谷真澄「龍谷大学所蔵青木文教師収集資料について」（『仏教学研究』第六〇・六一合併号、二〇〇六年、一～二六頁）が、その来歴や資料内容について詳細に記述している。その他、龍谷大学で開催された各展覧会での図録として、前掲の三点、すなわち小田義久・百済康義監修『シルクロード・中央アジアを巡った探検家たち―大谷ミッションを中心として―』（二〇〇〇年）、白須浄真・服部等作・三谷真澄監修『青木文教資料野村礼譲・能海寛資料　観水庵コレクション』（二〇〇二年）、龍谷大学大宮図書館編『大谷探検隊展―将来品とコレクション―』（二〇一〇年）がある。

同大の資料は、二〇〇〇年度に正式に所蔵登録されたものと、二〇〇二年度に購入された資料約二七二点である*8。蔵文文献等チベットで収集された資料の他、青木が使用した手帳や漢籍、新聞記事の切り抜きなどが含まれている。

詳細は前掲三谷論文に譲るが、次の二点において、補足が可能である。

第一点は、民博青木文教師アーカイブと龍谷大学資料の連続性についてである。具体的には以下二点の資料について、龍谷大学所蔵資料との強い関連が指摘できる。いずれもすでに青木文教「チベット日誌」（前掲『国立民族学博物館研究報告』三四巻四号）として翻刻・解説が発表されているものである。まず、「明治四十五年旅行日誌」（アーカイブ番号三）は、一九一二年一月二三日から同年二月二五日まで、神戸発の船中からカリンポン到着までの記録であり、龍谷大学所蔵の青木文教資料中にある手帳「二、青木文教手帳及びメモ帳」（前掲『青木文教資料　野村禮譲・能海寛資料　観水庵コレクション』七頁所載の資料名に含まれる六点のうちの一点）と、時期としてはほぼ重なる資料であると思われる。

次に「出蔵記」（アーカイブ番号六〇）は、「THR WELCOME PHOTOGRAPHIC EXPOSURE RECORD AND DIARY」の一部と思われる紙に手書きされているものである。詳細は第五章注で述べたが、上掲の龍谷大学資料中の手帳と同種のものと思われる。龍谷大学に所蔵されているものは、一九一二年、一九一三年、一九一四年の三つの版であり、一九一四年分には欠落部分がある。従って本資料は、龍谷大学所蔵資料中、この一九一四年版手帳の欠落部分の一部と推測される。

龍谷大学所蔵資料について、指摘が可能な第二点は、「ラサ鳥瞰図」についてである。鳥瞰図の主部となっている彩色されたラサ市街図等については、その筆者の特定は困難であると言わざるを得ないが、全体を貼り合わせ構成したのは青木文教であると思われる。同資料右下に位置する英文表記のチベット全体の地図とラサの地図、そしてその地名参照表は、いずれも第四章で触れた英国の軍人ウォデルの *Lhasa, and Its Mysteries* (Murray, 1905) 所載 "Maps of Tibet, showing its main physical divisions and district" (p.40)、"Plan of Lhasa" (p.331)、"Reference"（同）から作成されていると考えられる。

⑤東京大学資料

東京大学所蔵資料に関しては、北村甫『東京大学所蔵チベット文献目録』（東京大学文学部印度哲学文学研究室、一九六五年）がある。青木将来資料は、同目録整理番号三、二六四、二八六、二八八、二九四、三〇二、三二一、三二三、三二四（タイトル数九点、資料点数一三点）のチベット語文献である。同目録の分類によれば、「経部とその註釈」が一タイトル、「史伝」が六タイトル、「言語」が三タイトルとなる（i～ii頁）。東大講師就任以後の彼の記述の内容から見て、これらは彼が研究資料として手元においていたものと推測される。これら青木将来のチベット語文献については、東京大学附属図書館『東京大学所蔵仏教関係貴重書展示資料目録』（二〇〇一年六月二〇日～七月四日開催の展観解説）にも言及がある（五頁）。

第二節　顕彰活動

一九九〇年代、日本にチベット・ブームともいうべき現象が起こる。チベット関連の書籍が次々に出版され、新聞・雑誌でもチベット特集が組まれた。中でも、テレビのドキュメンタリーは、最も影響力のあったものの一つであると言えるだろう。いわばこの全国的な状況に刺戟を受け、促される形で、各地域において、日本人入蔵者の顕彰活動が始まる。地元において「ほとんど忘却されてきた」（橋本鉄男「隠れたチベット学の先覚者　青木文教の光と影」『湖国と文化』第四〇号、一二頁）入蔵者たちが、いわば「発見」されていく過程であった。

青木の故郷安曇川町においては、それはまず、国立民族学博物館の青木文教資料受け入れと、その目録出版がきっかけになった。具体的には、安曇川の町史編集に携わっており、国立民族学博物館の国内資料調査委員でもあった橋本鉄男が、この目録、長野泰彦編『国立民族学博物館蔵　青木文教師将来チベット民族資料目録』（国立民族学博物館研究報告別冊一号、一九八三年）を手にしたことからはじまる。青木没後、三〇年がたとうとしていた。橋本は、地元で長く教員をつとめ、その一方で郷土史の研究と文化財の保護に尽力した人物である。青木正信師とは、県立今津中学の先輩後輩にもあたり、近しい関係にあった。そのこともあるのだろう。この時の様子は、青木正信師の記述が鮮やかに伝えている。以下引用する。

昭和五十八年四月、突然橋本先生から電話をいただき、「青木文教という方はあんたのお寺の出身やなあ。あんたとどんな関係になるの？実は『国立民族学博物館研究報告別冊一号―青木文教師将来チベット民族資料目録―』が届き、中を読み始めたら、安曇川町常磐木、正福寺出身とあり、驚いている。町史編集の責任者でありながら、この人のことを全く知らなかった。ショックやった」とのお話です。先生は民俗学研究者として興味深く読まれ、感動されたようで（中略）このような思いから、翌年発行の『安曇川町史』にも、その最後に、「青木文教」の項を特に書き加えられたようです（青木正信「チベット学者文教の顕彰を通して」『橋本鉄男先生の思い出』橋本鉄男先生追悼文集刊行会、一九九七年、七二～七三頁）。

橋本のこの、青木「発見」から、一連の顕彰活動が始まるのである。

この、『安曇川町史』に新しく付け加えられた、青木文教に関する部分とは、終章「未来を創る」最終部分、第四節「隠れたチベット学者」（一〇四五～一〇四六頁）、第五節「新人物待望論」（一〇四七～一〇四八頁）である（『安曇川町史』、安曇川町役場、一九八四年）。ここにおいて橋本は明瞭に、安曇川にとっての「青木文教」を提示している。

橋本の記述によれば、安曇川の地域性が中江藤樹を生み、それがさらに青木を生んだのだという。安曇川の地域性とは、中江藤樹のような、すぐれた人格をはぐくむ「教育的環境」であり、また安曇川独自の町民性、すなわち「古代海人族の時代から共通するスケールの大きい気質」（前掲『安曇川町史』一〇四五頁）である。この「気質」が、このような環境の中で活かされ、「時として花開くことがある」のであり、その第一の例が中江藤樹であった。そして、中江藤樹の「知行合一」の教え、それを身をもって体現した、いわば安曇川町民にとって「指標」（前同、一〇四八頁）とも言えるのが、青木文教である、とされるのである。

以上が、「なぜ青木文教か」の理由であるとすれば、「なぜ、今、青木文教か」に対する答えとして、橋本が引用するのが、青木の愛弟子中根千枝の言葉である。すなわち、「インターナショナル」（中根千枝「青木文教先生の御逝去を悼む」『日本西蔵学会々報』第四号、一九五七年、三頁）である。橋本は、これを安曇川において待望される新しい人物像の、重要な一面とした。

この記述が、更に、顕彰碑建立その他の、地元における顕彰活動に繋がった。その後の経緯は、青木文教生誕百年記念事業実行委員会会長となった橋本の、「隠れたチベット学の先覚者青木文教―青木文教顕彰碑建設顛末記」(『全滋連』第八号、一九九四年、六一～六七頁)に詳しい。以下、この記述と、正福寺に残された諸資料を参照しつつ述べる。

橋本によれば、その始まりは、一九八六年五月初めに、当時『安曇川町史』編集委員の一人であった中江彰が、安曇川町公民館館長であった村岡顕城とともに橋本を訪ねてきたことに遡るという。すでに中江は『安曇川町史』の、青木文教に関する橋本の記述を読み、青木について調査を行っていた。その上で中江は、この年一九八六年が生誕百年であり、かつ没後三〇年にあたるということから、その顕彰についてすでに同年三月末の「安曇川町文化財専門委員会」で提議し、賛意を得ていた。それをふまえ、顕彰碑建設ということで活動を具体化する方針で、橋本に相談したのである。青木正信の記述によれば、これ以後の活動は、橋本を「トップ」にして、中江と村岡の、この三名を中心として進められた(前掲、青木正信「チベット学者文教の顕彰を通して」、七三頁)。

同年五月一九日、発起人会が開催され、青木文教生誕百年事業実行委員会が組織されることとなった。その後実行委員会は計六回開催され、準備が進められていく*9。諸費用は町内からの募金二八〇万円でまかなわれたようである(『朝日新聞』滋賀版一九八六年一二月二二日付、中江彰編『安曇川町五〇年のあゆみ史料集』安曇川町役場、二〇〇四年、五九六頁)。

顕彰碑は安曇川町十八川地区の集会所の前に建てられた。石積みの土台に高さ一・二m、幅二mの花崗岩造りで、設計と青木のブロンズ胸像製作は川原林徳一・たま夫妻、碑の題字、碑文の揮毫は川越真吉、青木正信が担当した(前掲、橋本「隠れたチベット学の先覚者青木文教―青木文教顕彰碑建設顛末記」六五頁、『朝日新聞』前掲)。

同年一二月二〇日、完成記念式典が行われた。橋本によると、式典は当初、顕彰碑前で行われる予定であったが、天候が思わしくなかったため、集会所内に変更された(前掲、橋本「隠れたチベット学の先覚者青木文教―青木文教顕彰碑

写真1　顕彰碑の前で（正福寺蔵）

建設顛末記」六二頁）。正福寺には、この式典のプログラムが残されている（正福寺資料、資料番号一二三）。これによれば、開会は午前十時、十八川区長の「開式の辞」で始まり、続いて橋本実行委員長が挨拶、中野信男安曇川町長と、滋賀県教育委員会文化部長が祝辞を述べた。次に村岡安曇川町公民館長が来賓を紹介し、福井俊一実行副委員長が祝電を披露した。そして、龍谷大学学長の代理と、滋賀県教育委員会文化部長、地元幼児二名の手によって除幕がなされた。橋本実行委員長が感謝状の授与を行い、続いて青木正信が謝辞を、藤井九二男実行副委員長が閉式の辞を述べた。更に佐々木高明国立民族学博物館教授の記念講演があり、一同で写真撮影を行ったのち、祝宴となった（写真1、2）。

その他に地元では、「青木文教賞」の設立が計画された。これは、町内の小中学生を対象に、「理科ならびに社会科の分野において自主的研究をし、その成果が非常に独創的」なものに授与されることを想定したものであった（中江彰「青木文教事始」『藤蔭』一九八七年三月一〇日発行、三頁）。その他、一九九四（平成六）年に伝記漫画『青木文教』が出版された。これは、「ふるさと伝記まんがシリーズ」の第三作として製作されたもので、山口瑞鳳の監修のもと、さいわい徹が執筆を担当した。

安曇川における「青木文教」理解は、この顕彰碑に刻まれ

写真2　青木正信師（正福寺蔵）

た文面が、なにより明瞭に示していると思われる。表面は橋本の撰文による青木の著書からの抜粋、そして、裏面は中江の筆による顕彰文である。それぞれ以下のようなものである。

（表）私の志望　私は、これまでなんどもインドのダージリンへ旅行をして、ヒマラヤの絶勝をきわめましたが、いつもチベット国境に立つと、はるかにその国の生活や文化のことを想像し、なんとしても研究のために入国したいとの気持ちの高まりを抑えることができませんでした。ところが幸いにも、国王ダライ・ラマに会見する機会に恵まれましたので、かねてからの私の志望を、この際ぜひとも実現しようと決心したのでありました

（裏）生涯自分の命をチベットのために懸ける気概をもっていました。青木ほどチベットを愛した日本人はいなかったように思われます

橋本の撰文からは、「志望」を「実現」する強い「気概」を持つ人物として、青木が読み直されていることがわかる。中江藤樹の「知行合一」を、橋本は「大きく志をたて、情熱をもって生き」ることとし（前掲、青木正信「チベット学者文教の顕彰を通して」、七四頁）、次世代へのメッセージとした。その体現者としての青木に対する非常な敬意が、ここに示されている。そして、彼の生涯の活動を「研究」と呼び、彼ほどチベットを愛した日本人はいない、としたことは、青木にとって最大の讃辞が、故郷から贈られたことになると、筆者には思われる。この点で青木は非常に幸福な人物であると、筆者には思われるのである。

日本人入蔵者の中で、地元における顕彰活動が最も盛んなその一人は、能海寛である。彼の故郷、島根県浜田市金城町では、「能海寛研究会」が結成され、年一回の研究大会、複数回の学習会をはじめとする活発な活動が、一〇年来続けられている。この能海寛研究会において近年、度々使用されるのが「能海学」という言葉である。

同地の顕彰活動において行われている、能海をめぐる様々な掘り起こしが、「学」として成り立ちうるかどうか、その実現性とは別の次元で、この「能海学」という言葉は存在しているように、筆者には思われる。「学」という言葉の持つ知識の体系、そして客観性が担保されるものという語感はそのまま、能海に関する知識の「共有」を、同時

的・通時的に願う心情に直結しているように思われる。青木や能海が生きた日本近代が、人間が帰属する新しい枠組み「国家」の中で、よりプリミティヴな帰属意識の根拠としての「故郷」が再編成され続けていく営みの過程でもあったとすれば、これらの顕彰活動は、現代におけるそれを、一面で表しているのではないだろうか。すなわち、歴史学とは別の意味での「歴史」を、大陸から「日本」を経て「故郷」へ、そして過去の彼らから自分たちを経て次世代という未来へ、時空を超えてリアルに繋ぎ始めているものだと、言うことはできないだろうか。

＊1　一九八一（昭和五六）年に、小倉所有の青木資料の一部について取材した『神戸新聞』の記者、三木進氏も、当時、同様に、小倉が資料の今後を憂慮しているという印象を受けたという（二〇一〇年一〇月二二日筆者のインタビューによる）。三木氏の取材については後注で詳しく述べる。

＊2　前注に触れた、フランスへの売却計画が進まない旨を述べた青木正信宛小倉はがきが、このリストの中に挟み込まれていた。これは、整理した青木正信によると思われるが、青木氏が、この二資料が関係するものとしてまとめたものと考えると、リストが作成された時期も、この葉書の日付前後ではないかと推測しうる。青木将来品の目録としては、この他に現在、三種類が存在する。一つは①民博青木文教師アーカイブ二五九、二六〇であり、他の二つは正福寺資料②資料番号一五五、一五六、③同一五七、一五八である。いずれも青木の談話に基づいた *Times of India* の記事 **“Lhasa, the place of Heaven”**（一九一六年六月一四日付）の内容に、将来品リストを加えたもので、①は英文のみ、②③は英文に和文翻訳が別添されている。和文は翻訳年月日が明記されており、その日付はいずれも、一九六九（昭和四四）年四月一日となっている。

＊3　ただし、「釈迦仏」、「せい去」（「青木文教師西蔵コレクション」）と「釈加仏」、「逝去」（「神戸市住吉町小倉捨次郎所蔵チベット・コレクション目録」）というように、表記が異なる箇所がいくつか見うけられる。

＊4　以上、森和男、三木進両氏の貴重なご教示による。記して特に感謝申し上げます。

＊5　青木写真が掲載された「秘密国　西蔵」全六回分をまとめ、表紙をつけたものが本文中に挙げた民博アーカイブの『亜細亜大観』（アーカイブ番号一）である。この表紙には、「亜細亜大観」、「亜細亜写真大観社」の印刷があり、保存のため特に製作され

たものではないかと思われる。
＊6 「〝重要な立場〟裏付ける手紙」『京都新聞』二〇〇三年一〇月一一日付、正福寺資料、資料番号一三一。
＊7 「明治四十五年度旅行日誌」、「駐蔵所感」は、同一のノートに収められている。そのためアーカイブ番号はともに三である。
＊8 正福寺から移された「ラサ鳥瞰図」を含む。これらの資料については、本文前掲白須・服部・三谷監修『青木文教資料　野村礼譲・能海寛資料　観水庵コレクション』（二〇〇二年）所載「青木文教資料」六頁を参照した。なお計数にあたっては同頁所載のうち、「一式」、「一束」は各一点とした。
＊9 実行委員会が開かれたのは、六月一六日、九月一七日、一〇月三日、一一月一〇日、一二月二日、一二月一七日（橋本鉄男「隠れたチベット学の先覚者青木文教—青木文教顕彰碑建設顛末記」『全滋連』第八号、一九九四年、六三頁）。正福寺には、これらの会合で配布された資料と思われる印刷物が複数残されている（正福寺資料、資料番号一一五〜一二四）。

おわりに

青木が参加した明治初期から大正期にかけての大谷探検隊、そして戦時期の外務省・陸軍による対「喇嘛教」活動は、近代日本におけるチベット本土に対する関心の先鋭化の、最も顕著な、そして象徴的な事例であると、筆者には思われる。青木は、このどちらにおいても、第一線にあった。

そしてこの最前線で得た経験をふまえ、彼が自身の生涯をかける仕事として選択したものが、「チベット研究」であった。大谷探検隊隊員で、調査にあたった地域、もしくは事柄の専門家としてその後の人生を生きたと言えるのは、青木と、そして彼と同様にチベットに派遣された多田等観の二人のみである。多田は、大谷探検隊隊員としては、チベットでの活動にしか参加していない。チベットでの活動は、大谷探検隊の事業として最もよく知られた、中央アジアを中心とした第一次から第三次までの活動が終了した後のことで、探検隊としては最後期の事業である。従って多田の「大谷探検隊隊員」としての経験は、非常に限られたものであったといわざるを得ない。多田自身も、そのような意識は薄かったのではないかと思われる。

しかし青木は、いわゆる第二次大谷探検隊から、その一員として、インドやヨーロッパで活動しており、大谷探検隊との関わりは、多田とは比較にならないほど、深く密接なものであったと言える。そのような経歴を持つ彼が、他の隊員たちとは異なる、調査地域の研究に一身を捧げるという道をただ一人選んだことに、彼の決断の重さがうかがえる。

彼が選んだ「チベット研究」は、よい意味でもそうでない意味でも、ラサ留学の三年間の見聞がその基礎をなしていた。政治、経済、軍事からから歴史、言語まで、広く、いわば「概論」ともいえるその内容は、もともとは大谷光瑞の意向であったと思われる。しかしその後、彼自身の意志で生涯にわたって貫かれるものとなった。帰国してから最初に出した『西蔵遊記』から始まり、終戦直後の『西蔵全誌』にいたるまでの青木の著作は、この「概論」をより精密でより広範囲なものにすることを目指したものであった。すでに本文中で述べたように、大学等の機関において研究者としての専門的なトレーニングを受けていない青木が、自分の見聞を基礎としてチベット研究に活かそうとしたならば、これは当然の方向であったとも言える。しかし筆者は、ここにこそ他の入蔵者、他のチベット研究者にはない、彼独自の特徴を見ることができると考える。すなわち、何か一つをテーマとして選ぶのではなく、「概論」を進化させようとした点である。

しかしこのような「概論」に彼が力を注いだのは、彼の目が一貫して、一般の日本人が持つべきチベット知識、チベット・イメージに向けられていたためでもあると思われる。逝去の二年前の記述には、「多くの人たちが先ずチベットを知っていてくれなければならぬ。別段深い知識ではなく、極めて普通な概念的のものを掴めば十分である」(青木文教「チベット文化財の保存」『読書春秋』第五巻一月号、一九五四年、七頁)とある。「多くの人たち」のために、「深い知識」ではない「普通な概念的のもの」を供給する、それが彼が目指した「チベット学」であったのだと思われる。

ヘッセの翻訳でも知られる詩人尾崎喜八(一八九二~一九七四)は、「「山に憩う」友に」の中で以下のように書いている。長くなるが、以下引用する。

僕の知っているフランスの作家の一人に **Jean Richard Bloch** という人がある。(中略)その彼が小説や戯曲や評論の本のほかに二冊の旅行記を書いている。(中略)彼はその旅行記に **A la découverte du monde connu**(知られたる世界の発見のために)という総題をつけている。僕はこの言葉が好きだ。既に知られていると思われている世界に、実はいまだ知られざる無数の物がある。かつて人は征服者として未知の世界を知った。次に来たるべき者は、先人が大ざっぱに「踏破」して過ぎた処から、もっと人間的な意識といっそう注意ぶかい眼と、また遙かに浸透的な温かい心情とをもって、ヒューマニティーの匿れた宝を丹念に探し出す人々である。征服者としてではなく、友として。孤立の優越者としてではなく、文化の綜合者として。つまり一層ヒューマンな再発見のために。

（尾崎喜八「「山に憩う」友に」『山の絵本』岩波文庫、三〇一頁）

青木の仕事は、まさしくこの、「知られたる世界の発見のため」の仕事ではなかっただろうか。河口慧海やその他の人々が、未知の国チベットの世界を華々しく展開していった一方で、彼は、「いっそう注意ぶかい眼と、また遙かに浸透的な温かい心情とをもって」、「孤立の優越者としてではなく、文化の綜合者として」、チベットに相対していこうとしたのではないかと思われる。

「西蔵のことは皆なつかしい」と、帰国後一〇年経った一九二七年、彼は書いている（青木文教「西蔵の思ひ出」（一）『亜細亜大観』亜細亜写真大観社、一九二七年、ページ番号なし）。帰国直後の『西蔵遊記』で、チベットに永住したい、と書いた彼は、戦前、戦後に至っても、チベットへの再遊を望む心を持ち続けた。チベット研究においても、大谷探検隊隊員としても、ただ一人の道を進むことになった彼を支えたのは、このチベットへの素朴な、しかし非常に強い心情ではなかったかと思われるのである。

しかし青木は、こよなく愛した「朗かな大気と高き蒼空」（同上）を再び見ることはなかった。逝去直前の、「学会や社会には十分認めてもらえなかったが、僕は未知の分野、チベット学に生涯をかけて努めてきた」（青木正信「チベット学者文教の顕彰を通して」『橋本鉄男先生の思い出』橋本鉄男先生追悼文集刊行会、一九九七年、七四頁）という言葉を思う時、筆者にとって青木はまだまだ遠い。

青木文教年譜・著作

西暦　年号	青木文教関連事項　著作（▼）
一八八六（明19）	9月28日　滋賀県高島郡安曇村（現高島市安曇川町）に生まれる。
一八八七（明20）	9月28日　この年生まれの可能性もあり。
一八九〇（明23）	2月1日　立石スミ生まれる。父立石栄吉、母ノブ。
一八九七（明30）	安曇高等小学校尋常科卒業。
一八九八（明31）	11月30日　得度。
一九〇一（明34）	安曇高等小学校高等科卒業。
一九〇二（明35）	4月12日　京都府立第二中学校入学（第6期生）。
一九〇六（明39）	夏　「休暇日誌」をつける。
一九〇七（明40）	4月　仏教大学（現龍谷大学）予備科第一部入学。
一九〇八（明41）	11月21～28日　甲種臨時布教において、第五区門司通報所員として配属。
一九〇九（明42）	9月　インド仏教史蹟調査に出発。

	10月10日	インド旅行の大谷光瑞一行をペナンで迎える。
	12月2日	カルカッタの大谷光瑞一行に合流。
一九一〇（明43）	1月9日	大谷光瑞が青木のカトマンズ行きを平田総領事代理を通して申請。
	1月21日	英領インド政庁が青木のカトマンズ行きを拒否。
	3月5日	青木・和気善巧、ダライラマに会見。
	4月7日	和気とともにカルカッタ発。ロンドンへ。
	4月30日	ロンドン着。
一九一一（明44）	2月	インド・デカン高原で龍樹遺蹟調査。
	5月	チベット人学僧ツァワ・ティトゥルを伴い、帰国。
	10月2日	この日付で二楽荘から京都の藤谷精宛に絵はがき。
	11月1日	この日付の消印で二楽荘から徳富蘇峰宛青木はがき。
一九一二（明45）	1月23日	多田等観、ツァワ・ティトゥルらとともにチベットへ向け神戸発。
	1月30日	香港着。
	2月3日	午後11時香港発。
	2月8日	午後8時シンガポール着。
	2月9日	ジョホール見物。
	2月10日	シンガポール発。
	2月12日	午前7時ペナン着。
	2月13日	午後5時ペナン発。
	2月18日	午後4時　カルカッタ着。

	2月19日　カルカッタ発。 2月20日　ダージリン着。 2月23日午後8時　カリンポン着。 3月　ダライ・ラマ13世にカリンポンで拝謁。入蔵許可を得る。 6月27日　矢島、カリンポンの青木・多田の家を訪れる。 9月9日　チベットへ向けグームを発つ。 9月22日　ティプ・ラの峠を越え、チベットに入る。 10月2日　シガツェ着。 10月15日　チュンコルヤンツェ着。
一九一三（大2）	1月22日　ラサ到着。 3月15日　教学参議部部員を命ぜられる。
一九一四（大3）	1月27日　長妹ヌイが太田真海と結婚。
一九一六（大5）	1月22日　公式謁見で、サンビリクト（パンディット）の称号を外国人としては初めて受ける。 1月23日　私的な謁見。 1月26日　ラサを発つ。 2月1日　この日付で文教宛青木達門書簡。 2月10日　シガツェでパンチェン・ラマの謁見をうける。 2月13日　この日付の消印でシガツェから徳富蘇峰宛青木書簡。 3月4日　シッキム駐在官チャールス・ベルと会見。 3月8日　カリンポン着。

3月19日　この日付でカリンポン発正福寺宛青木書簡。
3月26日　カルカッタ着。
4月5日　ダージリン着。
5月15日　この日付で青木宛チャールズ・ベル書簡（宛先カルカッタ）。
▼6月14日　T.B.AWOKI "Lhasa:The place of Heaven" *The Times of India Illustrated Weekly*, 1916.6.14
6月19日　この日付でダージリンから徳富蘇峰宛青木葉書。
12月11日　この日付でダージリンから徳富蘇峰宛青木葉書。

一九一七（大6）
4月29日　神戸着。
6月9日　この日から『大阪毎日新聞』に「秘密の国」連載（10月19日まで）
6月14日　東京地学協会例会で講演。
6月22日　仏教大学で講演。
7月15日　『中外日報』紙上において河口慧海との論争始まる。
7月30日　仏教大学でダライ・ラマの書簡公開。
12月26日　立石スミと結婚。
▼「西蔵視察談」『地学雑誌』三四四・三四六・三四七号
▼「現今の西蔵」『六條学報』一八九号

一九一八（大7）
2月　大谷光瑞の命により東南アジアへ。
6月5日　この日付でジャワ・スラバヤから徳富蘇峰宛青木葉書。
12月10日　セレベス・メナドで長女文子生まれる。
12月11日　同地でスミ死亡。

一九一九（大8）	10月17日　文教より覚生へ旅行届と文子に関する書類送付。 10月18日　神戸発。香港、フィリピン、マレー半島、インドネシア、インド方面へ。
一九二〇（大9）	▼10月19日　『西蔵遊記』出版。 11月24日　文子が大連より伯母の君子と神戸に着。京都西教寺へ。 11月28日　文子が正福寺へ、翌年2月まで滞在。
一九二一（大10）	4月22日　文子のためジャワの文教より正福寺へ一〇〇円の送金。
一九二二（大11）	2月9日　この日付で西本願寺内から徳富蘇峰宛青木葉書。 5月20日　この消印の封筒で藤浜家戸籍が青木家に送付。封筒の文教住所は京都下京猪熊八条上ル。 7月15日　京都の西教寺で青木達門没。 日付不明　政子と上海で再婚。 ▼「蘭領印度の農園経営に就て」『大乗』1-2 ▼「西蔵の建国より仏教の伝来するまで」『大乗』1-5 ▼「西蔵仏教に現はれたる極楽願生偈の翻訳」『大乗』1-7 ▼「西蔵所伝の観音菩薩の研究」『大乗』1-8 ▼「龍樹菩薩の極楽願生偈を論じて西蔵仏教の浄土思想に及ぶ」『大乗』1-11 ▼「仏説阿弥陀経の西蔵文和訳を紹介す」『大乗』1-12
一九二三（大12）	5月1日　この日付で「任執行所出仕」。 6月14日　この日付で上海から多田へ書簡。

	9月2日　この日付で上海から徳富蘇峰宛青木書簡。 9月23日　この日付で上海から徳富蘇峰宛青木書簡。 ▼「西蔵の干支年数計算法」『大乗』2-2 ▼「大無量寿経の西蔵訳」『大乗』2-3 ▼「西蔵の仏教史概説」『大乗』2-4 ▼「油椰子の話」『大乗』2-5 ▼「西蔵訳般若波羅蜜多心経」『大乗』2-5 ▼「般若八千頌所説の大乗と小乗」『大乗』2-6 ▼「鳥葬の話」『大乗』2-7
一九二四（大13）	12月5日　この日付で父宛文教書簡。 12月20日　この日付で上海から徳富蘇峰宛青木書簡。
一九二六（大15／昭1）	12月31日　この日付で上海から徳富蘇峰宛青木書簡。 ▼「西蔵所伝王舎城所説無量寿経邦訳」『大乗』5-3・4・5 ▼「西蔵所伝金剛般若波羅蜜経邦訳」『大乗』5-6・7・8
一九二七（昭2）	▼『亜細亜大観―秘密国西蔵』亜細亜写真大観社
一九二八（昭4）	8月25日　この日付で「京都市堀川通西本願寺室内部　青木文教」宛で三夜荘吉田修書簡。 ▼『西蔵原本大無量寿経国訳』光寿会
一九三一（昭6）	▼『西蔵遊記』商務印書館（上海） ▼8月28日「八、西蔵　民俗と風習」「八、西蔵　国内めぐり」「十一、秘国ネパール」「十

	二、ブータン」『世界地理風俗大系』新光社
一九三二（昭7）	8月26日　青木宛和気巧はがき書簡（宛先下京花屋町新町西入法光寺）。
一九三四（昭9）	▼「達頼喇嘛の死と西蔵問題」『世界智識』2月号 ▼「西蔵研究の興味」『辺境支那』辺境問題研究所、9月号
一九三五（昭10）	10月　羽田亨京都帝大教授の委嘱により、チベット語の調査研究。
一九三七（昭12）	11月12日　この日付で　青木宛津吉孝雄はがき（宛先下京区岩上五条上ル瑞雲院）。 ▼「龍樹菩薩遺蹟探査」、「西蔵入国記」、「釈尊入滅の拘尸那竭羅の遺蹟について」『新西域記』有光社
一九三八（昭13）	1月29日　この日付で文教が正福寺住職辞職。弟正音が住職に。 ▼「チベット」「チベット学」『東洋歴史大辞典』平凡社（1月25日発行）
一九四〇（昭15）	12月28日　この日付で京都から徳富蘇峰宛青木書簡。 （発信京都下京区岩上通五條上ル瑞雲院内） ▼『西蔵文化の新研究』有光社 ▼「西蔵問題の重要性を論ず」『大乗』19-12
一九四一（昭16）	4月14日　多田等観と再会。 5月18日　京都発、満州方面へ（6月4日京都着）。 6月11日　この日付の野元甚蔵「入蔵記」未発表原稿に青木のコメント。

	11月5日　この日付で外務省事務嘱託の辞令。 11月5日　この日付で外務省調査部第三課勤務の辞令。 12月27日　この日付で「西蔵問題ト其対策」（外務省調査部）。 ▼「西蔵の聖徳太子宗弄讃幹普大王」『大乗』20-2 ▼「ラマ教に関する諸考察（1）（2）」『蒙古』108・109 ▼「西蔵の神話と伝説」『大乗』20-4・6・7・8・9
一九四二（昭17）	2月20日　この日付で「西蔵旅行記」（外務省調査部）。 2月28日　この日付で満州・中国へ出張命令（外務省調査部）。 3月2日　この日付で「印支新公路ノ価値ニ就テ」。 3月9日　この日付で「西蔵拉薩天気概況」（外務省調査部）。 3月13日～4月23日　満州・中国へ出張。 4月30日　この日付で「西蔵問題調査出張ニ関スル報告」（外務省調査部）。 5月28日　この日付で中国出張の命令。 5月　この日付で「達頼と班禅」（外務省調査部）。 6月20日　丹巴達扎一行が来日、東京着。 6月　この日付で「訪日西蔵代表略歴」（外務省調査部）。 9月　この日付で「西蔵政府代表訪日ノ成果ト西蔵問題ノ調査ニ関スル所見」（外務省調査部）。 ▼『西蔵の民族と文化』高原社 ▼「西蔵」『支那問題辞典』中央公論社
一九四三（昭18）	1月　この日付で「西蔵問題」（外務省調査局）。 7月　この日付で「西蔵ヲ繞ル国際関係ト西蔵工作に付テ」（中亜問題研究会）。

	秋　北ビルマのメイミョーに横井光平を訪ねる。
一九四四（昭19）	8月1日　この日付で陸軍専任嘱託の辞令。
一九四七（昭22）	11月　連合国軍総司令部民間情報教育局へ。
一九五〇（昭25）	▼『Nazo no kuni Tibetto – Tibetto no Tabi –』ローマ字教育会
一九五一（昭26）	4月1日　東京大学文学部講師。チベット語担当。 ▼「チベットとはどんな国か」『中学時代』旺文社、10月号
一九五三（昭28）	▼「チベットの神教と仏教」『世界仏教』237号
一九五四（昭29）	6月26日　東洋文庫研究会で発表。 7月18日　神戸小倉邸で講演。 7月　小倉コレクション整理。 10月31日　日本言語学会第31回大会で発表。 ▼「チベット文化財の保存」『読書春秋』5-1 ▼「チベットの観音信仰」『大法輪』21-2 ▼「チベット語の本質について」『言語研究』26・27
一九五五（昭30）	6月23日　横井光平が青木宅を訪ねる。 ▼『Study on early Tibetan chronicles regarding discrepancies of dates and their adjustment』（日本学術振興会）

	▼「現地の調査」『読書春秋』6-2
一九五六（昭31）	11月8日　逝去。「顕道院」の院号を授与される。 11月9日　午後2時より葬儀。 ▼「ラマ教の発生と発展」『歴史教育』4-8
一九六九（昭44）	▼『西蔵』芙蓉書房
一九九〇（平2）	▼『西蔵遊記』中公文庫
一九九五（平7）	▼『秘密国チベット』芙蓉書房出版
二〇〇六（平18）	▼「西蔵調査報告」『国立民族学博物館研究報告』30巻3号
二〇〇九（平21）	▼『西蔵問題』『西蔵の民族と文化』慧文社
二〇一〇（平22）	▼「チベット日誌」『国立民族学博物館研究報告』34巻4号

あとがき

青木文教とのかかわりは、大学院の修士課程から始まった。長い時間であったと思う。ここまで来るのに、本当に、たくさんの方々にご助力いただいた。以下記して、感謝を申し上げたい。

何よりも、最初に、正福寺の現住職、青木範幸師と、奥様の礼子様に。お二人とも忙しくお仕事をされる中、お訪ねすれば毎度、時間を空けて付き添ってくださった。その温かいお心づかいは筆者の個人的事情にもおよんだ。青木家のご家族としてのみならず、筆者にとっては、かけがえのない人生の先達でもあり、それは今後も変わらない。

それから、最大数の青木資料を提供してくださった文教の愛弟子、中根千枝先生と、資料と筆者にかかわる、諸々の面倒を見てくださった長野泰彦先生に。中根先生に東洋文庫で、「おやりなさい」と言われた時、嬉しさのあまり、帰り道、駒込駅まで走ってしまった。そのとき息せき切って長野先生にかけた電話の向こうで、先生が爆笑していらしたことも忘れられない。その後も長野先生は、訳もわからず全力疾走する筆者に、終始、やはり笑いながら軽々と、伴走してくださった。

それから、筆者の大学院時代の指導教官である、東北大学の藤田みどり先生と、山下博司先生に。「青木、青木、チベット、チベット」と連呼して、本当に御心配をおかけしたものと思う。同様に、同大インド学仏教史研究室の桜井宗信先生と、愛弟子菊谷竜太さんに。研究のことから、お茶を飲む場所に至るまで、とにかく様々な相談事に、懲りもせずつきあってくださったのが、このお二人であった。

大谷探検隊に関しては、大谷記念館の掬月誓成さん、同館研究員の加藤斗規さん、そして大谷光瑞の膝下におられた方々のお集まりである瑞門会の岩佐博男さんに。お訪ねするたびこもごも、力不足の筆者を慰め励ましてくださった。ただ、お会いすると宿題が増えた。現在もまだそれは、片付いていない。

それから、高野山大学の二人の碩学、奥山直司先生と、藤田光寛先生に。いただいたのは、仏教とチベットに関するご教示だけではなかった。筆者にとって、高野山が思い出すたび、胸が温かくなる場所であるのは、後進に対するこのお二人の、細やかなお心づかいによる。

同様に、文教の同僚多田等観の、ご家族の多田明子さん、中島千枝子さんに。お二人をお訪ねしていた時は、筆者個人に大きな試練があった時期でもあった。折々に下さる、「どうしていらっしゃる?」という優しいお手紙やお電話に、どんなに力をいただいたかわからない。

チベット事情に関しては、大谷大学の三宅伸一郎先生と、山口瑞鳳先生、貞兼綾子先生、三浦順子さん、村上大輔さんに。三浦さんに初めてお目にかかった時は、タリンの訳者が目の前にいるという感激でいっぱいの、その勢いで、高田馬場駅で一時間近く立ち話をしてしまったのを覚えている。

ヒマラヤ関連文献に関しては、日本山岳会の中村保先生に。評伝を書くということに関しては、金子民雄先生に。そしてこの方々に引き合わせて下さった能海寛研究会の隅田正三先生に。そしてダージリンの取材旅行にまで付き添ってくださった、同会の永井剛先生に。歴史の中でその場所を考える、その人物を考える、ということはどういうことか、それをお教えいただいたと思う。

それから、群馬大学の大澤研二先生と、落合美佐子先生に。大澤先生は、分野違いにもかかわらず、常に、筆者の本の最初の、そして最も厳しい読者でいてくださった。また、ここ数年の多事において、このお二人が公私ともに、辛抱強く支えて下さらなければ、何もかも放擲してしまうことに、躊躇はなかったと思う。お二人との出会いにおいて、筆者は同大に無上の感謝をせずにはいられない。

国立民族学博物館には、青木関連資料の熟覧について便宜をはかっていただいた。特に南真木人先生には、心配ばかりおかけした。先生は笑って、何でもしてくださった。先生のお顔というと、目に浮かぶのは笑顔である。

また、スターバックス北広島大曲店のスタッフの皆さんに。空調をゆるめたり効かせたり、ブラインドを上げたり下げたり、ありがとうございました。

それから、同朋大学名誉教授の槻木瑞生先生と、芙蓉書房出版の平澤公裕社長に。最後の最後で、実は、自分の手に余る仕事であると、諦めかけていた。槻木先生の「書くべきことは、あなた自身の中にある」というご示唆、そして平澤社長の「原稿はいつ出すのか」という励ましがなければ、本書執筆は全うできなかったと思う。

そして、黙って見守ってくださった北海道大学スラブ研究センター長の宇山智彦先生に。本当に黙って、筆者の行動に終始、行き届いた注意をして下さった。所属の長、そして最も身近で厳格な指導者として、宇山先生がいてくださったことは、非常な幸運であった。

最後に、二人の故人、正福寺の先代青木正信師と、筆者の夫、高本文也に。

「青木文教」に取り組み始めた修士課程一年次の時、思い切って正信師に手紙を書いた。その後筆者が研究活動で書くことになる数百通の手紙の、最初の一通であった。師はすぐにお返事を下さり、「がんばりなさい、私にできることは何でも応援します」と励ましてくださった。その後体調を崩され、逝去された。結局一度も、お目にかかることはできなかった。しかし、修士課程における最初の研究活動を、正信師がこのように温かい配慮で後押ししてくださらなければ、その後の筆者はなかった。

研究活動を最初から、全面的に支えてくれた高本文也は、二〇一一年、この世を去った。今頃は、筆者の代わりに正信師に、挨拶をしてくれていることと思う。そして正信師も、それに丁寧に答えてくださっていると思う。双方、少し照れながら、和やかに話してくれていることと思う。

天上の両霊に、直接感謝を言える日が、一日も早からんことを祈りつつ。

高本　康子

著者
高本 康子（こうもと やすこ）

1967年、横浜市生まれ。2006年3月東北大学国際文化研究科博士課程後期修了、博士（国際文化）。アメリカ・カナダ大学連合日本研究センター非常勤講師、群馬大学「アジア人財資金構想」高度専門留学生事業担当講師を経て、現在、北海道大学スラブ研究センター共同研究員。専門は比較文化論、日本近代史。著書に『近代日本におけるチベット像の形成と展開』（芙蓉書房出版、2010年）、『チベット学問僧として生きた日本人—多田等観の生涯』（芙蓉書房出版、2012年）、共編書に『西藏全誌』（芙蓉書房出版、2010年）、長野泰彦・高本康子編『国立民族学博物館青木文教師アーカイブ『チベット資料』目録』（国立民族学博物館図書委員会アーカイブズ部会、2008年）、論文に「明治仏教とチベット—能海寛『世界に於ける仏教徒』を中心に—」『近代仏教』第17号、2010年、「戦時期日本の「喇嘛教」施策—国立民族学博物館青木文教師アーカイブを中心に—」『論集』（印度学宗教学会）第37号、2011年等がある。

ラサ憧憬《しょうけい》
——青木文教とチベット——

2013年10月18日　第1刷発行

著　者
高本《こうもと》 康子《やすこ》

発行所
㈱芙蓉書房出版
（代表 平澤公裕）
〒113-0033東京都文京区本郷3-3-13
TEL 03-3813-4466　FAX 03-3813-4615
http://www.fuyoshobo.co.jp

印刷・製本／モリモト印刷

ISBN978-4-8295-0602-8